新时代新理念职业教育教材·机车车辆类

内燃机车总体

主　编　吴秀霞　于彦良

副主编　贺保华　任伟皓

主　审　马德祥　常玉虎

（扫描二维码，获取配套视频资源）

北京交通大学出版社

·北京·

内 容 简 介

"内燃机车总体"是内燃机车驾驶与检修专业的一门核心课程。本书根据铁路高职教育内燃机车驾驶与检修专业教学计划"内燃机车总体"课程教学大纲编写。直流传动内燃机车以东风 $_{4B}$ 型机车为基础,结合东风 $_{7C}$ 型机车进行介绍;交流传动内燃机车以 HX_N5 型机车为基础,结合 HX_N3 型机车进行介绍。全书共设计 7 个项目,主要内容包括内燃机车概述、车体及车钩、转向架、机车辅助传动装置、通风系统及空气管路系统、机车曲线通过、轴重转移等内容。

本书由校企合作开发,内容贴近应用实际,基本能实现课堂与工作现场的无缝对接,是理想的职业教育"内燃机车总体"课程教材。

图书在版编目(CIP)数据

内燃机车总体 / 吴秀霞,于彦良主编;贺保华,任伟皓副主编. —北京:北京交通大学出版社,2022.6

ISBN 978-7-5121-4640-2

Ⅰ. ① 内… Ⅱ. ① 吴… ② 于… ③ 贺… ④ 任… Ⅲ. ① 内燃机车－车体－职业教育－教材 Ⅳ. ① U262

中国版本图书馆 CIP 数据核字(2021)第 273162 号

内燃机车总体
NEIRAN JICHE ZONGTI

责任编辑:陈跃琴
出版发行:北京交通大学出版社   电话:010-51686414   http://www.bjtup.com.cn
地　　址:北京市海淀区高梁桥斜街 44 号   邮编:100044
印 刷 者:北京鑫海金澳胶印有限公司
经　　销:全国新华书店
开　　本:185 mm×260 mm　　印张:15.25　　字数:381 千字
版 印 次:2022 年 6 月第 1 版　　2022 年 6 月第 1 次印刷
印　　数:1~2 500 册　　定价:48.00 元

本书如有质量问题,请向北京交通大学出版社质监组反映。对您的意见和批评,我们表示欢迎和感谢。
投诉电话:010-51686043,51686008;传真:010-62225406;E-mail:press@bjtu.edu.cn。

前　言

　　"内燃机车总体"是内燃机车驾驶与检修专业的一门核心课程，本书根据铁路高职教育内燃机车驾驶与检修专业教学计划"内燃机车总体"课程教学大纲编写。为适应项目教学模式的需要，以项目为架构，每一项目分为诸多任务，每一任务围绕一个主题进行介绍和学习。在任务中主要设有"任务目标""任务内容""思考题"等内容。

　　在内容安排上，直流传动内燃机车以东风 $_{4B}$ 型内燃机车为基础，结合东风 $_{7C}$ 型内燃机车进行介绍；交流传动内燃机车以 HX_N5 型内燃机车为基础，结合 HX_N3 型内燃机车进行介绍。书中主要介绍了内燃机车概述、车体及车钩、转向架、机车辅助传动装置、通风系统及空气管路系统、机车曲线通过、轴重转移等内容。

　　本书通过互联网和移动终端平台，对传统纸质内容与数字媒体视频资源进行了有机融合，既可以作为高职、中职学校的教学用书，也可以作为铁路企业技术人员的培训用书。

　　本书由河北轨道运输职业技术学院吴秀霞、于彦良担任主编，贺保华、任伟皓担任副主编。具体编写分工如下：吴秀霞编写项目 3、项目 4、项目 5，并负责统稿；于彦良、贺保华编写项目 1、项目 2；任伟皓编写项目 6、项目 7。

　　本书由中国铁路北京局集团有限公司怀柔北机务段马德祥、常玉虎担任主审。

　　由于时间仓促，加之编者水平有限，在内容取舍、编排及重要知识点的处理上，难免有诸多不足，甚至是错误，敬请专家、读者批评指正。

编　者

2022 年 4 月

目　　录

项目 1　内燃机车概述 ·· 1
　　任务 1.1　内燃机车发展概况 ··· 1
　　任务 1.2　内燃机车的分类、型号和轴列式 ·· 2
　　任务 1.3　内燃机车的基本结构及主要参数 ·· 6
　　任务 1.4　内燃机车功率及机车理想牵引特性 ······································ 26
　　任务 1.5　内燃机车的特征速度及特征牵引力 ······································ 30

项目 2　车体及车钩 ·· 33
　　任务 2.1　车体 ·· 33
　　任务 2.2　东风 $_{4B}$ 型内燃机车车体 ··· 37
　　任务 2.3　东风 $_{7C}$ 型内燃机车车体 ··· 39
　　任务 2.4　HX$_N$3 型内燃机车车体 ·· 41
　　任务 2.5　HX$_N$5 型内燃机车车体 ·· 46
　　任务 2.6　车钩缓冲装置 ·· 53
　　任务 2.7　东风 $_{4B}$ 型内燃机车车钩缓冲装置 ······································· 55
　　任务 2.8　HX$_N$3 型内燃机车车钩缓冲装置 ··· 58
　　任务 2.9　HX$_N$5 型内燃机车车钩缓冲装置 ··· 60

项目 3　转向架 ·· 63
　　任务 3.1　转向架的任务及组成 ·· 63
　　任务 3.2　转向架分类 ·· 65
　　任务 3.3　东风 $_{4B}$ 型内燃机车转向架 ··· 66
　　任务 3.4　HX$_N$3 型内燃机车转向架 ··· 86
　　任务 3.5　HX$_N$5 型内燃机车转向架 ··· 97

项目 4　机车辅助传动装置 ·· 124
　　任务 4.1　机车辅助传动装置概述 ··· 124
　　任务 4.2　东风 $_{4B}$ 型内燃机车辅助传动装置 ······································· 125
　　任务 4.3　东风 $_{7C}$ 型内燃机车辅助传动装置 ······································· 140
　　任务 4.4　HX$_N$3 型内燃机车辅助传动装置 ··· 154
　　任务 4.5　HX$_N$5 型内燃机车辅助传动装置 ··· 157

项目 5　通风系统及空气管路系统 ⋯⋯⋯⋯⋯⋯⋯⋯⋯⋯⋯⋯⋯⋯⋯⋯⋯⋯⋯⋯ 162

　　任务 5.1　通风系统 ⋯⋯⋯⋯⋯⋯⋯⋯⋯⋯⋯⋯⋯⋯⋯⋯⋯⋯⋯⋯⋯⋯⋯⋯ 162

　　任务 5.2　东风$_{4B}$型内燃机车通风系统 ⋯⋯⋯⋯⋯⋯⋯⋯⋯⋯⋯⋯⋯⋯⋯ 164

　　任务 5.3　HX$_{N}$3 型内燃机车通风系统 ⋯⋯⋯⋯⋯⋯⋯⋯⋯⋯⋯⋯⋯⋯⋯ 167

　　任务 5.4　HX$_{N}$5 型内燃机车通风系统 ⋯⋯⋯⋯⋯⋯⋯⋯⋯⋯⋯⋯⋯⋯⋯ 172

　　任务 5.5　东风$_{4B}$型内燃机车空气管路系统 ⋯⋯⋯⋯⋯⋯⋯⋯⋯⋯⋯⋯ 181

　　任务 5.6　HX$_{N}$3 型内燃机车空气管路系统 ⋯⋯⋯⋯⋯⋯⋯⋯⋯⋯⋯⋯ 183

　　任务 5.7　HX$_{N}$5 型内燃机车空气管路系统 ⋯⋯⋯⋯⋯⋯⋯⋯⋯⋯⋯⋯ 195

项目 6　机车曲线通过 ⋯⋯⋯⋯⋯⋯⋯⋯⋯⋯⋯⋯⋯⋯⋯⋯⋯⋯⋯⋯⋯⋯⋯⋯ 206

　　任务 6.1　机车曲线通过概述 ⋯⋯⋯⋯⋯⋯⋯⋯⋯⋯⋯⋯⋯⋯⋯⋯⋯⋯⋯ 206

　　任务 6.2　机车几何曲线通过 ⋯⋯⋯⋯⋯⋯⋯⋯⋯⋯⋯⋯⋯⋯⋯⋯⋯⋯⋯ 207

　　任务 6.3　机车动力曲线通过 ⋯⋯⋯⋯⋯⋯⋯⋯⋯⋯⋯⋯⋯⋯⋯⋯⋯⋯⋯ 218

项目 7　轴重转移 ⋯⋯⋯⋯⋯⋯⋯⋯⋯⋯⋯⋯⋯⋯⋯⋯⋯⋯⋯⋯⋯⋯⋯⋯⋯⋯ 229

　　任务 7.1　轴重转移概述 ⋯⋯⋯⋯⋯⋯⋯⋯⋯⋯⋯⋯⋯⋯⋯⋯⋯⋯⋯⋯⋯ 229

　　任务 7.2　东风$_{4B}$型内燃机车的黏着重量利用率计算 ⋯⋯⋯⋯⋯⋯⋯ 233

　　任务 7.3　影响机车黏着重量利用率的因素 ⋯⋯⋯⋯⋯⋯⋯⋯⋯⋯⋯⋯ 236

参考文献 ⋯⋯⋯⋯⋯⋯⋯⋯⋯⋯⋯⋯⋯⋯⋯⋯⋯⋯⋯⋯⋯⋯⋯⋯⋯⋯⋯⋯⋯⋯ 238

内燃机车概述

任务 1.1　内燃机车发展概况

【任务目标】

熟悉国内外内燃机车发展历程及趋势。

【任务内容】

1. 国外内燃机车发展概况

20 世纪初，国外开始探索试制内燃机车。1924 年，苏联制成一台电力传动内燃机车，并交付铁路使用。同年，德国用柴油机和空气压缩机配接，利用柴油机排气余热加热压缩空气代替蒸汽，将蒸汽机车改装成为空气传动内燃机车。1925 年，美国将一台 220 kW 电传动内燃机车投入运用，从事调车作业。20 世纪 30 年代，内燃机车进入试用阶段，30 年代后期，出现了一些由功率为 900～1 000 kW 单节机车多节连挂的干线客运内燃机车。

第二次世界大战以后，因柴油机的性能和制造技术迅速提高，内燃机车多数配装了废气涡轮增压系统，功率比战前提高约 50%，配置直流电力传动装置和液力传动装置的内燃机车的发展加快了。到了 20 世纪 50 年代，内燃机车数量急速增长；60 年代，大功率硅整流器研制成功，并应用于机车制造，出现了交—直流电力传动的 2 940 kW 内燃机车；在 70 年代，单柴油机内燃机车功率已达到 4 410 kW。

随着电子技术的发展，联邦德国在 1971 年试制出 1 840 kW 的交—直—交电力传动内燃机车，从而为内燃机车和电力机车的技术发展提供了新的途径。内燃机车随后的发展，表现为在提高机车的可靠性、耐久性和经济性，以及防止污染、降低噪声等方面不断取得新的进展。

2. 我国内燃机车发展概况

20 世纪 50 年代，我国开始内燃机车的研制和生产，自 1958 年大连机车厂①生产出我国第一台双节连挂的电力传动"巨龙型"干线货运内燃机车，中车青岛四方机车车辆股份有限公司、中车戚墅堰机车有限公司、北京二七轨道交通装备有限公司等机车工厂先后试制出内

---

① 大连机车厂即东清铁路机车制造所，中车大连机车车辆有限公司的前身，始建于 1889 年，是中国最早的铁道工厂之一，也是当时亚洲屈指可数的大工厂之一，当时生产的机车接近世界水平。

燃机车。至 20 世纪 90 年代，先后有东风、东风$_2$、东风$_3$、东风$_4$系列、东风$_7$系列、东风$_8$系列、东风$_{11}$系列、东方红$_1$、东方红$_2$、东方红$_3$、东方红$_5$和东方红$_{21}$、北京型、电力传动内燃动车组、液力传动内燃动车组、高原内燃机车等投入生产和运用。

纵观我国交直传动内燃机车的发展，从早期仿造试制机车，到开始定型生产的第一、二、三、四代机车，国产内燃机车的技术水平由低到高，产量由少量制造到批量生产，大致经历了四个发展阶段：

① 国产第一代内燃机车。国产第一代内燃机车自 1958 年开始生产，电力传动以东风、东风$_2$、东风$_3$型内燃机车为主，液力传动以东方红$_1$、东方红$_2$型内燃机车为主。

② 国产第二代内燃机车。铁道部在 1964 年向大连机车厂下达了开发第二代大功率内燃机车的任务，即现在的东风$_4$型内燃机车，该型机车 1974 年投入批量生产。所以，第二代内燃机车电力传动以东风$_4$型机车为代表，液力传动车以东方红系列、北京型机车为代表，它是在第一代内燃机车的基础上试制和生产的，其技术逐步成熟，生产于我国"内燃、电力机车并举，以内燃为主"的发展时期，处于内燃机车电力传动和液力传动同步发展的时代。目前，第二代内燃机车已基本退出历史舞台。

③ 国产第三代内燃机车。国产第三代内燃机车是第二代内燃机车的升级换代产品，以东风$_{11G}$型机车为代表，其技术更成熟、更可靠，具有速度高、功率大、技术可靠等特点，在铁路客运提速和货运重载运输中发挥着重要作用。

④ 国产第四代内燃机车。第四代内燃机车是以交流传动技术为主要特征的新一代内燃机车，目前有几种型号的交流传动内燃机车投入试运用，并出口国外，但还未投入批量生产。第四代内燃机车科技含量更高、新技术应用更多，如电子喷射、径向转向架、干式冷却、交流辅助传动、螺杆式空气压缩机、电子技术等得到了进一步的应用和提高。

【思考题】

试述我国内燃机车发展概况。

任务 1.2　内燃机车的分类、型号和轴列式

【任务目标】

掌握内燃机车的分类、型号和轴列式。

【任务内容】

1. 内燃机车的分类

内燃机车种类很多，一般按用途和传动形式分类。

1）按用途分类

① 货运机车。机车具有较大的牵引力，用以牵引吨位较大的货运列车。

单节机车功率范围：1 500～4 400 kW；

最高运行速度范围：100～120 km/h。

② 客运机车。机车具有较高的最高运行速度和起动加速度，用以牵引速度较高的旅客列车。

单节机车功率范围：1 500～4 400 kW；

最高运行速度范围：120～200 km/h。

③ 调车机车。机车用于列车的解体、编组和牵出、转线，车辆的取送、转场、整理、出入段等工作。其工作特点是频繁地起动和停车。因此这种机车要求瞭望方便，具有足够的黏着重量和必要的功率。调车机车可分为站内调车和编组站调车两种，前者适用于客运站、货运站进行部分列车的摘挂与牵引作业，所需功率较小；后者适用于编组站进行全列车的解体与编组作业，所需功率较大，因此这种机车还可以兼任短途运输（小运转）。

站内调车机车：功率范围：440～740 kW；

最高运行速度范围：50～70 km/h。

编组站调车机车：功率范围：740～2 200～2 940 kW；

最高运行速度范围：60～80 km/h。

④ 工矿机车。厂矿内部运输或地方铁路、森林铁路等牵引用的机车。

单节机车功率范围：440～1 500 kW；

最高运行速度范围：30～80 km/h。

⑤ 内燃动车组。用来运送旅客、行李、货物或公务用的以内燃机为动力的轨道车辆称为内燃动车。内燃动车组则是由至少两辆具有上述定义的动车或至少一辆这样的动车和一辆或一辆以上的拖车（非动车组）组成的列车组。内燃动车组用于牵引近郊旅客列车和中短途高速旅客列车，一般由4～10节车组成，其两端为动车。高速动车组起动加速快，最高运行速度高，因此动力车的功率较大，头部要较好地流线化，车辆连接用密接式车钩。内燃动车组的最高运行速度一般不超过200 km/h。

功率范围：2×370～2×3 300 kW；

最高运行速度范围：100～200 km/h。

内燃动车组也有采用动力分散布置的，即把柴油机和传动装置放在车底架下面。由于受空间限制，每台柴油机的功率较小，按功率需要，一列车可以布置多台柴油机组。这种动车组一般只用于短途旅客列车。

2）按传动形式分类

根据从柴油机到动轮之间采用的传动装置的分类，内燃机车可分为电力传动、液力传动和机械传动三种类型。

（1）电力传动内燃机车

柴油机驱动主发电机，然后向车轴上的牵引电机供电，并通过牵引齿轮驱动轮对旋转。根据电动机的形式不同，又可分为四种。

① 直—直流电力传动。牵引发电机（主发电机）和牵引电机均为直流电。柴油机驱动直流牵引发电机，由牵引发电机把柴油机的机械能转化为电能，并对直流牵引电机供电。牵引电机通过齿轮减速箱驱动机车的动轮。

牵引发电机为直流他励发电机。柴油机起动时，它作为直流串励电动机使用，并由蓄电

3

池供电。

牵引电机为直流串励电动机。因为直流电动机比交流电动机调速方便，直流串励电动机的机械特性比其他电动机更适合内燃机车牵引特性的要求。电阻制动时，它作为他励发电机，将列车的动能转化为电能，再由制动电阻转化为热能，消散于大气中。

② 交—直流电力传动。柴油机驱动同步牵引发电机工作时，发出三相交流电，经主整流器整流后变成可调压的直流电，然后输送给直流牵引电机驱动轮对旋转，使机车获得牵引力，交—直流电力传动工作原理示意图如图 1-1 所示。

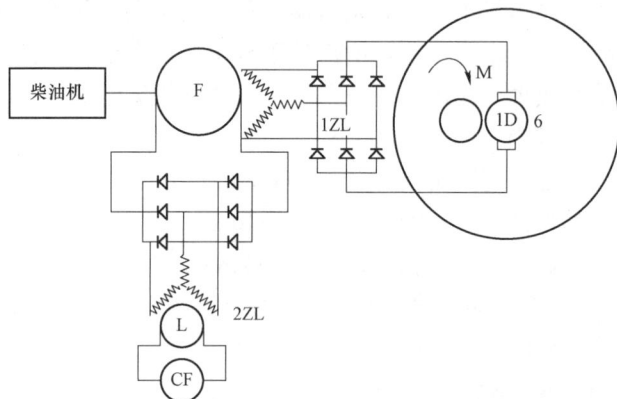

F—牵引发电机；D—牵引电机；CF—测速发电机；L—励磁机；1ZL—主整流柜；2ZL—励磁整流柜。

图 1-1　交—直流电力传动工作原理示意图

同步牵引发电机与直流牵引发电机相比，由于同步牵引发电机没有换向器，所以结构简单，重量较轻、省铜，运行可靠、维护方便。从 20 世纪 80 年代开始，2 200 kW 以上功率的内燃机车已普遍采用了这种电力传动形式。

在交—直流电力传动装置中，同步牵引发电机加上硅整流装置，就相当于直—直流传动装置中的直流牵引发电机，但是同步牵引发电机不受直流牵引发电机那样的换向条件的限制。

③ 交—直—交流电力传动。柴油机驱动同步牵引发电机发出三相交流电，经硅整流装置把三相交流电转变成直流电，再经过逆变器，把直流电转变成所需可变频率的三相交流电，以供给牵引电机使用。经过逆变后的三相交流电的频率和同步牵引发电机三相交流电的频率并无直接关系。

④ 交—交流电力传动。没有中间直流环节的直接交频的交流电力传动装置称为交—交流电传动。柴油机直接驱动一台同步牵引发电机，同步牵引发电机发出的三相交流电送给变频装置后，直接成为三相交频电源，供给交流牵引电机用电。

（2）液力传动内燃机车

采用液力传动装置，柴油机驱动液力传动装置的变扭器泵轮，把机械能转变成流体动能，再经变扭器的涡轮转换成机械功，以适应机车的各种运行工况，然后经万向轴、车轴齿轴箱等部件传至车轮，如图 1-2 所示。这种机车可节省大量铜材，但传动效率较电力传动稍低。国产北京型和东方红系列机车属于这一类型。

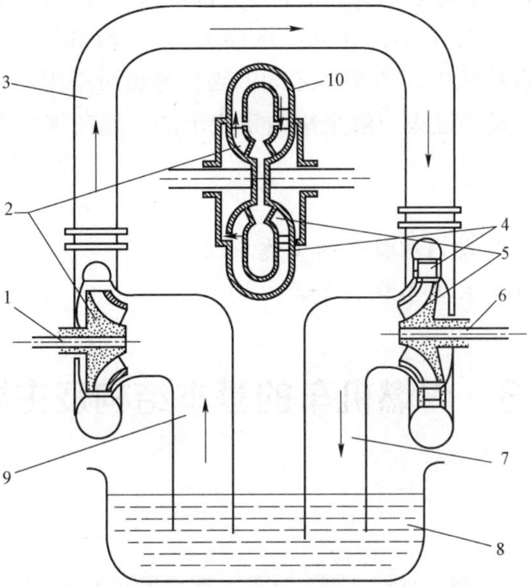

1—输入轴；2—泵轮（离心泵）；3, 7, 9—管道；4—导向轮；5—涡轮；6—输出轴；8—油槽；10—变扭器。

图1-2 液力传动示意图

（3）机械传动内燃机车

在柴油机与轮对之间设离合器和变速箱，利用变速箱改变柴油机曲轴与轮对间的传动比，以调节机车的牵引力和运行速度，这种传动结构简单、效率高，但功率利用系数低，换挡时易功率中断，引起冲动，所以干线机车一般不采用机械传动，它只用于小型机车上。

2. 内燃机车型号

用汉字表示国产内燃机车型名。国产电力传动内燃机车用东风表示型名，可称为东风系列；国产液力传动内燃机车用东方红、北京表示型名，可称为东方红、北京系列。进口内燃机车的型名用汉字拼音字母"ND"和"NY"表示，其中 N 表示内燃机车，D 表示电传动，Y 表示液力传动。在汉字或汉字拼音字母的右下角用阿拉伯数字表示该型机车投入运用的先后。

和谐型内燃机车（HX_N）是引进国外技术在中国设计制造的交流传动重载货运内燃机车。HX_N 后面的数字表示不同的制造公司所制造的不同的机车，如 HX_N3 为中车大连机车车辆有限公司制造，HX_N5 为中车戚墅堰机车有限公司制造。

3. 内燃机车轴列式

机车车轴排列的形式叫轴列式，简称轴式。

轴列式通常用数字或字母来表示机车走行部的结构特点。我国目前有用数字表示的，也有用字母表示的。用数字表示的叫数字表示法；用字母表示的叫字母表示法。

数字表示法就是用数字表示每台转向架的动轴数，注脚"0"表示每一动轴为单独驱动，无注脚或数字右上角加"'"表示成组驱动。数字之间的"—"表示转向架之间无直接的机械联系。例如，东风 $_{4B}$ 型机车的轴列式 $3_0—3_0$，表示该机车有两台三轴转向架，转向架的动轴为单独驱动；东风 $_{10D}$ 型内燃机车的轴列式为 $2（2_0—2_0）$，表示该机车是两节重联，每节车有两台二轴转向架，转向架的动轴为单独驱动。

字母表示法就是用英文字母表示每台转向架的动轴数，如 A 表示 1，B 表示 2，C 表示 3，……注脚表示的意义与数字表示法相同。这样 C_0—C_0 与 3_0—3_0 相同，2（B_0—B_0）与 2（2_0—2_0）相同。在字母表示法中，各字母之间的连接号也可不用，写成 C_0C_0，2 B_0B_0 等。

我国内燃机车的轴列式，过去一般采用数字表示法，现在规定用字母表示法。

【思考题】

1. 试述交—直流电力传动内燃机车的工作原理。
2. 内燃机车型号和轴列式是怎样表示的？

任务 1.3　内燃机车的基本结构及主要参数

【任务目标】

熟悉东风$_{4B}$型、东风$_{7C}$型、HX_N3型、HX_N5型内燃机车的基本结构及主要参数。

【任务内容】

1.3.1　内燃机车的主要组成部分

一般内燃机车基本结构包括柴油机、传动装置、车体和底架、转向架及辅助装置五大部分。

1. 柴油机

柴油机是内燃机车的动力装置，其作用是将燃料的化学能转变为机械功，即利用燃油燃烧时所产生的燃气直接推动活塞做功。

2. 传动装置

传动装置的作用是将柴油机产生的机械功传给转向架，力求柴油机的功率得到充分发挥，并使机车具有良好的牵引性能。

功率较大的内燃机车的传动装置有液力传动和电力传动两种，相应的内燃机车称为液力传动内燃机车和电力传动内燃机车，它们在结构原理、运用维修上均有较大区别。

3. 车体和底架

车体和底架是各机组和设备的安装基础，承受其载荷，并传递机车牵引力和制动力，还有利于通过曲线。司机室是乘务人员工作的场所，为了改善乘务人员的工作条件，除改装有烧水做饭用的电炉外，还设有暖气与风扇，新一代的内燃机车已开始装有空调和冰箱。

车体按其钢结构承载方式可分为承载式车体和非承载式车体，后者主要是靠底架来承受载荷。按车体结构型式又可分为内走廊式和外走廊式两种，调车机车均采用外走廊式，干线内燃机车两种型式均有采用，主要根据制造厂的习惯和用户的要求决定。

4. 转向架

转向架的作用是：承受车体、底架及其所有设备的重量；传递机车牵引力和制动力；利于通过曲线，保证机车运行平稳和安全。

5. 辅助装置

辅助装置的作用是保证柴油机、传动装置和转向架的正常工作和可靠运行。内燃机车的辅助装置主要包括以下 5 个系统。

1）燃油系统

燃油系统的作用是把燃油箱内的燃油通过燃油输送泵送往燃油粗、精滤器，最后送到柴油机上的喷油泵和喷油器，进入燃烧室。系统中一般还设有燃油预热器，以便当外界气温较低时预热燃油。

2）机油系统

把清洁的、具有一定压力和适当温度范围的机油输送到各摩擦面，并使之循环使用。循环流动的机油到达各摩擦面，具有润滑、清洗、冷却等作用。机油系统主要包括机油泵、机油滤清器、机油热交换器、管路、阀门等。

3）冷却水和预热系统

柴油机工作时，气缸内燃气温度很高，使气缸套燃烧室部分和排气系统的零件强烈受热，为保持其正常工作和延长使用寿命，必须对这些零部件进行冷却。

增压后的空气温度升高、密度减小，为增加充入气缸的空气量，改善燃烧过程，需对增压后的空气进行冷却。

此外，用以对各运动件摩擦副进行润滑的柴油机机油也须进行冷却，使其保持在一定温度范围内工作，以保证其润滑和冷却功能。

内燃机车的冷却方式，通常是由冷却风扇驱动空气，流经散热器，对冷却水进行冷却；用油水热交换器对机油和液力传动装置的工作油进行冷却；用流经中冷器的冷却水对增压空气进行冷却。

内燃机车上还设有预热系统，其作用是在柴油机起动之前，预热冷却水、机油和燃油，使其温度达到柴油机起动要求的最低温度。

4）制动系统

制动系统用以控制运行中的机车和整个列车的减速和停车，它是确保机车安全运行的一个极为重要的系统，一般主要指空气制动系统。电阻制动系统和液力制动系统主要用于列车的减速或恒速运行。手制动适用于停放的单机。

5）辅助传动装置

辅助传动装置为驱动内燃机车的部分辅助装置而设，如辅助机械传动、静液压传动、偶合器传动。

1.3.2 东风$_{4B}$型内燃机车的基本结构及主要参数

1. 基本结构

东风$_{4B}$型内燃机车外观如图 1-3 所示，总体布置如图 1-4 所示。东风$_{4B}$型内燃机车是交—直流电力传动的干线客货两用机车，机车的标称功率为 1 990 kW，柴油机的最大运用（装车）功率为 2 430 kW。客、货运机车的主要区别是牵引齿轮传动比（i）不同，客运机车

$i=71/21=3.38$，货运机车 $i=63/14=4.5$。在客运机车采用 ZQDR-410C 型牵引电机后，磁场削弱电阻阻值和牵引电机悬挂装置也相应有所改变。另外，客、货运机车的整车油漆颜色不同。除此之外，两种机车结构完全相同。

1—车钩；2—制动软管；3—排障器；4—刮雨器；5—标志灯；6—型号灯；7—砂箱；8—头灯；9—风喇叭；10—Ⅰ司机室门；11—牵引杆；12—转向架；13—电气室百叶窗；14—牵引发电机；15—总风缸；16—中冷器；17—增压器；18—柴油机；19—燃油箱；20—蓄电池箱；21—柴油机进风口；22—动力室门；23—动力室百叶窗；24—动力室通风排风口；25—冷却室百叶窗；26—Ⅱ司机室门。

图 1-3　东风 4B 型内燃机车外观

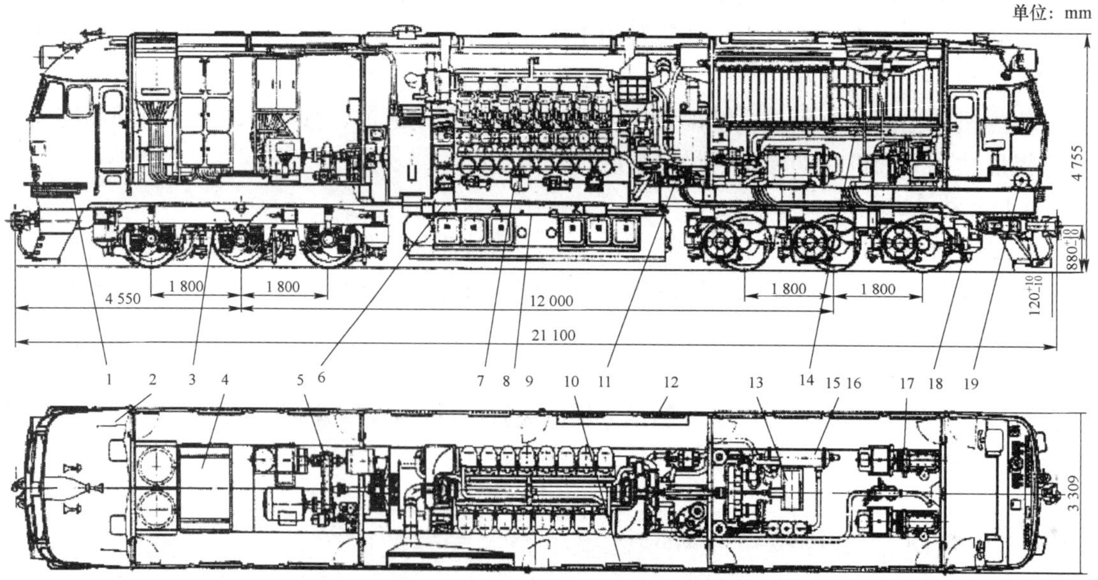

1—装饰带；2—车体；3—转向架；4—电气设备；5—传动机构；6—柴油发电机组；7—燃油系统；8—防寒装置；9—蓄电池箱；10—测量仪表；11—预热系统；12—空气滤清器；13—通风机；14—冷却装置；15—机油系统；16—冷却水系统；17—空气制动系统；18—撒砂系统；19—自动控制系统。

图 1-4　东风 4B 型内燃机车总体布置

1）车体

机车采用框架式侧壁承载的内走廊式车体，它是一个全焊的钢结构，由左右侧壁、底架、车顶、司机室焊接在一起。4 组内部隔墙将车体分为第 I 司机室、电气室、动力室、冷却室、第 II 司机室五个部分。为了方便乘务人员和检修人员工作，除司机室有侧门外，在动力室的两侧也有侧门，各室间隔墙均设有内门。其中电气室、动力室和冷却室顶部均设计成活动顶盖，以便拆装车内部件。

（1）司机室

两端设有同等功能的司机室，可双向操纵机车。司机室内设有司机操纵台，操纵台上设置了全部操纵和信息设备，左侧为主操纵台，右侧为副操纵台。主操纵台上设有主控制器、换向手柄、JZ-7 型空气制动机的自动制动阀和单独制动阀、控制开关、按钮、仪表等，副操纵台设有控制开关、电炉、按钮等。司机室前方和两侧均设有玻璃窗，视野宽阔，瞭望方便。前窗玻璃窗上设有刮雨器，侧窗可以手动升降。司机室后壁中部安装有手制动装置手柄，上部设有行李架。在第 II 司机室后壁手制动装置上方设有圆形玻璃窗，供观察冷却风扇工作状态用。在司机室操纵台上还有保证行车安全的信号显示装置、列车运行监控记录装置、无线调度电话等。

（2）电气室

电气室内设有电气控制柜、主硅整流柜、励磁整流柜和电阻制动柜等电气设备，由起动变速箱驱动的起动发电机、励磁机、测速发电机、前转向架牵引电机通风机等辅助设备布置在电气室后部地板上。励磁整流柜、电阻制动控制箱和直流变换器，以及空气制动系统的分配阀、中继阀和空气制动与电阻制动联锁的电磁阀等，均设在电气室后隔墙上。

（3）动力室

动力室主要安装柴油-发电机组及为它工作服务的空气滤清器、燃油滤清器、燃油输送泵、起动机油泵、膨胀水箱、预热锅炉等。侧墙上装有两台通风机，用于将车内热风排出车外。

（4）冷却室

冷却室内装有散热器组、冷却风扇、静液压马达等。散热器组下部安装有静液压变速箱、后转向架牵引电机通风机、机油滤清器、机油热交换器、空气压缩机组等。冷却室左右两侧侧壁均设有 8 个通风百叶窗口。

2）走行部及车钩缓冲装置

机车走行部为两台可以互换的三轴转向架，机车整个上部结构通过 8 个弹性摩擦旁承坐落在两个转向架上。每个转向架与车体间由一组低位牵引杆机构相连，以传递牵引力和制动力。转向架轴箱采用弹性拉杆定位，轴箱内装有滚动轴承。弹簧悬挂装置分为一系悬挂和二系悬挂两部分。一系悬挂采用独立悬挂形式，包括轴箱与构架之间的轴箱圆弹簧，用于衰减吸收来自轨道高频振动的橡胶垫，以及在 1、3、4、6 轴装有并列的液压减振器；二系悬挂为转向架构架与车体之间的旁承橡胶堆。转向架与车体间还设有弹性侧挡装置，使转向架进出曲线时能够相对于车体进行回转运动。每个车轴上均悬挂一个牵引电机，为减少轴重转移，牵引电机顺置排列。每个动轮均设有一个闸缸和单侧单闸瓦，并带有闸瓦间隙自动调节器。东风 $_{4B}$ 型内燃机车转向架如图 1-5 所示。

图 1-5　东风 4B 型内燃机车转向架

机车两端装有车钩缓冲装置，用于机车和车辆的自动连接和分解，同时传递机车牵引力和承受来自车辆的冲击力。

车架下部中央吊装着燃油箱，燃油箱两侧每侧有 6 个蓄电池箱，前后端装有总风缸。

3）柴油-发电机组

东风 4B 型内燃机车装用 16V240ZJB 型柴油机。它为 V 形、四冲程、直接喷射开式燃烧室、废气涡轮定压增压并经中间空气冷却的中速柴油机，采用铸焊组合机体、并列连杆、组合式锻铝活塞或钢顶铝裙活塞、单体式喷油泵、无级调速的转速功率联合调节器、45GP802-1A 型或 ZN290 型增压器等。柴油机有 16 个气缸，V 形夹角为 50°，气缸直径为 240 mm，活塞行程为 275 mm。标定转速为 1 000 r/min，最低空载稳定转速为 430 r/min，标定功率为 2 650 kW，最大运用功率为 2 430 kW，在标定功率下，燃油消耗率为 210 g/（kW·h）。

柴油-发电机组的功率输出端经弹性法兰通过万向轴与起动变速箱连接。起动变速箱通过两个输出轴带动起动发电机、励磁机、前转向架牵引电机通风机及测速发电机。在柴油机的自由端，经传动轴带动静液压变速箱，静液压变速箱驱动两个静液压泵，由静液压泵打出的高压油输送给静液压马达。静液压变速箱中间轴的下方输出轴经尼龙绳联轴节带动后转向架牵引电机通风机。

4）传动装置

东风 4B 型内燃机车采用交-直流电力传动装置。由柴油机驱动一台 TQFR-3000 型同步牵引发电机（通称主发电机），主发电机产生的三相交流电，经硅整流柜三相桥式全波整流后，输送给 6 台并联的 ZQDR-410 型牵引电机。再由牵引电机通过传动齿轮驱动车轮旋转，从而使机车运行。在硅整流柜到牵引电机之间设有 6 个主接触器，分别控制 6 台牵引电机的通断。另外还有两个转换开关，用于转换牵引电机励磁绕组电流的方向，从而改变牵引电机转向，控制机车的前进或后退。主发电机的转子通过弹性联轴器与柴油机曲轴连接，主发电机的定子通过连接箱与柴油机机体连接。

主发电机的励磁机是一台 GQL-45 型感应子励磁机，这也是一台三相交流发电机，由柴油机通过起动变速箱带动，发出的交流电经励磁整流柜三相桥式全波整流后，给主发电机转子上的励磁绕组励磁。励磁机的励磁是通过联合调节器的功率调整电阻器自动改变励磁测速发电机的励磁电流来控制的，使柴油机在规定的同步主发电机调压范围内实现恒功率控制。

在主发电机最高恒功率电压限制下，为扩大机车的恒功率速度范围，对机车的牵引电机进行两级磁场削弱，由一套过渡控制电子装置根据机车轮对的速度信号自动进行磁场削弱的转换。

每台机车设有两个结构完全相同的制动电阻柜。在电阻制动工况，牵引电机被改接成他励直流发电机工作，6 台牵引电机的励磁绕组被串联在一起，由主发电机经硅整流柜及制动接触器给电动机励磁，电动机成为传动齿轮由轮对驱动，产生的电能输送到制动电阻上，把列车运行的动能最终转化为热能，使轮对产生制动力，电阻制动具有速度不同的两个动力峰值，一级到二级电阻制动的转换由电阻制动控制箱控制，制动电流也受电阻制动控制箱控制，实现恒励磁电流控制、恒制动电流控制和高速限流控制。

具有电阻制动的机车，还具有自负载试验功能。机车在静止状态，通过操纵自负载开关使机车进入自负载工况，把柴油机功率通过主发电机消耗在制动电阻上，可以方便地检测到柴油机各转速下的牵引功率。

柴油机采用电起动方式，96 V 蓄电池组供电给 ZQF-80 型起动发电机，使之成为串励电动机，带动柴油机起动。起动完毕后，起动发电机接成他励发电机工况，由柴油机带动它旋转，并通过电压调整器使其输出电压恒定在 110 V，用来向辅助、控制电路供电。

柴油机转速的控制是通过一套无级调速驱动装置，根据司机控制器发出的指令，控制联合调节器配速机构上的步进电机，实现对柴油机的无级调速控制。

另外，机车设有蓄电池外充电插座和预热锅炉外电源插座。

5）燃油系统

机车的燃油系统由燃油箱、燃油粗滤器、燃油输送泵、燃油预热器及阀门、管路组成。通过设在柴油机上的燃油精滤器，向柴油机各喷油泵供应足够数量并具有一定压力的清洁燃油。

6）机油系统

机车的机油系统包括油底壳、机油泵、机油热交换器、机油滤清器、柴油机内部润滑系统、离心式机油精滤器、起动机油泵、油压继电器和仪表及阀类、管路等。以机油泵为动力迫使机油循环流动，经过滤清和冷却，向柴油机供给一定压力和温度的洁净机油。机油带走摩擦及部分燃烧产生的热量后流回柴油机油底壳。起动柴油机时，起动机油泵从油底壳吸油加压后送入机油循环管路中，注入柴油机各摩擦表面进行润滑。柴油机工作时，占总循环量的 5%～15%的机油直接进入离心式机油精滤器过滤后回油底壳，以提高机油的清洁度。

7）冷却水系统

机车的冷却水系统分高温（柴油机水系统）、低温（增压空气中冷器，机油热交换水系统）两个循环系统。主要部件有膨胀水箱、冷却水泵、空气中间冷却器、机油热交换器、散热器、静液压油热交换器及阀门、管路等。

8）散热器

56 组散热器（高温 24 组，低温 32 组）单节呈 V 形安装在冷却室的钢骨架上，钢骨架上部装有静液压马达驱动的两个冷却风扇，两个冷却风扇各自有一套独立的静液压系统，每个静液压系统内均设有带感温元件的温度控制阀。随着机车工况变化，控制风扇的开停和无级变速，实现油、水温度的自动控制。

9）预热系统

机车的预热系统主要由预热锅炉、循环水泵、阀类及管路组成。预热锅炉为水管立式锅炉，由预热锅炉控制柜（手动操纵）控制其工作过程，保证柴油机在规定的油、水温度下起动。

10）空气制动机

机车采用 JZ-7 型空气制动机，由两台 NPTS 型空气压缩机供风。空气压缩机由 110 V 直流电动机驱动，在 1 000 r/min 额定转速下的供风量为 2 400 L/min，最大排风压力为 900 kPa，除向空气制动系统供风外，还给自动控制系统和撒砂系统供风。制动系统中还设有空气净化装置。

11）保护和显示装置

机车设有下列主要保护和显示装置，其作用及显示方法如下：

① 柴油机超速保护：超速时停机。

② 柴油机曲轴箱压力保护：超压时停机，信号灯显示。

③ 柴油机水温保护：超温时卸载，信号灯显示。

④ 柴油机机油压力保护：油压继电器动作时卸载或停机，信号灯显示。

⑤ 牵引电机总电流过流保护：过流卸载，信号灯显示。

⑥ 主电路接地保护：接地时卸载，信号灯显示。

⑦ 机车空转显示：空转时继电器动作，信号灯显示。

⑧ 电阻制动过流保护：降低制动功率，信号灯显示。

⑨ 制动电阻失风保护：电阻制动停止，信号灯显示。

2. 主要参数

构造速度	客运 120 km/h，货运 100 km/h
持续速度	客运 28.5 km/h，货运 21.6 km/h
起动牵引力	客运 327.5 kN，货运 435 kN
持续牵引力	客运 243 kN，货运 324 kN
标定功率（1 000 r/min 时）	2 650 kW
最大运用功率（1 000 r/min 时）	2 430 kW
标称功率	1 990 kW
传动形式	交—直流电力传动
轴列式	C_0—C_0
轮径	1 050 mm
轴重	23 t（1±3%）
整备重量	138 t（1±3%）
柴油机型号	16V240ZJB
主发电机型号	TQFR-3000
通过最小曲线半径	145 m
转向架轴距	1 800 mm
车钩中心线间距	21 100 mm
燃油容量	9 000 L
机油装载量	1 200 kg
水整备量	1 200 kg
砂整备量	800 kg

1.3.3　东风7C型内燃机车的基本结构及主要参数

1. 基本结构

东风7C型内燃机车采用三相交—直流电力传动，柴油机装车功率为 1 470 kW。东风7C型内燃机车外观如图 1-6 所示。东风7C型内燃机车总体布置如图 1-7 所示。

图 1-6　东风7C型内燃机车外观

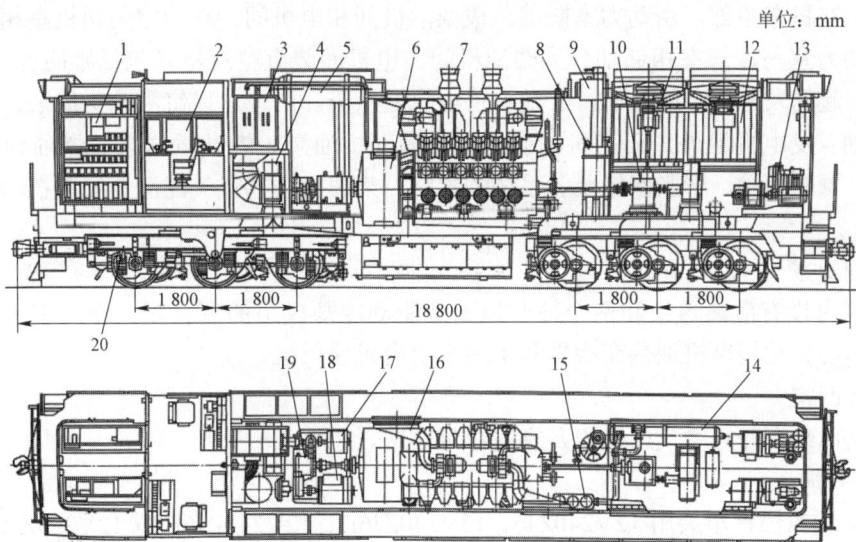

单位：mm

1—电气室；2—司机室；3—整流柜；4—牵引电机通风机；5—总风缸；6—柴油机 - 发电机组；7—消声器；8—预热锅炉；
9—膨胀水箱；10—辅助齿轮箱；11—液力偶合器；12—冷却装置；13—空气压缩机；14—机油热交换器；15—机油滤清器；
16—空气滤清器；17—励磁机；18—起动发电机；19—起动变速箱；20—转向架。

图 1-7　东风7C型内燃机车总体布置（装用 12V240ZJ6 型柴油机）

机车采用车架承载、罩式车体、外走廊结构。在机车两侧的中部及两端设有车梯，四周走台设有扶手杆，在机车两端装有牵引装置。牵引装置采用 MX-1 型（1998 年后改为 ST 型）缓冲器，上作用式车钩。车架下方两转向架之间，吊装燃油箱和蓄电池箱，蓄电池箱位于燃油箱两侧，两者焊成一个整体。

1）机车上部结构

机车上部依次为电气室、司机室、动力室、冷却室及辅助室五个部分，辅助室端为Ⅰ端，电气室端为Ⅱ端。

（1）电气室

电气室装有高、低压电气柜。高压电气柜布置有主电路的控制电器，如换向开关、主接触器、磁场削弱接触器和电阻、主电路的过流继电器和接地继电器、用于电子恒功率调节器和空转保护的霍尔元件等。低压电气柜内布置各种低压电器，如电子恒功率调节器、无级调速驱动器、电压调整器、时间继电器、各种用途的电磁接触器和中间继电器，各种开关保险、电阻等。

（2）司机室

司机室内有两个构造相同的操纵台（即主、副操纵台）。靠动力室一侧为主操纵台，另一侧为副操纵台。操纵台上安装有司机控制器、空气制动装置的自阀和单阀，各种操纵按钮、仪表和信号显示装置。司机室内还装有正、副司机座椅、手制动手柄、紧急放风阀、暖风机、侧壁暖气、电风扇和空调等装置与设备。司机室地板下面为电气走线盒、均衡风缸、控制风缸及风、水管路等。

（3）动力室

动力室在机车中部，由动力室隔墙分成柴油机间和电机间。动力室与司机室相邻部分为电机间。动力室与冷却室相邻部分为柴油机间。电机间装有整流柜（包括励磁整流柜）、起动变速箱、起动发电机、励磁机、Ⅱ端牵引电机通风机、两个总风缸和阀类组装。柴油机间除装有柴油－发电机组外，还有机油滤清器、辅助机油泵、燃油输送泵、燃油预热器、燃油粗滤器、预热锅炉、膨胀水箱及各系统的管路。柴油机进气空气滤清器安装在动力室的左右侧。

（4）冷却室

冷却室内设有散热器组和两个冷却风扇及驱动冷却风扇的偶合器。冷却室下的车架面上，安装辅助齿轮箱、机油热交换器和Ⅰ端牵引电机通风机。

（5）辅助室

辅助室内装有两台空气压缩机及空气净化装置。

2）柴油机

东风$_{7C}$型内燃机车装用12V240ZJ6、12V240ZJ6D、12V240ZJ6B或12V240ZJ6F型柴油机（前7台机车装用12V240ZJE型柴油机）。上述各型柴油机均属240/275系列，为V形、四冲程、燃料直接喷射、废气涡轮脉冲增压、增压空气冷却中速柴油机。除功率等级、增压器、空气冷却器和调速器型号不同外，其他主要零件都互换通用。

3）走行部

机车走行部为两台三轴转向架，轴列式为C_0—C_0，滚动轴承轴箱采用弹性拉杆定位，一系悬挂为轴箱圆弹簧并带有液压减振器，二系悬挂为橡胶堆，采用无心盘无导框的四杆机构牵引装置。每台转向架装用三台牵引电机，牵引电机采用滑动抱轴承式半悬挂方式。基础制动方式为单侧铸铁闸瓦制动、手制动停车制动。

2. 主要参数

用途	调车、小运转、工矿运输
传动形式	交—直流电力传动、硅整流
轴列式	C_0—C_0
通过最小曲线半径	100 m
机车最大外形尺寸（长×宽×高）	18 800 mm×3 444 mm×4 750 mm
车轮滚动圆直径	1 050 mm
轴重	22.5 t
计算整备重量	135 t
机车最高运行速度	100 km/h
机车持续速度	12.6 km/h
牵引力	起动牵引力 428 kN，持续牵引力 308 kN
机车标称功率	1 180 kW
柴油机最大运用功率（装车功率）	1 470 kW
转向架全轴距	3 600 mm
机车全轴距	13 580 mm
燃油箱容量	5 400 L
机油装载量	750 kg
冷却水装载量	1 100 kg
砂装载量	600 kg

1.3.4 HX$_N$3 型内燃机车的基本结构及主要参数

1. 基本结构

HX$_N$3 型内燃机车是大功率交—直—交电力传动内燃机车，其外观如图 1-8 所示，主要用于干线货运牵引。HX$_N$3 型内燃机车由额定功率为 4 400 kW 的 16V265H 型柴油机、交流电力传动控制系统、车体、转向架、机油系统、燃油系统、空气滤清系统、CCB Ⅱ 型空气制动系统等部件及系统组成。HX$_N$3 型内燃机车采用桁架式整体承载结构车体，设有双端司机室、双侧贯通式内走廊；车体底架采用鱼腹结构的整体承载式燃油箱，容量达到 9 000 L。

图 1-8 HX$_N$3 型内燃机车外观

1）机车上部结构

机车上部从前向后分别为Ⅰ端司机室、电气室、电阻制动室、空滤室、机械室（动力室）、冷却室及Ⅱ端司机室，下部为两台转向架，整体结构如图1-9所示。

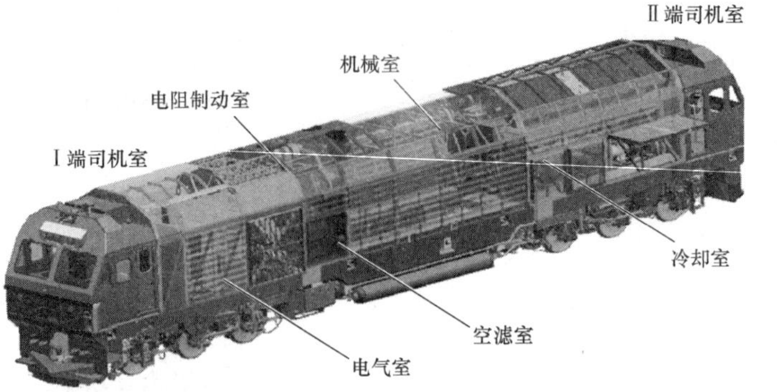

图1-9　HX$_N$3型内燃机车整体结构

（1）司机室

司机室为整体独立结构，与车体之间采用悬浮式连接，这样就隔离了来自轨道和柴油机发出的噪声，从而降低了司机室的噪声水平。在司机室操纵台上的FIRE显示屏可提供有关机车运行状态、系统故障和故障处理的信息。HX$_N$3型内燃机车司机室操纵台如图1-10所示。

图1-10　HX$_N$3型内燃机车司机室操纵台

司机室内部装有单司机操纵台、微机显示屏、电台等操纵设备，以及冰箱、微波炉、饮水机等司机生活设备。

（2）电气室

Ⅰ端司机室之后的是电气室，电气室内装有机车控制的电气设备，其断面图如图1-11所示。电气室为全密闭结构，内装有各种电器设备柜和铝制通风道。电气室通有清洁的滤清空气，室内予以加压以免污物进入室内。电气室里安装有EM2000微机、监控设备、无线列调设备、给辅助系统提供74 V直流电的APC、提供220 V交流电的逆变器，以及空调逆变器、控制继电器和接触器等电器部件。

控制柜

ATP设备

无线通信设备

1—电气室入口；2—蓄电池刀开关起动保险；3—电路断路器；4—EM2000 微机；5—光纤接口模块。
图 1-11　HX$_N$3 型内燃机车电气室断面图

（3）电阻制动室

电气室后的是电阻制动室，其断面图如图 1-12 所示。电阻制动室内装有电阻制动模块、冷却风机，以及用于冷却交流牵引相模块和第一转向架牵引电机组的冷却风机，主发电机通风机和空气制动支架也安装在电阻制动风扇的下面。

图 1-12　HX$_N$3 型内燃机车电阻制动室断面图

（4）空滤室

一个小型清洁空滤室位于电阻制动室之后，该室安装的设备有柴油机过滤单元（即玻璃纤维空气滤清器）、电气室通风机、惯性滤清器集尘箱通风机和牵引发电机的后端部，如图 1-13 所示。惯性滤清器对柴油机的进气和冷却电气柜内的电器设备的空气进行初级滤清；柴油机过滤单元用于柴油机进气的第二级滤清。

（5）动力室

16V265H 型柴油机和 TA20/CA9 牵引发电机安装在车体动力室的中央位置。柴油机冷却水、机油、燃油压力和温度传感器等设备位于柴油机及设备支架上的不同位置。HX$_N$3 型内燃机车柴油机支承如图 1-14 所示。监控值被传送到 EM2000 微机/或 EMEDC 微机上。这些值的其中一部分也在 FIRE 显示屏上显示。

滤清器增压器入口

1—牵引发电机；2—除尘管路；3—惯性滤清器；4—惯性滤清器风机；5—惯性滤清器；

6—除尘管器；7—柴油机过滤单元；8—惯性滤清器模块。

图 1-13　HX$_N$3 型内燃机车空滤室

图 1-14　HX$_N$3 型内燃机车柴油机支承

（6）冷却室

冷却室安装有中冷散热器、柴油机高温水散热器及冷却风扇，其断面图如图 1-15 所示。冷却风扇安装在散热器的下面，机油滤清器、机油热交换器和燃油滤清器也安装在散热器和冷却风扇的下面，用于冷却第二转向架电机组的牵引电机通风机也安装在冷却室内。两个空气压缩机和一个小辅助空气压缩机安装在冷却风扇的下面。

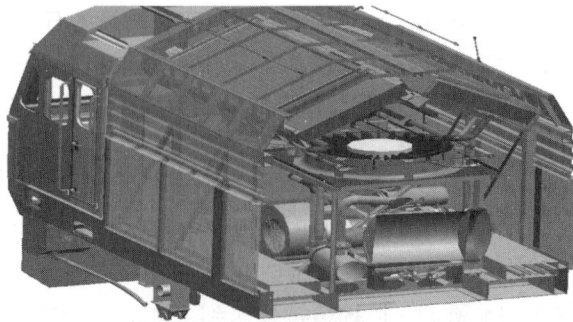

图 1-15　HX$_N$3 型内燃机车冷却室断面图

2）走行部

走行部即转向架，承担机车的全部重量，为机车动力传递到钢轨上提供手段。高强度的钢结构焊接构架使用无摇枕的二系悬挂系统，构架内安装了牵引电机和轮对，如图1-16所示。机车运行中产生的全部纵向牵引和制动载荷，都通过拐臂牵引杆机构从转向架传递到机车底架。转向架的设计要满足高可靠性、长大修周期、较长的保养周期。

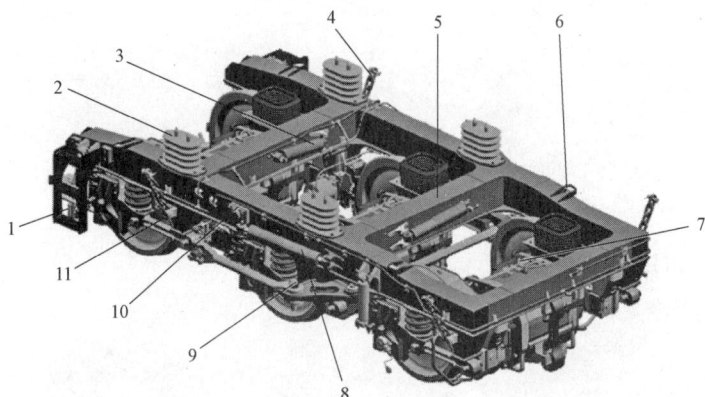

1—车体装配；2—二系橡胶弹簧；3—横向减振器；4—整体起吊装置；5—构架；6—摇头止挡；7—轮对电机安装；
8—抗蛇行减振器；9—拐臂牵引杆机构；10—横向止挡；11—轴箱拉杆。
图1-16 HX$_N$3型内燃机车转向架

在HX$_N$3型电力机车转向架中，用电机吊杆装配取代了传统的橡胶悬挂吊杆装配，用于支撑转向架上的二台交流牵引电机。牵引电机把电能转化为机车牵引力，通过传动装置连接到驱动轴上，驱动轴再通过车轮将力传递到钢轨。

整个机车的重量由四个二系橡胶压缩弹簧装配支撑，并直接传递到转向架的构架上。二系弹簧提供有可控的横向刚度和蛇行刚度，以确保良好的驾乘质量及运行稳定性。

一系悬挂装置由12个双圈圆弹簧和橡胶减振垫组成，用来提高运行品质、平衡轮重、克服轨道线路的不平顺。垂向减振器装在端轴两端轴箱体与构架之间的位置，用来衰减构架较大的垂向和侧滚振动。

两个二系抗蛇行减振器纵向安装在构架和车体底架之间，用来衰减转向架的蛇行运动以实现高速运行的稳定性。在转向架构架和车体底架之间，横向装有两个二系横向减振器，以确保良好的横向运行品质。

构架上设有二系弹性横向止挡来限制转向架和车体底架之间的横向移动。转向架也设有四个旋转止挡，来限制转向架旋转，防止诸如二系弹簧、二系减振器、风道、电机大线、空气软管和撒砂软管等转向架和底架间的连接部件超限。

牵引电机/轮对装置的横动量是通过安装在轴箱体上的一个垫板和用螺栓紧固在构架上的非金属垫板相互配合来保证其在规定的范围内。这种设计保证了横动量易于检查和加垫调整。

用螺栓把弹性横向止挡紧固在端轴轴箱上，能够保证止挡间隙为1 mm，以达到良好的稳定性。用螺栓把刚性横向止挡紧固在中间轴轴箱上，能够保证止挡间隙为 15 mm，用来满足曲线通过的需要。

2. 主要参数

传动形式	交—直—交电力传动
型号	HX$_N$3
用途	干线客、货运
轨距	1 435 mm
轴列式	C$_0$—C$_0$
轮径	1 050 mm
齿轮传动比	85:16
轴重	25 t（1±3%）
机车质量	150 t（1±3%）
燃油箱容积（可用燃油量）	9 000 L
机油容积	1 703 L
冷却水容积	1 155 L
砂装载量	800 kg
最小摘挂曲线半径	250 m
最高运行速度	120 km/h
持续速度	20 km/h
最大起动牵引力（按 1 013 mm 轮径）	620 kN
持续牵引力	598 kN
恒功率速度范围	23～120 km/h
柴油机型号	16V265H
柴油机起动方式	风动
柴油机最高额定转速	1 000 r/min
柴油机正常空转转速	420 r/min
柴油机全程低速空载转速	325 r/min
柴油机装车功率	4 660 kW
柴油机额定功率	4 400 kW
柴油机牵引功率	3 900 kW
主发电机型号	AT20/CA9
牵引电机型号	A2938−5
电阻制动功率	（3 700±100）kW
转向架轴距	3 680 mm
转向架中心距	14 280 mm
两车钩中心线间距离	22 250 mm
机车最大外形尺寸（长×宽×高）	22 250 mm×3 370 mm×4 705 mm

1.3.5　HX$_N$5 型内燃机车的基本结构及主要参数

1. 基本结构

HX$_N$5 型内燃机车外形如图 1–17 所示，HX$_N$5 型内燃机车是大功率交—直—交电力传动内燃机车，由额定功率为 4 660 kW（海拔 2 500 m、环境温度 23 ℃）的 GEVO 16 型柴油机、交流电力传动和控制系统、车体、转向架、机油润滑系统、冷却系统、燃油系统、空气滤清系统、设备通风系统、CCB Ⅱ型空气制动系统等组部件及系统所组成。

图 1–17　HX$_N$5 型内燃机车外形

HX$_N$5 型内燃机车各组成部件及系统的各项设备在机车内的布置情况，如图 1–18 所示。

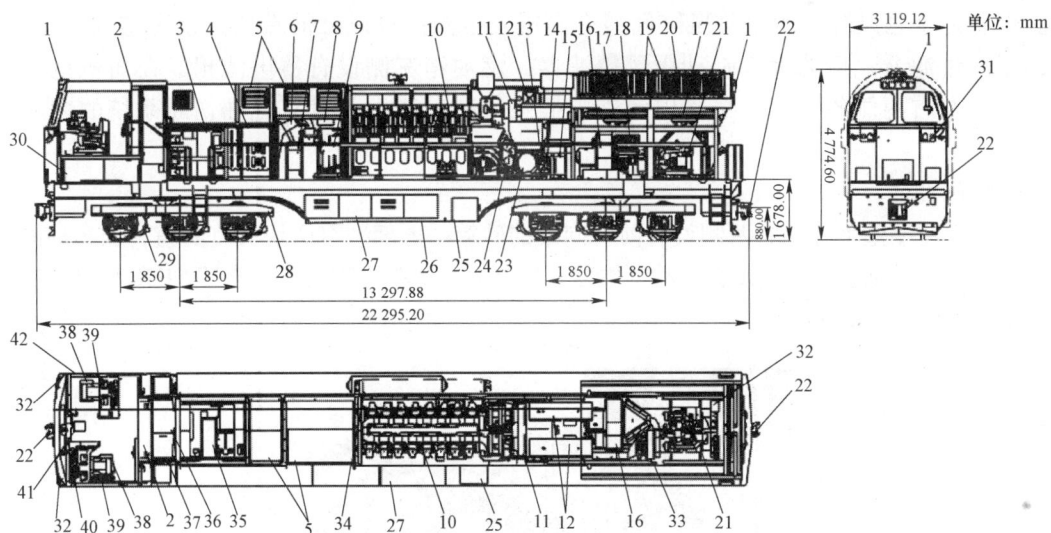

1—头灯；2—控制设备柜；3—牵引逆变器；4—功率装置柜；5—电阻制动装置；6—主发电机通风道；7—辅助发电机；8—CTS 起机转换开关；9—主发电机；10—柴油机；11—空滤器；12—冷却水箱；13—低压燃油泵；14—起动机油泵；15—机油热交换器；16—牵引电机通风机；17—冷却风扇；18—电机通风滤清器；19—散热器百叶窗；20—散热器；21—空气压缩机；22—车钩；23—机油滤清器；24—燃油滤清器；25—污油箱；26—燃油箱；27—蓄电池箱；28—转向架；29—牵引电机；30—空调；31—标志灯；32—砂箱；33—排尘风机；34—总风缸；35—逆变/主发电机通风机；36—卫生间；37—行车安全设备柜；38—座椅；39—取暖器；40—操纵台；41—冰箱；42—制动柜。

图 1–18　HX$_N$5 型内燃机车总体布置图

机车为外走廊底架承载式结构。机车分上下两部分，上部为车体及安装在其上的设备，下部两端为转向架，中部设有承载式燃油箱。

1）机车上部结构

机车上面部分为相对独立的 4 个室：司机室、辅助/逆变室、动力室和冷却室；其中动力室分为两间，即发电机间和柴油机间，如图 1-19 所示。

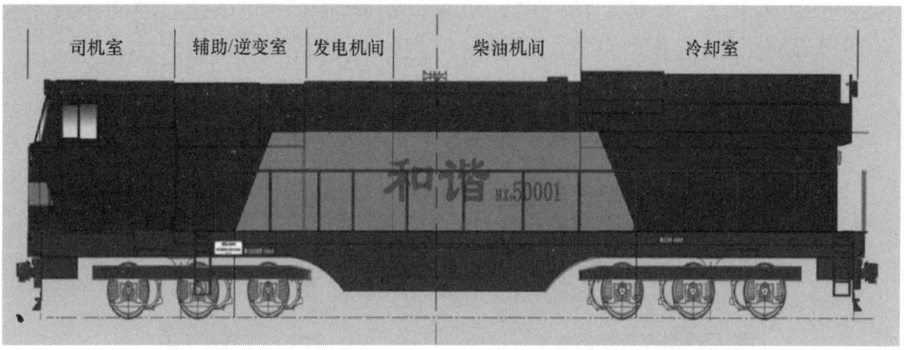

图 1-19　HX_N5 型内燃机车工作间（室）示意图

车体左右两侧在辅助/逆变室中间部位和冷却室后端部位均设有供司乘人员上下的扶梯；司机室后端墙左右两侧设有通往机车外部的门。

车体车架前后两端都装有 AAR M201 Grade E 型牵引车钩和 NC-391 型橡胶缓冲器；车钩左右两侧有列车管、空气重联管及重联电缆等。车架中部为承载式燃油箱，燃油箱右侧设有两个总风缸，两个总风缸间装有高压安全阀；总风缸前端依次设有空气干燥器、辅助用风精滤器，后端设有制动用风精滤器；燃油箱左侧设有蓄电池箱。在司机室下部车架前端左右两侧各设有一个蓄电池充电插座。在车架中部设有燃油切断系统的燃油切断阀。

（1）司机室

司机室前端壁下部左右两侧设有前转向架的砂箱；上部装有两块具有防霜、加热功能的 PVB 夹层玻璃的前窗，窗外设有气动刮雨器。前窗下面左右两侧设有标志灯。HX_N5 型内燃机车司机室如图 1-20 所示。

图 1-20　HX_N5 型内燃机车司机室

两侧侧墙上部设有侧窗，侧窗下部有电热丝式加热器；两侧墙前外端还装有后视镜。顶棚前端中部为头灯。

司机室内部以铺有防滑、吸声特性材料的底板将司机室内部隔为上、下两部分。司机室底板上部前端左侧和后端右侧分别设置有主、副两个操纵台，以便司机选择任意一个方向操纵机车，操纵台上安置了全部驾驶和信息控制设备，布置有人-机接口的设备：司机主控制器、电子制动阀、智能显示器等；副操纵台左侧设有加热盘和电烤箱；操纵台后端设有司机座椅。司机室前端前窗下部设有监控系统主机、信号系统主机、冰箱、灭火器和工具箱。司机室后端设有控制设备柜（CA1 控制区），控制设备柜门外侧设置有折叠座椅。控制设备柜的后端右侧为卫生间，左侧为行车安全设备柜。

司机室上部顶上设有天花板，天花板中间后顶部装有照明灯，前顶端右侧设有 1 个风扇，左侧设有 1 个风扇和 1 个司机控制台灯。司机室底板下部为空气制动设备柜，其中还安装有空调等其他设备。

（2）辅助/逆变室

辅助/逆变室内部以车顶底板为界将其分隔为上下两部分。上部前端为辅助通风机、主发电机通风机的进风区间，其车顶两侧设有 V 形滤网和离心式空气滤清器，车顶前端中间设有排尘出风口；内部设置辅助通风机和排尘风机；车顶后端为单支电阻制动装置工作区间，两侧都装有制动电阻进风（下部）和排风（上部）百叶窗，内部安装有一组电阻制动装置。下部为安装多个辅助、牵引和变流器控制设备的电气柜。电气柜内以中间隔板为界隔为前、后两室。前室为高压电气柜（牵引变流器），左为 CA5 控制区，右为 CA3 控制区；后室为低压电气柜（功率装置柜），左为 CA4 控制区，右为 CA2 控制区。在这些控制区内布置有两个计算机板和一个计算机电源。作为可调节的辅助电源，有 3 个 AC/DC 电源板和 3 个 AC/AC 电源板。牵引系统的主要部件有主整流器、驱动牵引电机的变流器、变流器专用电源等。电气柜内还安装有一些电子控制板、传感器、接触器、继电器。低压电气柜内还设有变流器、主发电机通风机的通风道。

在辅助/逆变室与发电机间交界区设有变流器冷却用风出风管。

（3）动力室

动力室由隔墙分成柴油机间和发电机间。动力室与辅助/逆变室相邻部分为发电机间，与冷却室相邻部分为柴油机间。发电机间分为上下两部分，上部为机车双支电阻制动装置工作区间，两侧都装有制动电阻进风（上部）和排风（下部）百叶窗，内部安装有两组电阻制动装置。下部安装有主发电机和辅助发电机（串联）以及用于起动柴油机的 CTS 起机转换开关。柴油机间内安装有 GEVO16 型柴油机。柴油机输出端左侧设有盘车机构的接口。柴油机排气烟囱（消声器）安装于柴油机自由端增压器出口与后顶盖相关联。柴油机间中部顶盖外端安装有风喇叭。

（4）冷却室

冷却室分为前后两部分。前半部分上方装有冷却水箱、空滤器；下方为集成的柴油机支持系统，其中包括机油滤清器、机油热交换器、燃油加热器、燃油滤清器、起动机油泵和低压燃油泵。后半部分上面为冷却系统冷却装置封闭作业区，冷却装置上方设有由压缩空气驱动的散热器百叶窗，百叶窗下方为散热器，散热器下部装有冷却风扇；其左右两侧安装有供散热器进风的 V 形滤网。在冷却装置封闭作业区下部空间内，前端为牵引电机通风机、通风机滤清器及排尘风机；后端为空气压缩机及供空气压缩机冷却用的翅片管式冷却器。冷却室后墙上装有 CA9 控制箱，左右两侧还装有供后转向架用砂的砂箱。

2）走行部

机车走行部为两台完全相同的三轴转向架，转向架采用钢板焊接构架和无摇枕结构，轮对轴箱采用导框方式定位，车轮为整体式碾钢车轮，如图 1-21 所示。一系悬挂为轴箱两侧螺旋弹簧，配垂向油压减振器；二系悬挂为构架和车体之间的三点式橡胶钢板复合旁承，配横向油压减振器、抗蛇行减振器。牵引力和制动力通过中心牵引销传递。牵引电机采用滚动轴承抱轴半悬挂安装方式，采用单侧斜齿轮传动形式驱动轮轴，牵引齿轮传动比为 85:16。基础制动装置采用踏面制动单元装置，带有闸瓦间隙调整器；停放制动为弹簧式制动装置。

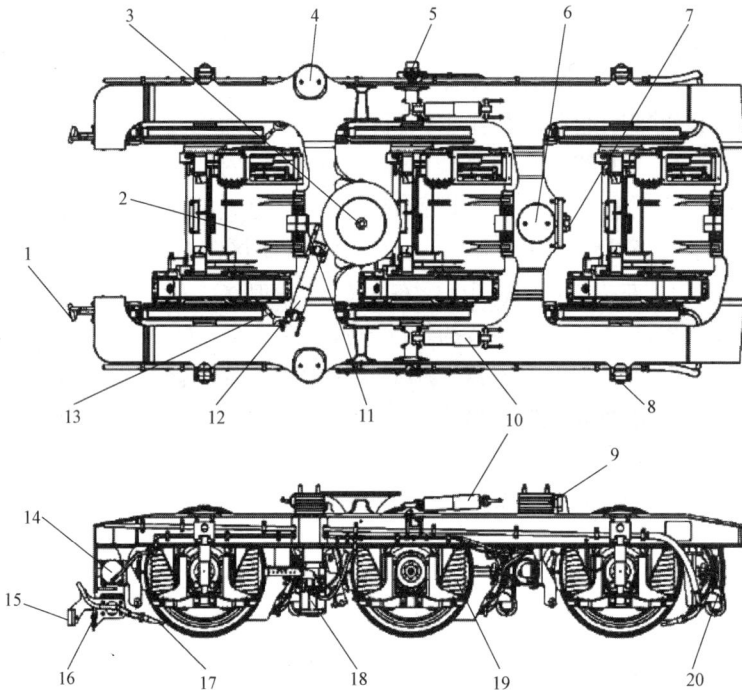

1—排障器；2—牵引电机；3—中心销；4—承载垫；5—速度传感器；6—承载垫；7—转向架吊钩；8—垂向减振器；
9—承载垫；10—抗蛇行减振器；11，20—牵引电机吊杆；12—横向减振器；13—轮缘润滑装置；14—单元制动器；
15—排障器；16—轨面清扫器；17—撒砂喷嘴；18—单元制动器；19—轴箱弹簧。

图 1-21　HX$_N$5 型内燃机车转向架

车体车架前后端装有车钩缓冲器，车钩左右两侧有列车管、空气重联管及重联电缆等。车架中部为承载式燃油箱，燃油箱右侧设有两个总风缸，机车总风缸总容量为 940～1 000 L，每个风缸装均有排水阀，排水阀有加热和消声装置。两总风缸间装有高压安全阀；总风缸前端依次设有空气干燥器、辅助用风精滤器，后端设有制动用风精滤器；燃油箱左侧设有蓄电池箱。在司机室下部车架前端左右两侧各设有一个蓄电池充电插座。在车架中部设有燃油切断系统的燃油切断阀。HX$_N$5 型内燃机车总风缸如图 1-22 所示。

图 1-22　HX$_N$5 型内燃机车总风缸

2. 主要参数

型号	HX$_N$5 型
用途	客、货运
传动形式	交—直—交电力传动
操纵方式	单司机操纵
机车制动方式	电气、空气制动系统
限界	符合 GB 146.1—2020
轨距	1 435 mm
轴列式	C_0—C_0
机车整备重量	150 t（1±3%）
轴重	25 t（1±3%）
车轮	整体碾钢车轮
轮径	1 050 mm
额定功率（主发输入功率）	4 400 kW（AAR 标准状态）
轮周功率	4 003 kW（AAR 标准状态）
牵引力	起动牵引力 620 kN，持续牵引力 565 kN（AAR 标准状态）
速度	最高速度 120 km/h，持续速度 25 km/h
恒功率速度范围	22.3～120 km/h
最大电阻制动力	338 kN
电阻制动功率	4 004 kW（AAR 标准状态）
制动距离	≤1 100 m（单机平直道，轨面状态良好，制动初速 120 km/h 条件下，纯空气制动时的距离）

最小通过曲线半径	145 m（三台机车重联，以 5 km/h 速度通过时）
最小摘挂曲线半径	250 m
轴距	1 850 mm
转向架中心距	13 298 mm
机车最大外形尺寸（长×宽×高）	21 133 mm×3 119 mm×4 770 mm
车钩中心距	22 295 mm
燃油箱容量（可用）	9 000 L
砂装载量	500 L
水装载量	1 100 L
机油装载量	1 300 L

【思考题】

1. 试述东风$_{4B}$型内燃机车的总体布置。
2. 试述东风$_{7C}$型内燃机车的总体布置。
3. 试述 HX$_N$3 型内燃机车的总体布置。
4. 试述 HX$_N$5 型内燃机车的总体布置。
5. 简述 HX$_N$5 型内燃机车由哪些部件及系统组成。
6. HX$_N$5 型内燃机车上部相对独立的 4 个室分别是什么？
7. HX$_N$5 型内燃机车辅助/逆变室内部以车顶底板将其分隔为上下两部分，试述上下两部分的构成。
8. 简述 HX$_N$5 型内燃机车发电机间的构成。
9. 简述 HX$_N$5 型内燃机车冷却室的构成。

任务 1.4　内燃机车功率及机车理想牵引特性

【任务目标】

熟悉内燃机车功率及机车理想牵引特性。

【任务内容】

1.4.1　内燃机车功率

内燃机车的功率一般是指机车柴油机的功率。而美国机车的功率则是指输入牵引发电机的功率。

柴油机的功率有标定功率（持续功率）及最大运用功率（装车功率）之分。另外，内燃机车的功率根据实际运用需要还有轮周功率、车钩功率和标称功率。

1. 标定功率

标定功率是指在指定的环境状况下（按国际标准，气压 100 kPa 和气温 300 K），在正常修理周期内，柴油机能够持续发出的最大功率。此时柴油机的活塞、活塞环、气缸的温度均不超过允许范围，各运动部件的机械疲劳应力也不超过允许值。

东风 $_{4B}$ 型内燃机车的标定功率为 2 650 kW。

2. 最大运用功率

最大运用功率是指在正常修理周期内，在特定使用条件（环境温度、大气压力、工况等）下，柴油机在运用中所能达到的最大有效功率。最大运用功率通常比标定功率稍小，因为标定功率是在标准环境条件下试验所得的结果，而机车的实际运用环境条件较差，所以在考虑柴油机可靠性以延长柴油机使用寿命、减少修理的前提下，在使用柴油机时有意使其功率留有余地，不用到标定功率。

一般最大运用功率比标定功率（持续功率）约低 10%。

东风 $_{4B}$ 型内燃机车的最大运用功率为 2 430 kW；东风 $_{7C}$ 型内燃机车的最大运用功率为 1 470 kW。

3. 轮周功率

轮周牵引力在单位时间内所做的功称为轮周功率，计算公式如下：

$$N_k = \frac{F_k v}{60 \times 60} = \frac{F_k v}{3\,600} \qquad (1-1)$$

式中：N_k——轮周功率，kW；

F_k——轮周牵引力，N；

v ——机车速度，km/h。

柴油机一方面带动牵引发电机旋转，使机械能变成电能，另一方面还要直接或间接驱动许多辅助装置（如空气压缩机、冷却风扇等）。驱动辅助装置消耗柴油机功率的 8%~10%，这样驱动牵引发电机的功率为 90%~92%。牵引发电机把机械能变成电能，牵引电机又将电能变成机械能驱动动轮，在这些过程中损失能量 12%~18%，即电传动的效率为 82%~88%。因此柴油机的功率传到轮周上要有所损失，而机车的做功能力是以轮周功率来衡量的，计算公式如下：

$$N_k = N_e \eta_{辅} \eta_{传} \qquad (1-2)$$

式中：N_k——轮周功率；

N_e——柴油机有效功率；

$\eta_{辅}$——考虑驱动辅助装置消耗功率的系数，东风 $_{4B}$ 型内燃机车约为 0.9；

$\eta_{传}$——电力传动装置效率，东风 $_{4B}$ 型内燃机车约为 0.88；

东风 $_{4B}$ 型内燃机车轮周功率 $N_k = N_e \times 0.9 \times 0.88 \approx 0.79 N_e$。

4. 车钩功率

轮周功率在扣除机车为克服自身运行阻力所消耗的部分功率后，剩下的部分称为车钩功率 N_g。这样，车钩功率（N_g）、轮周功率（N_k）、牵引发电机输出功率（N_F）（整流后）、牵引发电机输入功率（N_T）与柴油机有效功率（N_e）之间有如图 1-23 所示的曲线关系，该曲线称为功率分配曲线。

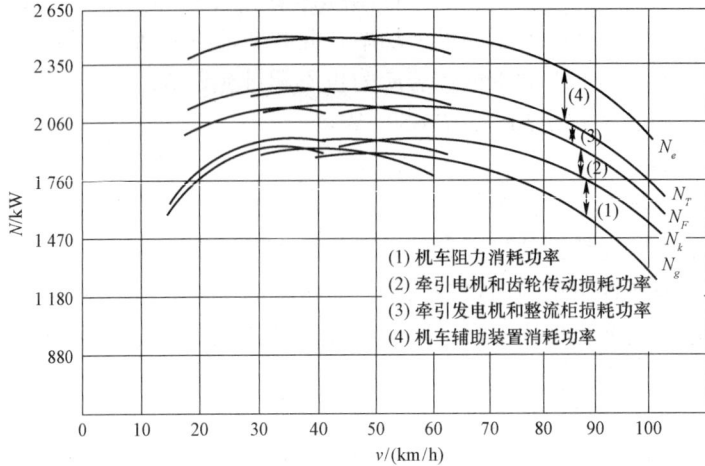

图 1-23　功率分配曲线（柴油机最高转速位）

5. 标称功率

内燃机车的功率习惯上指柴油机功率，但实际换算到轮周上时却有较大减少，这对提高内燃机车的可靠性是不利的。为避免运用不便，还定义了内燃机车的标称功率。

电力传动内燃机车标称功率是指该机车各牵引电机输出轴处可获得的最大输出功率之和。液力传动内燃机车标称功率是指该机车每个车轴齿轮箱输入轴处可获得的最大输入功率之和。内燃机车标称功率确定方法示意图如图 1-24 所示。

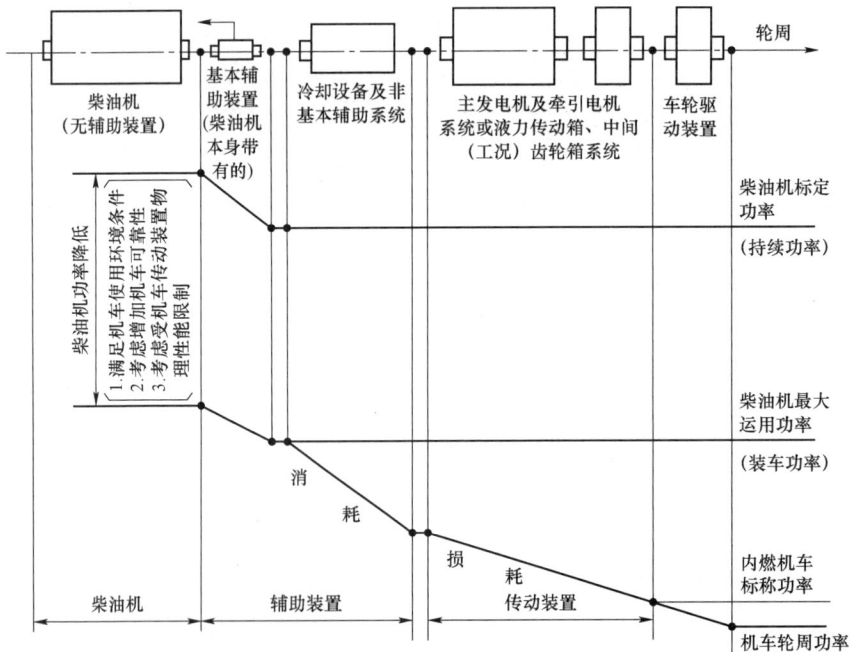

图 1-24　内燃机车标称功率确定方法示意图

内燃机车的功率按标称功率来标定有以下优点：

① 确定的机车功率与线路状况和机车速度无关。

② 制造厂可以对机车功率进行标定。

③ 与电力机车功率确定方法相一致。

④ 比较接近机车实际运用功率。

⑤ 与国际铁路联盟标准一致。

6. 高原内燃机车的功率

内燃机车的功率受环境状况和使用条件的影响较大，海拔高度和气温的增加均会导致柴油机功率下降。我国土地辽阔，海拔高度和气温相差较大，普通的东风$_{4B}$型内燃机车已不能适应高原运行的需要。1985年末，中车大连机车车辆有限公司生产了东风$_{4B}$型高原内燃机车，并在南疆铁路进行了牵引性能试验。试验表明机车的各项性能基本达到预期目标，在外温不超过20℃、海拔高度不超过2000m时，柴油机最大运用功率仍保持2430kW。在海拔高度达3000m时，柴油机运用功率不低于2131kW。

1.4.2 机车理想牵引特性

从式（1-1）、式（1-2）可得

$$F_k v = 3\,600 \eta_{辅} \eta_{传} N_e \tag{1-3}$$

当N_e等一定时，$F_k v$=常数，亦即轮周牵引力F_k与机车速度v成反比关系，该关系曲线称为机车理想牵引曲线（如图1-25所示）。低速时牵引力大，随着速度的增加，牵引力逐渐降低，我们称这种性能为机车理想牵引特性。我们设置传动装置就是为使轮周牵引力与速度的关系接近理想牵引特性，从而使柴油机功率得到充分发挥。

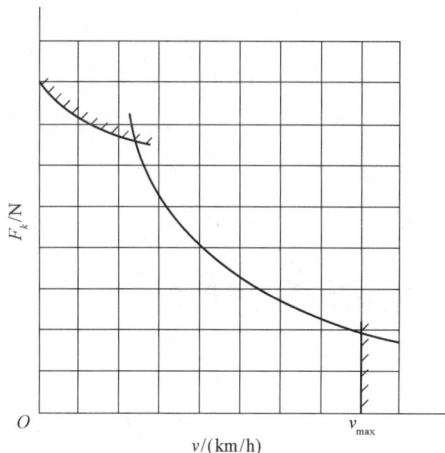

图1-25 机车理想牵引曲线

从图1-25中可以看出，该曲线不可能无限制地向两端延伸。在高速工况下，速度受到最大机车运用速度v_{max}的限制；在低速工况下，牵引力受到机车黏着条件（轮轨间不发生空转打滑）的限制。

【思考题】

1. 内燃机车的功率有哪几种表示法？
2. 机车理想牵引曲线是什么样的曲线？极值受什么条件制约？

任务 1.5　内燃机车的特征速度及特征牵引力

【任务目标】

熟悉内燃机车的特征速度及特征牵引力。

【任务内容】

1.5.1　轮周牵引力和黏着牵引力

机车动轮从牵引电机（或万向轴）获得扭矩，通过轮轨间相互作用而在动轮轮周上产生的切向反力称为轮周牵引力 F_k；轮轨之间的相互作用称为黏着作用。显然，轮周牵引力 F_k 取决于回转力矩 M 的大小，但是它又不可能随 M 任意增大。当 F_k 值增大到超过黏着作用允许的最大值时，车轮将发生空转，所以机车牵引力受动轮黏着条件的限制。我们把由机车动轮与钢轨间的黏着能力而确定的牵引力称为计算黏着牵引力 F_μ，其值等于机车黏着重量 P_μ 与计算黏着系数 μ_j 的乘积，即

$$F_\mu = 1\,000 P_\mu \mu_j \qquad\qquad (1-4)$$

机车的黏着重量 P_μ 是全部动轮对钢轨的压力，也就是各动轮承受机车重量之总和。计算黏着系数 μ_j 在性质上与静摩擦系数相近，其大小及影响因素将在牵引计算类课程中论述。

机车轮周牵引力的最大值 $F_{\max}$ 不能大于计算黏着牵引力 F_μ，即

$$F_{\max} \leqslant F_\mu \qquad\qquad (1-5)$$

1.5.2　内燃机车的特征速度和特征牵引力

1. 机车构造速度

机车结构（如零部件的强度、走行部的动力性能及机车效率等）所允许的机车最高安全运行速度称为机车构造速度，又称机车最高速度。东风 $_{4B}$ 型内燃机车最高速度：客运机车为 120 km/h，货运机车为 100 km/h；东风 $_{7C}$ 型内燃机车最高速度：100 km/h；HX_N3 型内燃机车最高速度：120 km/h；HX_N5 型内燃机车最高速度：120 km/h。机车构造速度必须与列车的最高允许速度及制动能力相适应。

目前我国机车的构造速度：客运为120～160 km/h，货运为80～100 km/h，通用机车为100～120 km/h，调车机车为50～90 km/h。

2. 持续速度和持续牵引力

1）持续速度

机车在全功率工况下，其冷却装置的能力所容许的持续运行的最低速度称为持续速度。东风$_{4B}$型内燃机车持续速度：客运机车为26.0 km/h，货运机车为21.6 km/h；东风$_{7C}$型内燃机车持续速度：12.6 km/h；HX$_N$3型内燃机车持续速度：20 km/h；HX$_N$5型内燃机车持续速度：25 km/h。

当机车全功率运行时，持续速度低可获得大牵引力，但将引起牵引电机电枢电流的增大。当机车以持续速度运行时，牵引电机的电枢电流称为持续电流，这时牵引电机和发电机绕组的温升均在允许范围以内。当机车运行速度低于持续速度时，电机的电流超过了持续电流，电机绕组严重发热，电机绝缘的温升过高，这会影响使用期限，严重时会烧毁电机。

2）持续牵引力

在全功率下，对应于持续电流的机车牵引力称为持续牵引力F_c。东风$_{4B}$型内燃机车的持续牵引力：客运机车为243 kN，货运机车为324 kN；东风$_{7C}$型内燃机车的持续牵引力：308 kN；HX$_N$3型内燃机车的持续牵引力：598 kN；HX$_N$5型内燃机车的持续牵引力：565 kN。

3. 计算速度和计算牵引力

机车牵引规定重量的列车在限制坡道上运行的最低速度称为计算速度。目前我国机车的计算速度：客运机车为25～30 km/h，货运机车为20～30 km/h，调车机车及小运转机车为8～10 km/h。

机车以计算速度通过限制坡道时，所能发挥的最大轮周牵引力称为计算牵引力。

计算速度如果规定得过高，对于一定功率的机车，其计算牵引力就显得不足，而且据此计算的牵引重量也势必减小，从而使区间的列车对数增多。相反，如果计算速度规定得过低，牵引重量虽可提高，但机车在坡道上容易发生空转，可能造成坡停或倒退等事故。同时，列车速度过低，占用区间的时间过长，也会影响线路的通过能力。因此，机车的计算速度需要综合运输经济运输任务、线路状况、机车用途等各方面的因素加以确定。

对于电力传动内燃机车，通常取持续速度作为它的计算速度。

4. 起动牵引力

机车牵引列车起动时，在一定的黏着条件下所能发挥的最大轮周牵引力称为机车起动牵引力F_q。电力传动内燃机车的起动牵引力要受到牵引电机启动电流的限制，因为机车起动电流不允许过大。东风$_{4B}$型内燃机车起动电流限制为6 000 A，相应的起动牵引力：客运机车为327.5 kN，货运机车为435 kN。

只有当起动牵引力低于起动时的黏着牵引力时，才能防止动轮发生空转。此外，起动牵引力还应保证所牵引的列车能在限制坡道上起动。

5. 车钩牵引力

机车轮周牵引力克服机车本身的运行阻力以后，传到车钩处用于牵引列车运行的那部分牵引力称为车钩牵引力。

$$F_g = F_k - \omega_0' P_\mu \qquad (1-6)$$

式中：F_g——机车车钩牵引力；

   F_k——机车轮周牵引力；

   ω_0——机车运行单位阻力；

   P_μ——机车黏着重量。

进行机车试验时，机车车钩处装有测力计，从测力计中可直接读出车钩牵引力的数值。

【思考题】

1. 什么叫机车构造速度？持续速度？持续牵引力？

2. 什么叫车钩牵引力？

3. 机车轮周牵引力受什么条件限制？

车体及车钩

任务 2.1　车　　体

【任务目标】

熟悉车体的作用及对车体的要求；熟悉车体的结构形式。

【任务内容】

2.1.1　车体的作用、组成及对车体的要求

1. 车体的作用

车体是机车的骨架。它既是各种设备，如柴油机、传动装置、大型电气设备和各种辅助机组的安装基础，又要传递各个方向的力：

① 将所承受的垂直载荷即各种设备的重力通过旁承传给转向架。

② 机车运行时通过车钩、缓冲装置传递机车与车辆之间的纵向力，例如牵引力、制动力和冲击力。

③ 承受转向架传来的横向力。

同时，车体也起到保护机械、电气设备和乘务人员不受雨、雪、风、沙的侵袭，以及隔声、隔热的作用。

因此，机车的车体是整个机车的主体，受力十分复杂。应具有足够的强度和刚度，以免影响柴油机曲轴的工作和保证各连接件的同心度，使安装在其上面的各种设备正常工作。

2. 车体的组成

机车车体是指机车转向架之上的车厢部分（也称上部结构）。它由司机室、车顶、侧壁、间壁、车架和排障器等部分组成。

3. 对车体的要求

现代干线机车向高速、大功率方向发展，机车重量也相应增大。而机车轴重却受线路条件的限制。因此，机车重量成为限制增大机车功率的主要因素。如何设法减轻机车各部件，

特别是诸如车体等大部件的重量，是设计单节大功率机车的重要措施之一。

因此，在设计、制造现代机车的车体时，应满足以下要求：

① 尽可能满足乘务人员的正常工作环境，如机车操纵、瞭望方便等。

② 保证有足够的强度、刚度，运行安全可靠。

③ 便于安装动力装置、辅助装置和缓冲装置。

④ 在制造及修理时，结构上有较好的工艺性。

⑤ 外形美观、流线化，具有良好的空气动力学性能，以减小空气阻力，满足高速的要求。

⑥ 车体外形尺寸应符合国家规定的机车车辆限界。

⑦ 尽可能减轻重量。

2.1.2 车体的结构形式

内燃机车的用途、功率不同，车体的结构形式也就有所不同。内燃机车车体钢结构按照承载方式分为非承载式车体和承载式车体。

1. 非承载式车体

非承载式车体由侧壁、顶盖和车架等组成，其特点是侧壁与车架相互独立，各自起着不同的作用。车体侧壁不承受载荷，仅起到保护罩的作用，而车架承受车体的全部载荷，因此对车架要求高，其尺寸及重量均较大。

按车体外形的不同，非承载式车体又可分为棚式（内走廊式）车体和罩式（外走廊式）车体两种。

1）棚式车体

棚式车体的特点是外形高大，内部走道宽阔，乘务工作人员检查机器间方便。棚式车体的司机室可布置在机车的一端或两端。棚式车体外形如图 2-1 所示。

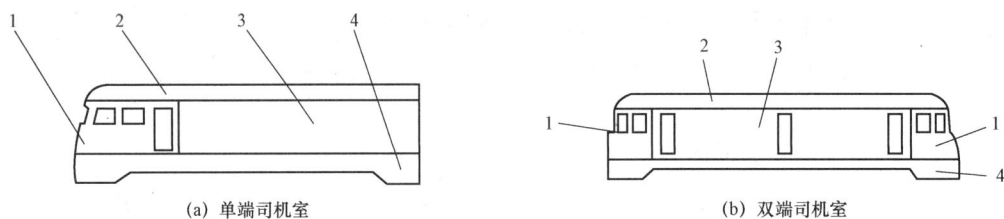

(a) 单端司机室　　　　　　　　　　　　　(b) 双端司机室

1—司机室；2—车顶；3—侧壁；4—车架。

图 2-1　棚式车体外形

2）罩式车体

罩式车体外形矮小，如图 2-2 所示。车体罩壳外部两侧设有走廊，车体的司机室、动力室及冷却室内部不通行，可通过开启车体两侧的侧壁门来检查机器间的情况。罩式车体的司机室设在中部或一端，并且高出或宽出其他部分，便于瞭望。罩式车体结构简单、紧凑、造价低。一般用于调车机车或小运转机车，如东风$_{7C}$型内燃机车。

(a) 中部司机室　　　　　　　　　　　　　(b) 两端司机室

1—车顶；2—侧壁；3—司机室；4—车架。

图 2-2　罩式车体外形

由于非承载式车体的载荷安全由车架承受，并且绝大部分由车架中梁承受，因此，其中梁比较粗大、笨重，使机车重心偏高，机车的动力性能有所下降。

2. 承载式车体

承载式车体是将机车车体与底架设计成一体，侧壁参与承载。与非承载式车体相比，承载式车体的主要优点是承载能力强、重量轻。

根据车体侧壁结构形式的不同，承载式车体一般分为桁架式侧壁承载车体和框架式侧壁承载车体两种。

1）桁架式侧壁承载车体

桁架式侧壁承载车体由侧壁桁架、侧壁、外敷钢板、底架、司机室和车顶等部分组成，如图 2-3 所示。桁架由上弦梁、下弦梁、立柱和斜杆连接而成。侧壁的下弦梁就是底架的侧梁，因而侧壁与底架连接成一体，共同承受载荷。侧壁外敷钢板，罩在侧壁桁架上，不承受载荷。

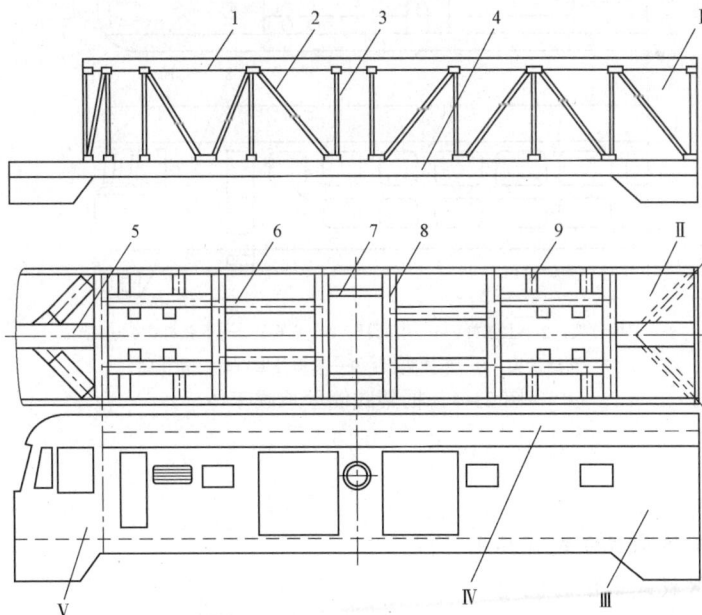

Ⅰ—侧壁桁架；Ⅱ—底架；Ⅲ—侧壁；Ⅳ—车顶；Ⅴ—司机室；

1—上弦梁；2—斜杆；3—立柱；4—下弦梁；5—牵引梁；6，7—纵梁；8，9—横梁。

图 2-3　桁架式侧壁承载车体

这种结构的特点是：由于外敷钢板不承受载荷，对焊接工艺的要求低；外敷材料可用轻金属板或塑料板来代替钢板，使车体重量减轻；可在侧壁上开孔，不影响车体的强度和刚度。

2）框架式侧壁承载车体

框架式侧壁承载车体由车顶骨架、侧壁骨架、外敷钢板、底架和司机室组成。侧壁骨架是由立柱、中间杆和上弦杆、下弦杆组成的框架式结构，如图 2-4 所示。外侧表面敷设一层 2 mm 以上厚度的钢板与骨架共同承受载荷。侧壁骨架的下弦杆就是底架的侧梁，因此，车体与底架形成一个统一体。

这种承载式车体的优点是：车体有较大的强度和刚度；由于没有桁架式侧壁承载车体的斜杆，因而对侧壁开孔的位置限制较少；由于车体外敷钢板参与承载，因此能较大限度地减轻机车重量，但对机车外敷钢板的焊接工艺要求较高。

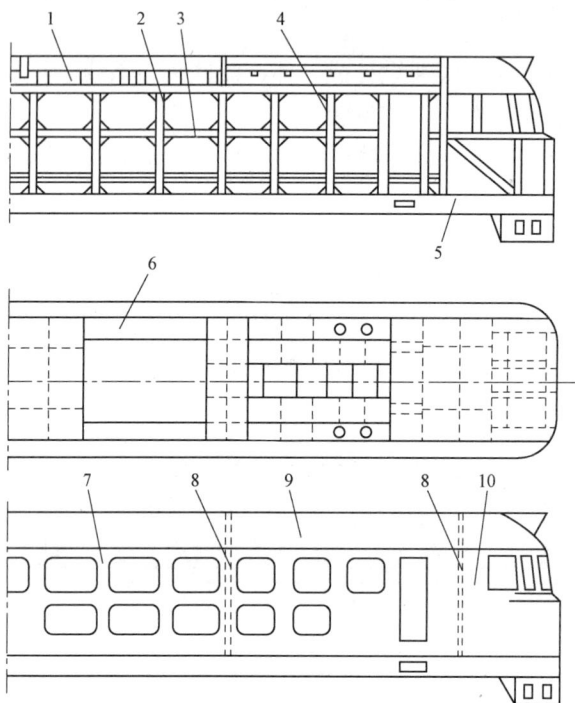

1—车顶骨架；2—上弦杆；3—中间杆；4—立柱；5—下弦杆；6—底架；

7—侧壁骨架；8—车体隔板；9—车顶外壁；10—司机室。

图 2-4　框架式侧壁承载车体

【思考题】

1. 内燃机车车体承载方式有哪几种？

2. 简述侧壁承载式车体的优越性。

3. 侧壁承载式车体根据侧壁结构形式的不同可分为哪几种？

任务 2.2　东风 4B 型内燃机车车体

【任务目标】

熟悉东风 4B 型内燃机车车体的形式及结构特点。

【任务内容】

2.2.1　东风 4B 型内燃机车车体的形式

东风 4B 型内燃机车的车体为框架式侧壁承载车体，如图 2–5 所示。车体长度为 20 300 mm；车体宽度为 3 100 mm，底架平面距轨面高度为 1 600 mm，车体顶面距轨面高度为 4 500 mm。

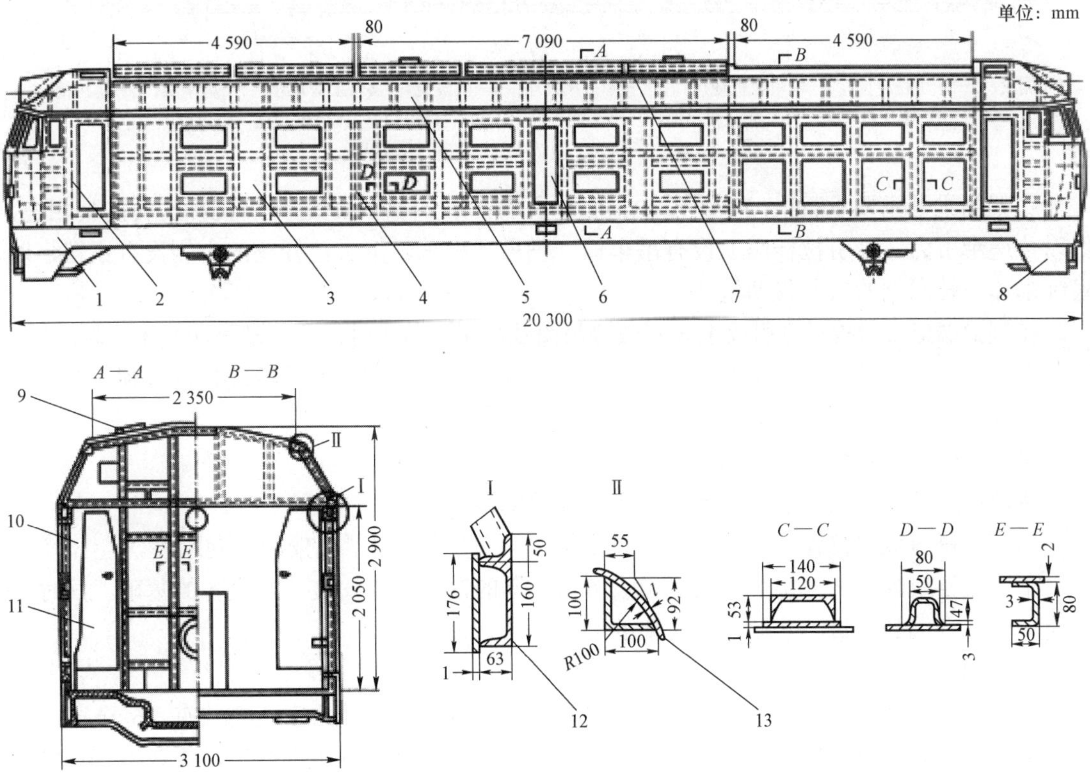

1—底架；2—司机室；3—侧壁；4—隔墙；5—车顶；6—中门；7—顶盖；8—端部下骨架；
9—通风窗；10—空气滤清器通道；11—隔墙门；12—上弦梁；13—上口梁。

图 2–5　东风 4B 型内燃机车的车体结构

2.2.2 东风₄B型内燃机车车体的结构特点

东风₄B型内燃机车车体由左侧壁、右侧壁、隔墙、车顶、前司机室、后司机室及底架组焊而成。

1. 底架

东风₄B型内燃机车车体底架由 2 根斜撑式牵引梁、4 根旁承梁、4 道横梁、2 根柴油机横梁、2 根侧梁及底架盖板等组焊而成，如图 2-6 所示。

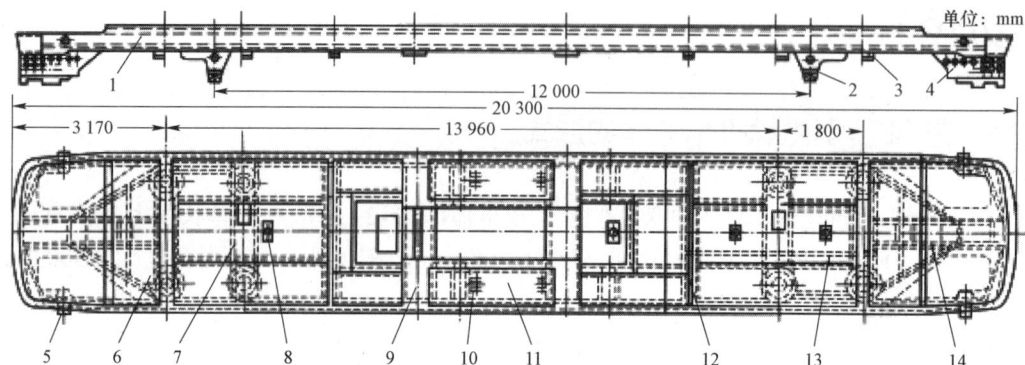

1—侧梁；2—牵引拉杆座；3—牵引电机通风口；4—牵引缓冲座；5—救援装置；6—上旁承座；7—旁承梁；8—排污槽；9—柴油机横梁；10—燃油箱吊座；11—柴油机纵梁；12—横梁；13—风道梁；14—牵引梁。

图 2-6　东风₄B型内燃机车车体底架

底架侧梁是主要承载梁，前后下端面上均焊有牵引拉杆座，通过牵引拉杆与转向架相连，用以传递牵引力。牵引拉杆座上设有吊车筒，供吊起机车。牵引拉杆座的内侧设有止挡，以限制车体与转向架的横向移动量。

在侧梁端部及斜撑式牵引梁上设有救援吊筒及吊座，救援时，可一端吊起机车及转向架。

在每根旁承梁的下侧均焊有凹入的 2 个上旁承座，用来安装二系橡胶弹簧，利于车体平稳坐于转向架上。

柴油机横梁为箱型结构，以便于安装柴油机。

风道梁与旁承梁结合起来，形成了牵引电机的冷却风道。

相应于每道隔墙位置的底架处均设有横梁，4 道横梁加强了底架的横向刚度。

车体底架组焊后，在整个底架上敷设 6 mm 厚的钢板作为安装各种设备的基础，同时，也使车体下方得到密封，并加强了底架的刚度。

2. 侧壁

在电气室与动力室的左右侧壁上，各设有上下两排窗户。动力室两侧共有 16 个窗户，电气室两侧共有 8 个窗户。冷却室的左右侧壁上，也各设有上下两排窗户，共有 16 个窗户，窗户上安装侧百叶窗。动力室两侧壁中间位置各设有一个中门，柴油机的空气滤清器分别焊接在左右两个中门的一侧。

侧壁由上弦梁、立柱、横梁、辅助杠杆和地板梁组焊而成。

3. 车顶

车顶和两端司机室、左右侧壁及四道隔墙共同组焊在一起。为了拆装动力机组、电器设备和冷却装置等大型部件，在车顶的中部开设有贯通的宽度为 2 350 mm 的开口，开口中间设有 3 根弯梁。开口上装有 2 个电气室顶盖，顶盖四周用树脂胶黏结橡胶海绵密封，以防漏雨。顶盖用角钢组成边框，用槽钢形成肋梁，外敷 2.5 mm 厚的钢板。

在冷却室两侧上弦梁上，均焊有 5 个冷却器钢结构的安装座，通过安装座可将冷却器钢结构、散热器、静液压马达和冷却风扇等部件的重量均匀地传给整个车体。

4. 隔墙

隔墙与侧壁、底架焊成一体，用 4 道隔墙将车体分隔为 5 个工作间，依次为 I 端司机室、电气室、动力室、冷却室和 II 端司机室。各隔墙两侧均设有隔门，沿车内两侧走廊可接近各设备。

在动力室与冷却室隔墙上开有 2 个 $\phi160$ mm 的孔，打开孔盖，可抽换凸轮轴。动力室和电气室隔墙上开有励磁机安装缺口。

5. 司机室

司机室两端设有两个侧门，前端设有宽大的玻璃窗，方便瞭望。

司机室的骨架采用角钢和扁钢制成，并焊在底架上，起部分承载作用，其外表面则敷设 2.5 mm 厚的钢板。

【思考题】

1. 东风$_{4B}$型内燃机车采用哪种形式的车体？
2. 简述东风$_{4B}$型内燃机车车体的结构特点。

任务 2.3 东风$_{7C}$型内燃机车车体

【任务目标】

熟悉东风$_{7C}$型内燃机车车体的形式及结构特点。

【任务内容】

2.3.1 东风$_{7C}$型内燃机车车体的形式

东风$_{7C}$型内燃机车主要用于在调车场从事推峰调车作业，所以采用的是非承载式的外走廊式车体。这种形式的车体主要是由车体的底架即车架承受载荷，要求车架有足够的强度和刚度。

2.3.2 东风$_{7C}$型内燃机车车体的结构特点

东风$_{7C}$型内燃机车车体上部从后至前依次为：电气室、司机室、动力室、冷却室和辅助室。除司机室与车架等宽为 3 140 mm 外，其余各室宽度为 2 000 mm。车体下部包括车架、两端排障器和车钩缓冲装置。上部各室和车架组成一个全钢焊接结构。排障器用螺栓固定在车架端部的牵引梁下面。车钩缓冲装置装于两端牵引梁从板座内。整个车体结构如图 2-7 所示。

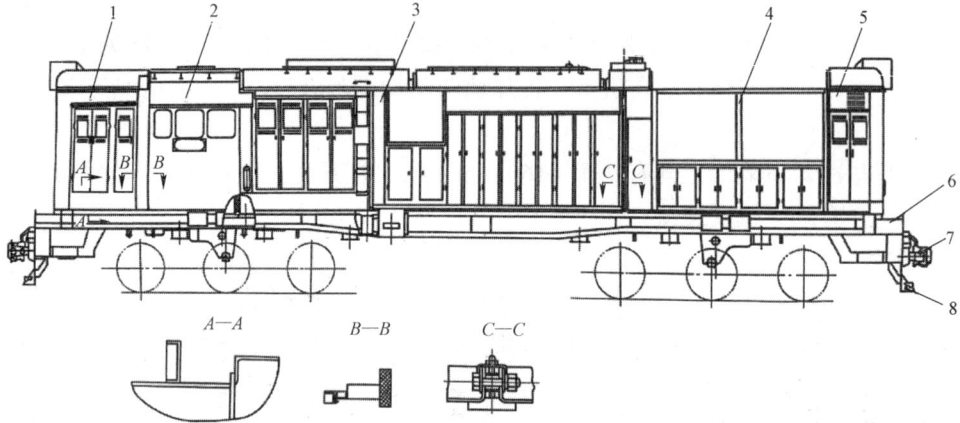

1—电气室；2—司机室；3—动力室；4—冷却室；5—铺助室；6—车架；7—车钩缓冲装置；8—排障器。

图 2-7　东风 $_{7C}$ 型内燃机车的车体结构

电气室位于车体后端，主要由端侧墙和顶盖组成。端墙下部两侧有标志灯安装板，端侧墙两侧圆弧拐角处还分别设有扶手。顶盖与端侧墙靠 6 个拉紧装置连接，下部用蝶形螺母锁紧。顶盖除与司机室相连的一面外，其余三面均为圆弧形状，后端顶部中间是头灯安装体。

机车最前端为辅助室，辅助室的钢结构与后端电气室基本相同。

动力室位于机车中部，动力室侧墙由固定侧墙和活侧墙两部分组成，靠近司机室部分为固定侧墙。固定侧墙上装有通往车顶的梯子扶手，并配有电气化区段使用的"禁止攀登"标志牌。与固定侧墙相连的是活侧墙，活侧墙下部是焊接在车架面上的基础支座，两者用螺栓连接。活侧墙上还装有柴油机左右进气道。动力室顶盖由大顶盖、柴油机间顶盖和水箱顶盖三部分组成，通过两组活横梁扣在动力室侧墙上。吊起柴油机间的顶盖，拆下任何一侧的活侧墙，都可以将柴油机-发电机组整体水平吊出。

动力室前部是冷却室，冷却室顶百叶窗与冷却装置做成整体结构，用螺栓固定在冷却室侧墙上。冷却室侧墙下面焊接在车架面上，其前面与辅助室侧墙焊接，其后面与动力室活侧墙用螺栓连接。

东风 $_{7C}$ 型内燃机车车架主要由前后牵引梁、旁承梁、机组纵梁、横梁、机座横梁、加强梁、上下盖和牵引电机通风道等组成，如图 2-8 所示。侧梁与旁承梁、机组纵梁一起组成车架的主要承载梁。

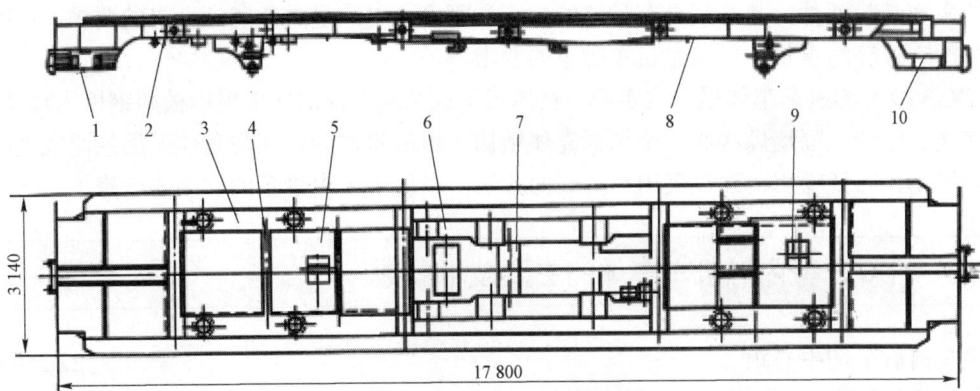

1—后牵引梁；2—横梁；3—旁承梁；4—加强梁；5—上盖板；6—机组纵梁；7—机座横梁；8—下盖；
9—牵引电机通风道；10—前牵引梁。

图 2-8　东风 $_{7C}$ 型内燃机车车架组成

2.3.3　东风 $_{7C}$ 型内燃机车车体的主要技术参数

车架长度	17 800 mm
两端车钩钩舌内侧面间距离	18 800 mm
车钩中心线距轨面高度	（880±10）mm
车体最大宽度（中部两侧扶手杆之间）	3 186 mm
车体最高点距轨面高度	4 760 mm

【思考题】

1. 东风 $_{7C}$ 型内燃机车采用哪种车体？
2. 试述东风 $_{7C}$ 型内燃机车车体的结构特点。

任务 2.4　HX$_N$3 型内燃机车车体

【任务目标】

熟悉 HX$_N$3 型内燃机车车体的形式、主要技术参数及结构特点。

【任务内容】

2.4.1　HX$_N$3 型内燃机车车体的形式

HX$_N$3 型内燃机车为大功率交流传动内燃机车，主要用于干线货运牵引。车体作为内燃机车的主要承载部件，其必须具有足够的强度和刚度，以满足重载货运牵引的要求。同时还需要车体有较轻的重量，以满足机车轴重的要求。

HX_N3 型内燃机车车体采用内走廊、整体式承载结构，各部件采用钢板和钢板压形结构，其中底架、侧墙、隔墙焊接成一个箱形壳体结构，司机室作为整体与车体采用悬浮式连接，以减轻振动、降低噪声，顶盖采用可拆卸的方法，以便于车内设备的安装和检修。

2.4.2　HX_N3 型内燃机车车体的主要技术参数

机车前后车钩中心距	22 250 mm
车体底架长度	21 540 mm
车体宽度	3 100 mm
车体高度（新轮）	4 705 mm
车钩中心线距轨面高度（新轮）	（880±10）mm
枕梁中心线距离	10 420 mm
排障器距轨面高度（新轮）	110_0^{+10} mm
车体底架上平面距轨面高度	1 600 mm
机车第一级脚蹬距轨面高度	≤500 mm

2.4.3　HX_N3 型内燃机车车体的结构特点

HX_N3 型内燃机车车体采用桁架式整体油箱承载结构，车体强度应能承受 2 670 kN 的纵向压缩载荷。整个车体由司机室、底架、侧墙、大盖装置、活动顶盖和隔墙组成。车体总体结构如图 2-9 所示。

图 2-9　HX_N3 型内燃机车车体总体结构

1. 司机室

HX_N3 型内燃机车采用独立司机室结构，司机室通过隔离减振装置安装到车体底架上。

司机室隔离减振的目的有三：一是显著减少司机室的噪声，使司机室能够满足噪声要求；二是减轻由轮轨引起的司机室振动；三是显著减轻柴油机引起的高频振动。

隔离减振装置主要由两个橡胶关节减振器、两个弹簧、两个阻尼器和两个横向连杆组成。

①　两个橡胶关节减振器安装在司机室后部下方，水平横向放置。其较低的扭转刚度使司机室及隔振系统有较低的"点头"频率。

②　两个弹簧垂直放置于司机室前端的两角，主要用于控制"点头"振动。

③　两个阻尼器与弹簧肩并肩平行放置，用于减少或消除由转动轴隔振系统引起的低频振动的振幅增大，这种低频振动主要由机车轨道的不平顺引起。

④　两个横向连杆安装在司机室的前端。连杆两端可自由转动，但横向刚度非常大。横向连杆的安装使司机室前部可以在垂向和纵向与机车底架有相对运动，但在横向却受制约，从而控制司机室前端的左右转动。

HX_N3 型内燃机车司机室的结构如图 2-10 所示。

1—前脸；2—前窗；3—头灯；4—风喇叭；5—三角窗；6—后视镜安装座；7—侧窗；8—侧墙；
9—司机室侧门；10—顶盖；11—空调；12—后墙。
图 2-10　HX_N3 型内燃机车司机室的结构

司机室钢结构由前脸、侧墙、后墙、顶盖和地板焊接成整体结构，通过隔离减振装置安装到车体底架上。司机室前脸上布置有头灯、前窗玻璃安装框，以及弹簧、阻尼器横向连杆安装座。侧墙上布置有三角窗、侧窗、司机室侧门安装框，以及后视镜安装座。

司机室顶盖整体骨架以压型槽钢和角钢为主，既保证了足够的强度，又减轻了重量。顶部设置有多个天线座，可以根据应用需要安装相应的天线。同时还装有一个风喇叭安装座。空调通过安装座固定在司机室顶盖上，风从入风口进入司机室顶盖内，经过多条管路分别由两侧和顶部 8 个出风口吹入司机室内部，在司机室内循环完毕后，从回风口排出，每个出风口的位置和角度都能满足司乘人员舒适度需求，同时都具有调节风量的功能。

该车的司机室地板梁与其他机车不同，地板梁不仅仅只是承载着司机室的重量，而且它还是操纵台、座椅等设备的安装平台。该车的司机室地板梁还装有橡胶关节减振器安装座、空气预埋管路、电线通道等部件。当独立司机室与机车进行组对的时候，两个安装座与司机室前脸上的弹簧安装座共同支撑起司机室等全部重量，承担运行过程中产生的冲击和振动。空气管路直接与机车上的软管对接，与操纵台连通。机车全部控制电线通过中部的通道与操纵台上的电线进行对接，从而实现对整车的控制。此外，地板梁的四角还设有起吊座安装孔，底部还装有密封条安装槽。

2. 底架

底架作为整个车体的承载基础，不但承受车体本身的重量和车内所有设备的重量，同时还传递牵引力、制动力以及复杂的动应力，因此底架必须具有足够的强度和一定的刚度。HX_N3 型内燃机车用于牵引高速重载货运列车，柴油机功率高、重量大，因此要求车体既要满足强度、刚度要求，还要最大化地减轻重量。根据这一要求，底架采用整体承载式燃油箱结构。

HX_N3 型内燃机车车体底架由三段组成，即前后端部和中间燃油箱，其结构如图 2−11 所示。

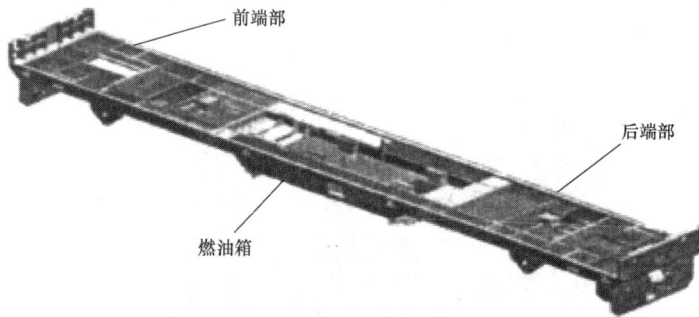

图 2−11　底架的结构

1）端部

底架的前后端部结构基本相同，但由于机车上部设备不同而存在细微差别。下面仅以底架前端部为例进行介绍。底架前端部包括防撞装置、牵引梁、侧梁、牵引拉杆座、二系弹簧支撑结构和中间梁。

① 防撞装置用于机车受到非常大的碰撞时，吸收能量，保护司乘人员安全。

② 牵引梁直接传递机车的纵向牵引力、制动力及纵向冲击载荷，其下部结构为车钩箱，用于安装车钩及缓冲装置。

③ 侧梁和中间梁用于传递机车纵向载荷和承受机车上部设备载荷。

④ 牵引拉杆座用于传递转向架的牵引力和制动力。

⑤ 二系弹簧支撑结构用于将车体重量和机车上部设备重量传递到转向架上。

2）燃油箱

底架中间的燃油箱采用网状结构，将底架前后端部连接成整体，用于承受上部柴油−发电机组的重量，盛放柴油机燃料。燃油箱两端有四个砂箱，一端有污油箱。箱内装有吸油管、排油管、排气管、油压管。燃油箱中部两侧分别装有两个加油口、油位仪、紧急停油按钮。油箱底部两侧有排污口。燃油箱附近的部分布置如图 2-12 所示。

1—紧急停油按钮；2—加砂口；3—加油口；4—油位仪。

图 2-12　燃油箱附近的部分布置

3. 侧墙

侧墙左右对称，由两个平面组成，构成车体横断面轮廓。侧墙采用整体焊接的桁架结构，如图 2-13 所示。考虑强度及制造因素，立柱及横梁的截面以及作为主要受力部件的上弦梁截面为封闭箱形梁，且形状根据结构的特点而确定。侧墙蒙皮采用波纹板结构，大大提高了车体纵向强度和垂向刚度。侧墙从前到后依次开有电阻制动装置进风口、柴油机空气滤清装置进风口和柴油机冷却装置进风口。

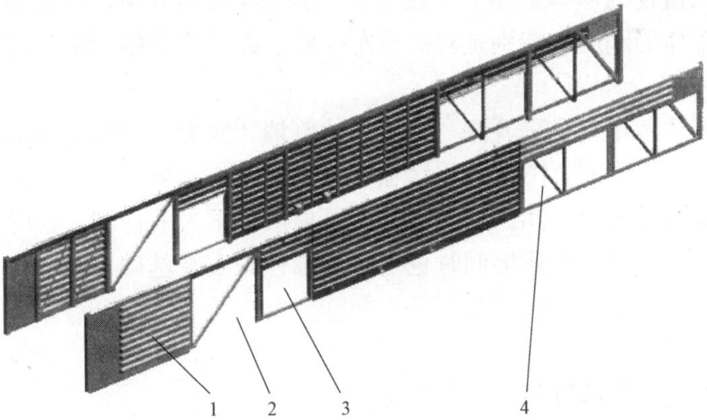

1—波纹板；2—电阻制动装置进风口；3—柴油机空气滤清装置进风口；4—柴油机冷却装置进风口。

图 2-13　侧墙的结构

4. 大盖装置

大盖装置下部与侧墙相连，上部安装有机车顶部设备和活动顶盖。大盖装置由 3 部分组成，从前到后依次为电阻制动/电气室大盖、动力室大盖和冷却室大盖。电阻制动/电气室大盖上安装有电阻制动装置和牵引系统的交流相模块，冷却室大盖上安装有柴油机冷却散热器。大盖的结构如图 2-14 所示。

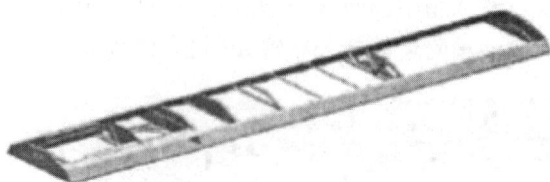

图 2-14 大盖的结构

5. 活动顶盖

车顶有 3 个可拆卸的活动顶盖，从前到后依次为电气室顶盖、惯性滤清室顶盖和动力室顶盖。车体顶盖用于车体的密封，保护车内设备不受风吹、日晒、雨淋等。活动顶盖的结构如图 2-15 所示。

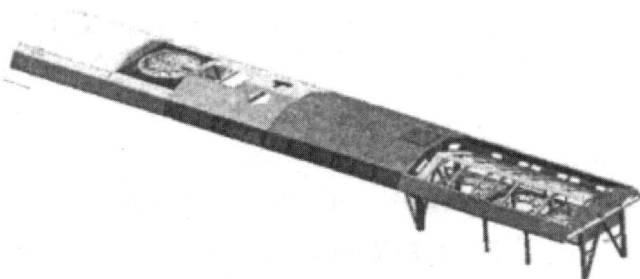

图 2-15 活动顶盖的结构

虽然没有将顶盖视为车体整体的承载部分，但在实际运行中，顶盖还是会起到一定的作用。顶盖对提高车体的刚度，特别是对提高车体的自振频率有很大的作用。

6. 隔墙

隔墙用于将车体各个室分隔开来，并将车体侧墙、底架、大盖连接成整体。在一端司机室的后面还隔出一个卫生间。随着铁路运输朝着长交路方向发展，HX_N3 型内燃机车首次在内燃机车上采用非直排式卫生间。这给司乘人员提供了很大的便利，同时也减轻了列车对铁路周边环境的污染。电气室的隔墙同时也是电气部件的安装基础。

【思考题】

1. HX_N3 型内燃机车采用哪种车体？
2. 试述 HX_N3 型内燃机车车体的结构特点。

任务 2.5 HX_N5 型内燃机车车体

【任务目标】

熟悉 HX_N5 型内燃机车车体的形式及结构特点。

【任务内容】

2.5.1　HX$_N$5 型内燃机车车体的形式

　　HX$_N$5 型内燃机车是干线货运用大功率交流电力传动内燃机车，其车体采用单司机室外走廊罩式结构、车架承载及整体承载式燃油箱设计。车架采用双箱形梁结构，车体承载能力满足：纵向压缩载荷 3 788 kN，纵向拉伸载荷 3 100 kN。

2.5.2　HX$_N$5 型内燃机车车体的结构特点

　　HX$_N$5 型内燃机车车体由车架、辅助室、主发电机室、柴油机室、冷却室、司机室（电气柜，厕所设置在内）等组成，两端各设扶手梯和侧梯，供司乘人员上下机车。HX$_N$5 型内燃机车的车体结构如图 2-16 所示。

1—司机室；2—辅助室；3—主发电机室；4—柴油机室；5—冷却室；6—排障器；7—车架。
图 2-16　HX$_N$5 型内燃机车的车体结构

1. 车架

　　车架是机车承载的主要部分，几乎所有的作用力都通过车架传递，因此车架要有极高的强度和刚度。HX$_N$5 型内燃机车车架采用双箱形梁结构，而且车架中部的燃油箱与车架焊成一整体，参与车架承载，这就显著地增加了车架的强度和刚度。

　　车架由排障器、端部一、端部二、燃油箱装配、侧脚蹬以及扶手栏杆等组成，其结构如图 2-17 所示。

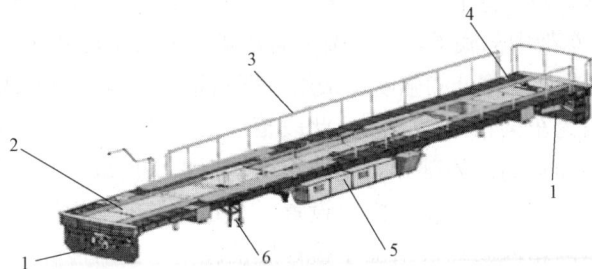

1—排障器；2—端部一；3—扶手栏杆；4—端部二；5—燃油箱装配；6—侧脚蹬。
图 2-17　HX$_N$5 型内燃机车车架的结构

1）车架端部

车架端部一和端部二前后对称，由左右箱形梁、左右起重梁、间壁梁、牵引销装配和端部装配等组装而成，其结构如图 2−18 所示。

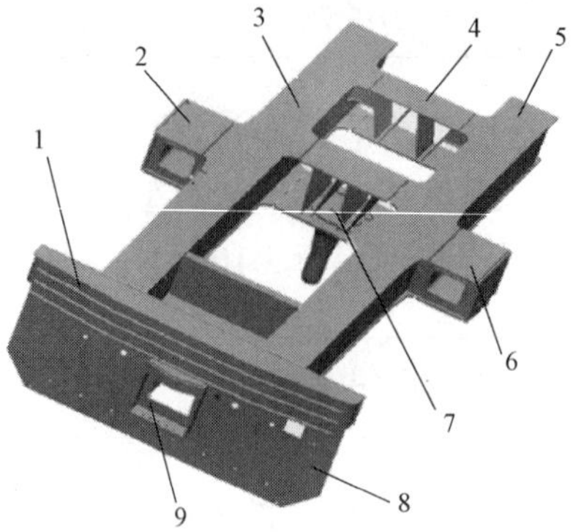

1—防爬装置；2—右起重梁；3—右箱形梁；4—间壁梁；5—左箱形梁；6—左起重梁；7—牵引销装配；
8—排障器；9—车钩缓冲器安装座。
图 2−18　HX$_N$5 型内燃机车车架端部的结构

车架受力的基础是前后贯通的两根箱形梁。箱形梁由 20 mm 厚的上下盖板和 8 mm 厚的左右侧板焊接成箱形。起重梁也用 20 mm 厚的钢板焊接而成。为方便线缆管路布置，箱形梁和起重梁设计有管路线缆穿线孔。

间壁梁上下盖板采用 12 mm 厚的钢板，中间搭配 12 mm 厚的筋板，呈 W 形排列。

牵引销装配上部与牵引销梁与间壁梁结构相似，下部是牵引销。

车架端部装配有排障器、车钩缓冲器安装座、防爬装置等。

车架前后端左右侧安装侧脚蹬，便于相关人员上下机车。车架上平面两侧是走廊地板，其周围设置扶手栏杆，用于保障司乘人员行走时的安全。

2）排障器

排障器在车架前后各设置一个，为 12 mm 厚度的大平面钢板，上面开有各种线孔。排障器下端面距轨面高度可随车轮踏面磨耗调整为（110+10）mm。排障器中央底部能承受相当于 140 kN 静压力的冲击力。排障器除了能够排除轨道障碍物外，还具有一定的除雪功能。

3）燃油箱装配

燃油箱装配是车架乃至整个机车的重要部分，是燃油箱和柴油机安装的地方，受力最集中、最复杂。燃油箱位于车架中部底下，在车架上面是柴油机的安装位置，车架在此处承受很大的集中载荷，为了增加车架在此处的强度，采用了燃油箱参与承载的方式。

燃油箱装配左右为车架箱形梁，而且此段箱形梁也是燃油箱的一部分，与燃油箱贯通。左右箱形梁之间为燃油箱的主体部分。燃油箱用钢板焊接而成，且与左右箱形梁牢固焊接。在燃油箱（包括这一段左右箱形梁）内部设置了一定数量的隔板以增加燃油箱的强度，满足车架承载的需要，但油箱内部隔板增加了检修燃油箱内部的难度。作为燃油箱一部分的右箱形梁上开有加油口接口，通过加油管从车架上部加油口加入燃油，同时设计了一个放气小孔，通过安装的通气装置可以控制燃油箱内部气压。燃油箱主体部分前后均设检修盖，便于燃油箱内部的检修。燃油箱下部还设置了一个放油孔。

在燃油箱装配左箱形梁外侧，安装蓄电池箱和一个柴油机集污箱；燃油箱装配右箱形梁外侧，安装两个总风缸，呈上下纵向排列，如图 2-19 所示。

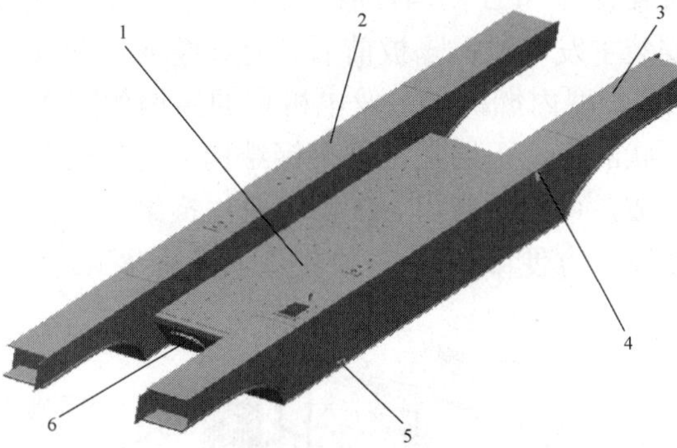

1—燃油箱；　2—左箱形梁；3—右箱形梁；4—加油口接口；5—通气装置；6—检修盖。

图 2-19　燃油箱装配的结构

2. 辅助室

辅助室分为上辅助室和下辅助室。上辅助室分为风机室和电阻制动室，下辅助室是逆变室。三个室单独以模块方式制造，然后组装焊接而成。HX$_N$5 型内燃机车辅助室的布置如图 2-20 所示。

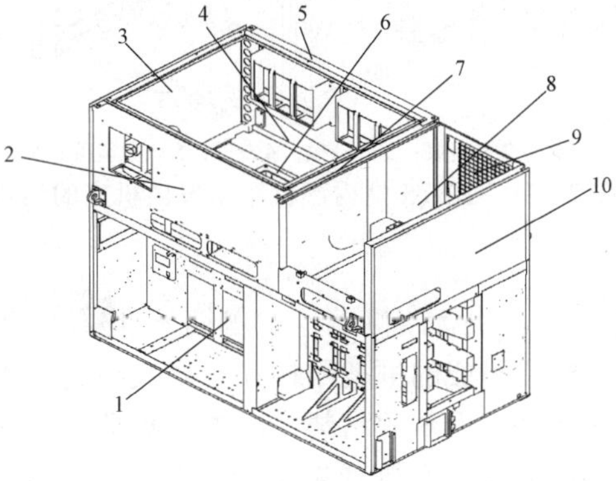

1—逆变室；2—电缆侧端板；3—端板一；4—风道；5—管侧端板；6—风机室；7—端板二；

8—电阻制动室；9—门窗；10—侧壁。

图 2-20　HX$_N$5 型内燃机车辅助室的布置

风机室由端板一、端板二、电缆侧端板和管侧端板围成一个 2 229 mm（长）×1 875 mm（宽）×1 148 mm（高）的方框。端板均为 3 mm 厚的钢板，并开有很多安装孔和穿线孔。管侧端板上开有两个窗口，内壁上安装两框架，用于安装滤清器，其下面是一段风道；电缆侧端板上也开了一个窗口，内壁上安装一框架，下部同样是一段风道。同时端板一和端板二内壁上也有风道，四周风道相连通风。

电阻制动室与风机室并排焊接，由左右侧壁和一面门窗组成，其中端板二与风机室共用。门窗为网状，用铰链连接，可随时打开。

下辅助室是安装逆变器的一个室，故也称逆变室。逆变室为一封闭的室，每个壁都设计有许多穿线孔和安装孔，可与上辅助室方便地完成通风冷却的作用。

3. 主发电机室

主发电机室两侧与辅助室和柴油机室相连，其中一端与辅助室相连接，二端与柴油机室相连接，其余两侧壁分为 A 侧墙和 B 侧墙。整个主发电机室被一隔板分成上下两层，上层安装电阻制动装置，下层安装主发电机；隔板前后开有线缆入口和安装孔，隔板下面安装了一个安装架和一个支架。HX_N5 型内燃机车主发电机室的结构如图 2-21 所示。

A 侧墙上层是两扇网状的窗，下层是一框架钢结构并有两套门，其中一套门由三小门组成，另一套门由两小门组成，可随时开启。B 侧墙是由横梁、竖梁和斜撑梁焊接而成的框架结构，四周立柱焊接有吊座，方便吊装。

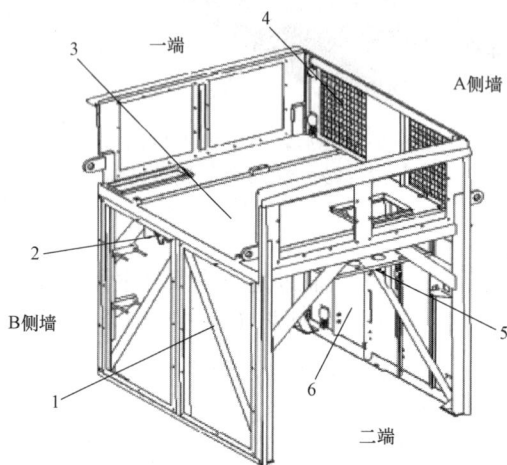

1—斜撑梁；2—支架；3—隔板；4—窗；5—安装架；6—门。

图 2-21　HX_N5 型内燃机车主发电机室的结构

4. 柴油机室

柴油机室为棚式 U 形结构，由管路侧墙（A 侧墙）、电缆侧墙（B 侧墙）和顶盖构成。左右两侧墙对称，侧墙由各横梁组成的框架结构和几扇大小门构成。顶盖为可拆卸式，并有一可拆卸消声器盖，方便柴油机等设备的吊装；顶盖内侧是安装框架钢结构和一些气弹簧装置。框架和侧墙是承载顶盖的基础，空气弹簧装置也起到一定的支撑作用。HX_N5 型内燃机车柴油机室的结构如图 2-22 所示。

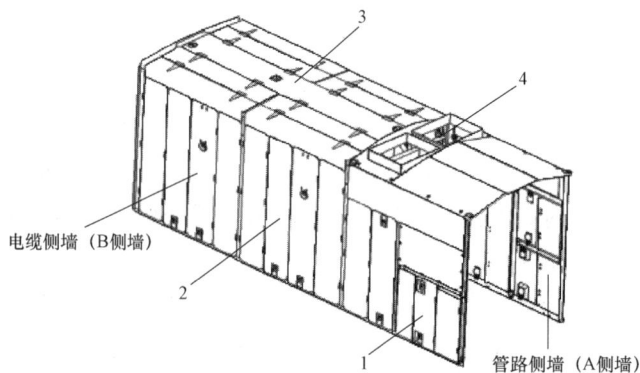

1—小门；2—大门；3—顶盖；4—消声器盖。

图 2-22　HX_N5 型内燃机车柴油机室的结构

5. 冷却室

冷却室钢结构由冷却室上部框架、空气过滤器门、侧面滤网、冷却室下部框架、灭火器门、砂箱、风扇支撑架、导风筒、前部框架装配、脊梁装配和可拆卸间壁等组成，其结构如图 2-23 所示。

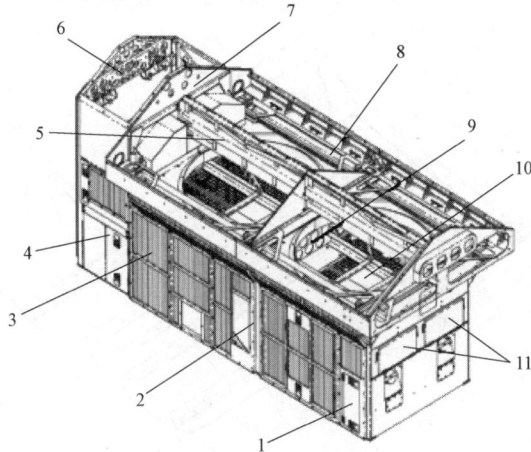

1—灭火器门；2—冷却室下部框架；3—侧面滤网；4—空气过滤器门；5—脊梁装配；6—前部框架装配；
7—可拆卸间壁；8—冷却室上部框架；9—导风筒；10—风扇支撑架；11—砂箱。
图 2-23　HXₙ5 型内燃机车冷却室的结构

冷却室钢结构是冷却系统中其他部件的安装支架。冷却室钢结构中间有一加强梁，将其分成两部分，在靠近柴油机侧安装牵引电机通风机、排尘风机以及相应的风道，在靠近机车端部侧安装空气压缩机、砂箱、CA9 电气柜以及相应的控制阀。冷却室钢结构的外层装有 V 形滤网，用于滤除空气中较大的杂质。

6. 司机室

HXₙ5 型内燃机车司机室钢结构由顶盖、左右侧壁、前脸、前鼻端及后墙等组成，其结构如图 2-24 所示。

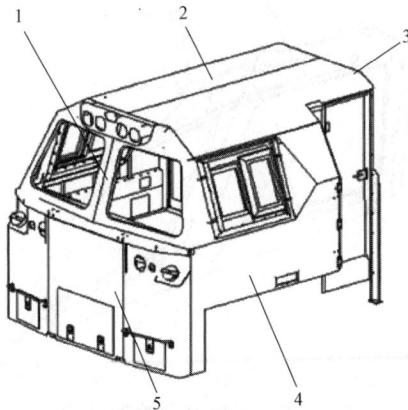

1—前脸；2—顶盖；3—后墙；4—侧壁；5—前鼻端。
图 2-24　HXₙ5 型内燃机车司机室的结构

司机室顶盖为壳形结构，由各加强板和支撑梁、Z形支撑板和顶盖蒙皮焊接而成，其结构如图 2-25 所示。顶部为平顶结构，各梁上开孔，既减轻重量，又为布置电线、管路提供了方便。顶盖内侧有灯座，顶部前端内侧有 6 个扎线杆。在蒙皮前端和前脸上部安装有头灯座和散热罩，在蒙皮左右侧边缘设置雨檐。

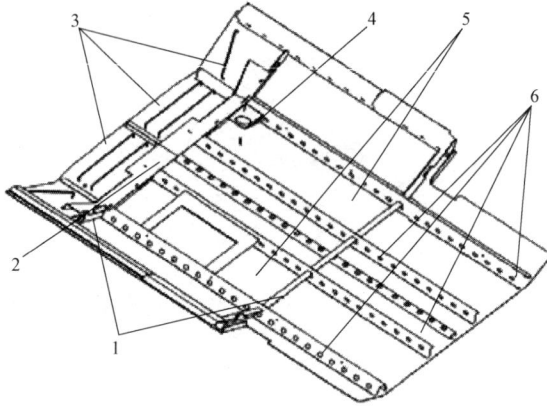

1—加强板；2—Z形支撑板；3—扎线杆；4—灯座；5—顶盖蒙皮；6—支撑梁。

图 2-25　司机室顶盖的结构

司机室左右侧壁由侧立柱、门立柱、侧窗框及蒙皮、各加强梁、支撑梁焊接而成。各加强梁都有开孔，并安装有线槽；凸起的盖板里面填塞隔声、阻燃、隔热材料；侧壁下部有安装取暖器的安装座。

司机室前脸由左右内挡风板、风道板、窗框、角铁等组成，其结构如图 2-26 所示。内挡风板上部有扎线架，用于头灯、刮雨器等的电气管路的布置安装，并为刮雨器的安装预留有安装孔。空调风道板开有一排通风孔，并对着前窗玻璃，在雨雪风霜天气时对玻璃状态起到一定的调节作用。前窗框截面为 U 形，方便玻璃的安装，角铁等是安装司机室其他辅助设备的安装架。

1—扎线架；2—内挡风板；3—窗框；4—风道板；5—角铁；6—窗框。

图 2-26　司机室前脸的结构

司机室前鼻端中间为端板组件，两侧分布左右砂箱组件。端板组件为一平面板，其上有一检修门，主要用于司机室下空气管路和设备的检修维护。砂箱组件由注砂装置、罩壳等焊接而成，其上部与灯箱组件连接，下部是一个方便检修和安装设备的门。鼻端内侧设计有两根防撞梁，可有效保护司机的安全。

司机室后墙由横梁和纵梁、蒙皮焊接而成，与侧墙、前脸、前鼻端、顶盖形成一个封闭的司机室模块，同时也是厕所和电器柜与其他室的隔墙。

司机室布置有窗户、正副操纵台、顶置控制台、座椅和添乘座椅等设备。正副操纵台分别用于控制机车 1 号端方向和 2 号端方向运行。内部装饰板具有隔热、保温性能。同时，为了给司乘人员提供一个舒适的环境，司机室内还安装有取暖器、空调、通风装置、电炉、热水器、冰箱等设施。

【思考题】

1. HX_N5 型内燃机车采用哪种车体？
2. 试述 HX_N5 型内燃机车车体的结构。

任务 2.6　车钩缓冲装置

【任务目标】

熟悉车钩缓冲装置的作用及要求。

【任务内容】

2.6.1　车钩缓冲装置的作用与要求

1. 车钩缓冲装置的作用

车钩缓冲装置安装在车体底架两端的牵引箱内，是机车的重要部件之一，它具有以下 3 种作用：

① 连接，使机车和车辆相互连挂与摘解。

② 牵引或制动，将机车牵引力或制动力传递给车辆。

③ 缓冲，缓和和消减运行中由于牵引力的变化和制动引起的冲击和振动。

2. 对车钩缓冲装置的要求

为保证行车安全，车钩缓冲装置应满足以下要求：

① 具有足够的拉伸强度。

② 能够缓和纵向冲击。

③ 连接可靠，不会因冲击振动而自动脱钩。

④ 车钩各部不因稍有磨耗而失效。

⑤ 车钩相对于底架上下、左右须稍有移动，以适应机车、车辆通过曲线和坡道。

2.6.2 车钩缓冲装置的组成

车钩缓冲装置主要由车钩和缓冲器组成。缓冲器是一种能缓和机车车辆纵向冲击的部件。当机车车辆受到冲击时，可减少冲击力，缓和并衰减机车与列车间的冲击与振动。

2.6.3 车钩的三态

车钩有闭锁、锁开和全开三个位置，一般称为车钩的三态作用。

1. 锁闭位置

此为机车和车辆连接后的状态。此时，两钩舌旋入，互相抱合，钩锁铁因自重落下，卡在钩舌尾部与钩头空腔内壁之间，钩舌不得张开，如图 2-27（a）所示。

2. 锁开位置

这是一种闭而不锁的状态，为摘车时的位置。此时，钩舌虽未张开，但钩锁铁已被人为操纵顶起一定高度，即解除了对钩舌的锁闭。只要机车稍稍移动，钩舌即可向外转开，使机车和车辆分离，如图 2-27（b）所示。

3. 全开位置

此为车钩钩舌完全张开准备挂钩时的位置。此时，钩锁铁坐落在钩舌尾部上方，不能落下。相互挂接的两个车钩，必须有一个处于全开位，另一个则处于什么位置都可以，如图 2-27（c）所示。

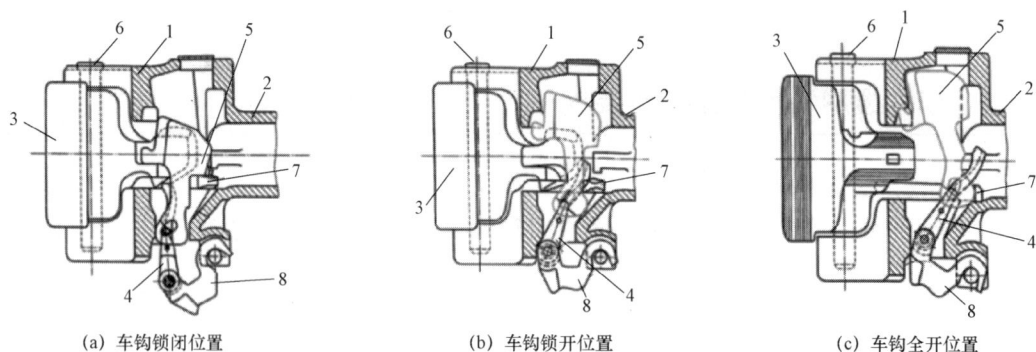

(a) 车钩锁闭位置　　　　　　(b) 车钩锁开位置　　　　　　(c) 车钩全开位置

1—钩头；2—钩尾；3—钩舌；4—下锁销；5—钩锁铁；6—钩舌销；7—钩舌推铁；8—下锁销杆。

图 2-27　车钩的三态作用

【思考题】

1. 简述车钩缓冲装置的组成及作用。

2. 试述车钩的三态作用。

任务 2.7　东风 4B 型内燃机车车钩缓冲装置

【任务目标】

熟悉东风 4B 型内燃机车车钩缓冲装置。

【任务内容】

2.7.1　车钩缓冲装置的组成及力的传递

车钩缓冲装置由钩舌、钩销链、钩尾框、钩尾销、从板、缓冲器、尾框托板、车钩提杆等组成，其结构如图 2-28 所示。车钩、缓冲器设置在车体底架两端的牵引箱内。钩尾销将车钩与钩尾框连成一体，在钩尾框内预先安装有前从板及缓冲器，然后再装到牵引梁从板座内，钩尾框利用磨耗板及尾框托板托住，尾框托板固定在牵引梁上，钩体前部坐落在磨耗板及均衡梁上。组装后的车钩缓冲装置，允许车钩在人力作用下能上下、左右小幅摆动。

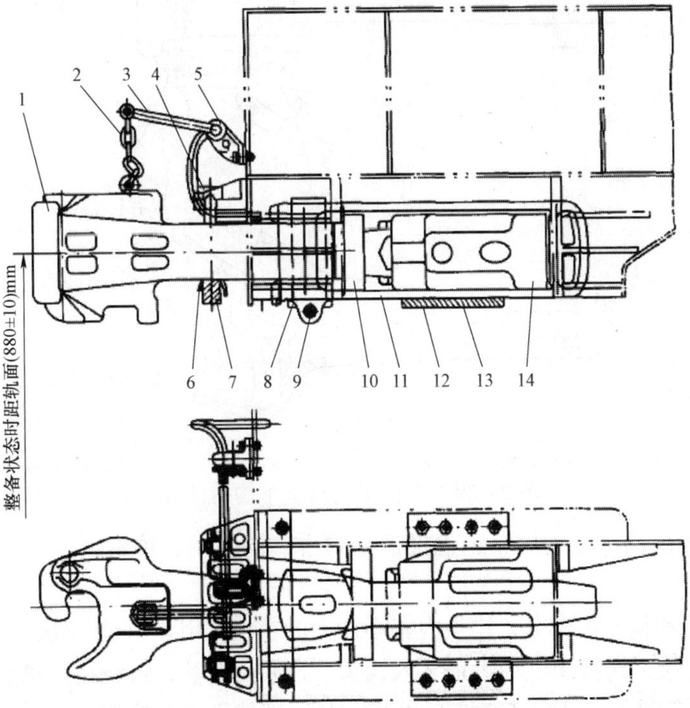

1—钩舌；2—钩销链；3—车钩提杆；4—车钩吊杆；5—提杆座；6—磨耗板；7—均衡梁；8—钩尾销；9—钩尾销栓；
10—前从板；11—钩尾框；12—尾框托板；13—尾框磨耗板；14—缓冲器。

图 2-28　东风 4B 型内燃机车牵引缓冲装置的结构

55

机车牵引时，牵引力的传递顺序为：车钩—钩尾销—钩尾框—后从板—缓冲器—前从板—前从板座—牵引箱及底架。

当车钩受压缩时，压缩力的传递顺序为：车钩—前从板—缓冲器—后从板—后从板座—牵引箱及底架。这样车钩缓冲装置无论承受牵引力或压缩力都始终使缓冲器受压而弹性地传递给机车底架的牵引箱，使纵向冲击得到缓和，改善了机车车辆的运行品质。

2.7.2 车钩

1. 车钩的组成

东风4B型内燃机车初期采用"改进下开式 3 号车钩"，自 1990 年以后生产的东风4B型内燃机车改用以《内燃、电力机车车钩（下作用）》（TB/T 1595—1996）、《机车车辆自动车钩缓冲装置　第 2 部分：自动车钩及附件》（GB/T 456.2—2019）为标准的车钩，其结构如图 2-29 所示。车钩的结构和尺寸与货车 13 号下作用式车钩相同，只在其钩体尾部制成圆弧形，可适应钩头在水平方向左右摆动。

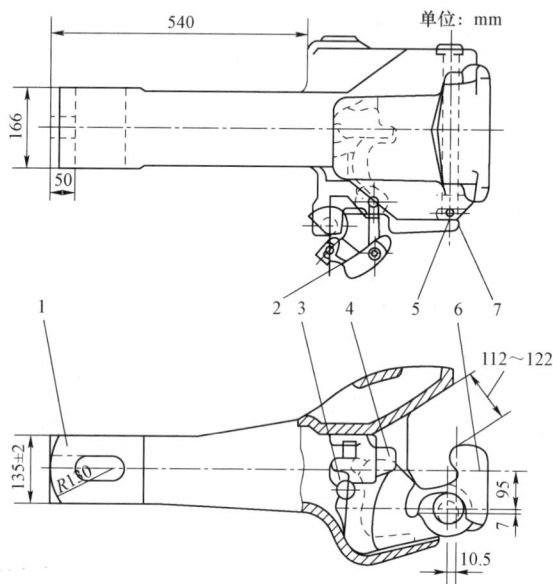

1—钩体；2—下锁销装配；3—钩舌推铁；4—钩锁铁；5—销；6—钩舌；7—钩舌销。

图 2-29　下作用式机车车钩的结构

下作用式车钩由钩头、钩尾、钩舌推铁、钩舌、钩锁铁、钩舌销、下锁销、下锁销杆等组成，如图 2-30 所示。

钩体分为钩头和钩尾两部分，钩头内有不规则的空槽，用以组装车钩的其他部件。钩尾用钩尾销和钩尾框连接。钩舌通过钩舌销装入钩头，合并为钩状，可绕钩舌销旋转一定角度，以改变车钩的状态。钩锁铁置于钩头空槽的背后，其下部伸入钩头底部的方孔中，能自由上下移动。钩舌推铁水平放置在空槽的左后方，其一端贴靠钩舌尾部左侧，并可绕其自身的短轴转动。下锁销用销轴与钩锁铁斜向长孔相连，另一端与下锁销杆铆钉连接，下锁销杆与车构提杆相连，它受车构提杆的操纵，带动钩锁铁上下移动，以改变车钩的状态。钩舌销连接钩舌和钩头。

1—钩头；2—钩尾；3—钩舌；4—下锁销；5—钩锁铁；6—钩舌销；7—钩舌推铁；8—下锁销杆；9—开口销。

图 2-30　下开式车钩的组成

2. 对车钩的主要技术要求

① 车钩的开度（在最小处测量）：在闭锁位时，其开度为 110～130 mm；在全开位时，其开度为 220～250 mm。

② 车钩中心距轨面高度：架修时为 845～880 mm，运用机车时为 815～890 mm。

③ 两车钩连挂后，其中心差不得超过 75 mm。

④ 车钩在闭锁位时，钩锁铁往上活动量为：3 号钩为 5～15 mm，13 号钩为 5～22 mm。

⑤ 钩舌销与小孔径向间隙为 1～4 mm。

运用中，车钩中心线距轨面高度为 815～890 mm，如因轮缘偏磨等原因使车钩高度超过限度，可在磨耗板下和尾框托板内加调整垫，以恢复车钩的使用高度。

2.7.3　缓冲器

东风 $_{4B}$ 型内燃机车采用的是全钢摩擦式二号缓冲器。

全钢摩擦式二号缓冲器由盒体、盒盖、内外环弹簧、底板等零件组成，其结构如图 2-31 所示。该缓冲器额定容量为 30 kJ，额定阻抗力为 1 275 kN，额定行程为 67.7 mm。缓冲器能部分地吸收机车车辆间的冲击能量，可有效地缓和其间的冲击。

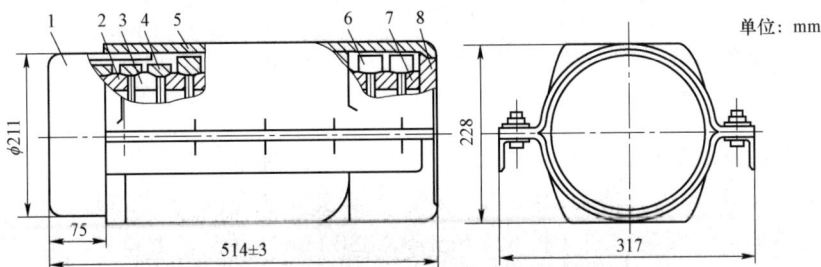

1—盒盖；2—内环弹簧；3—开口内环弹簧；4—外环弹簧（小）；5—盒体；6—外环弹簧（大）；7—半环弹簧；8—底板。

图 2-31　全钢摩擦式二号缓冲器的结构

1. 东风$_{4B}$型内燃机车对车钩的技术要求有哪些？
2. 东风$_{4B}$型内燃机车使用的是哪种缓冲器？

任务 2.8　HX$_N$3 型内燃机车车钩缓冲装置

【任务目标】

熟悉 HX$_N$3 型内燃机车车钩缓冲装置。

【任务内容】

引进的 HX$_N$3 型内燃机车装备了美国铁路协会 AAR 标准的 E4936AE 型车钩和 NC390 型缓冲装置，这种车钩缓冲系统被广泛应用于美国铁路的重载机车。

NC390 型缓冲体、NC390 型钩尾框、左侧复位顶杆、右侧复位顶杆、钩尾框磨耗板、3 个钩尾框销孔衬套组成一体，称为 NC390 型缓冲装置。2 个钩体销孔衬套、1 个钩体磨耗板被安装 E4936AE 型车钩钩体上，构成牵引车钩组成。钩尾销和定位铁为缓冲装置和车钩组成的连接件。HX$_N$3 型内燃机车国产化后，车钩局部结构和功能稍有变化，但整体上仍继承了这种结构。

图 2-32 为 HX$_N$3 型内燃机车车钩缓冲装置结构爆炸图。

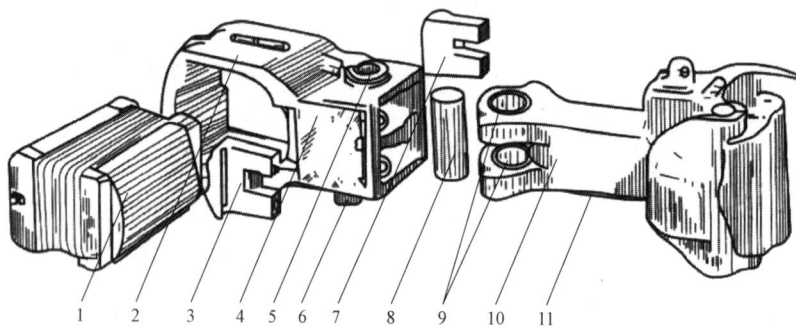

1—NC390 型缓冲体；2—NC390 型钩尾框；3—右侧复位顶杆；4—钩尾框磨耗板；5—尾框销孔衬套；6—定位铁；
7—左侧复位顶杆；8—钩尾销；9—钩体销孔衬套；10—E4936AE 型车钩；11—钩体磨耗板。

图 2-32　HX$_N$3 型内燃机车车钩缓冲装置结构爆炸图

在这套车钩缓冲装置中，车钩自由转角为 8°（AAR 标准要求车钩最大自由偏转不超过 102 mm，折算约 8°），最大转角为 19°。车钩缓冲装置的安装空间为：长 349 mm×宽 530 mm，与我国目前运用车钩的安装空间（长 625 mm×宽 330 mm）存在较大差异，但车钩连接轮廓符合我国铁路标准，并与我国在用的车钩完全一致。

从图中可以看到，这种车钩缓冲装置的结构、形状与我国现有机车车钩缓冲装置不同，尤其是车钩钩尾的形状、缓冲器的结构以及钩尾框的形状比较特殊。正是这种设计，使得这种车钩缓冲装置具有了自动复位和水平调节的特点，这对重载机车大有裨益。

HX$_N$3 型内燃机车的车钩缓冲系统具有高强度、车钩自动复位和车钩水平调节的功能。机车运行在曲线上，或者当相邻的车辆与机车不处于同一纵向中心线上时，连挂车钩与车体中心线将产生夹角，巨大的车钩冲击力也将因为这个夹角而产生横向分力，这个分力将传递向车体、转向架，最后达到轮轨接触部位。在机车高速运行制动时，横向分力过大，即便是瞬时过大，对于高速运行的重载列车也是极度危险的。E4936AE 型车钩独特的钩尾凸肩结构使之具有了自动复位功能；由于车钩绕构尾销转动，在车钩与车体产生 8° 以上夹角时，E4936AE 型车钩钩尾凸肩挤压侧复位顶杆和缓冲器，缓冲器的反作用力作用于凸肩，对车钩产生反向扭矩，使车钩具有回复中间位的趋势，并以此来抵消一部分车钩横向力。也就是说，车钩的一部分横向力被缓冲器有效吸收了。HX$_N$3 型内燃机车车钩缓冲装置结构平面图如图 2-33 所示。

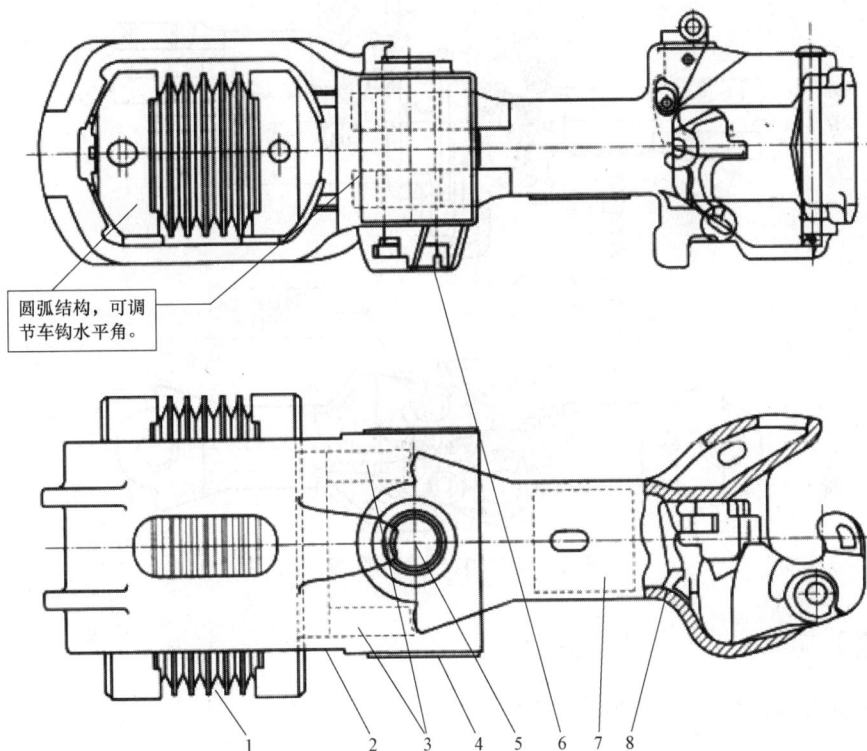

圆弧结构，可调节车钩水平角。

1—NC390 型缓冲体；2—NC390 型钩尾框；3—左、右侧复位顶杆；4—钩尾框磨耗板；5—尾框销；
6—定位铁；7—钩体磨耗板；8—E4936AE 型车钩。

图 2-33　HX$_N$3 型内燃机车车钩缓冲装置结构平面图

从结构上看，NC390 型缓冲装置由于缓冲体前后端部与钩尾框接触面为圆弧面，故在垂直方向上有转动能力，能自动调节车钩在连挂时的姿态，从而有效减弱机车车辆车钩高差（最大 75 mm）的影响，降低脱钩的可能性。

E4936AE 型车钩在国产化为 102 号车钩的研制过程中，增加了车钩防脱结构，即下防脱翼。这是因为货运列车中机车和车辆的车钩高差较大，导致这种车钩高差的因素分别有：

① 车辆在轻车和重车状态时车钩高度差异较大。

② 机车车辆新轮对和镟轮后的轮径差也可造成车钩高度差。

③ 线路接缝处产生的高差。

④ 编组列车在运行时机车车辆一二系弹簧跳动产生的高差。

⑤ 车钩跳动产生的高差。

高度差异可能积累，严重时影响车钩的连挂状态，甚至导致车钩上下滑脱，若有这种情况发生，则非常危险。因此，国产化车钩时在车钩头部下方增加了下防脱翼，要求连挂车钩都必须具有下防脱翼结构。102 号车钩防脱结构如图 2-34 所示。下防脱翼上底面距钩舌下底面 152.5 mm，而钩舌总高度为 300 mm，这样，无论连挂车钩如何上下窜动，在下防脱翼的挡护下，都不可能滑脱出来，从而保证了连挂车钩的安全，杜绝车钩脱离危险情况的发生。

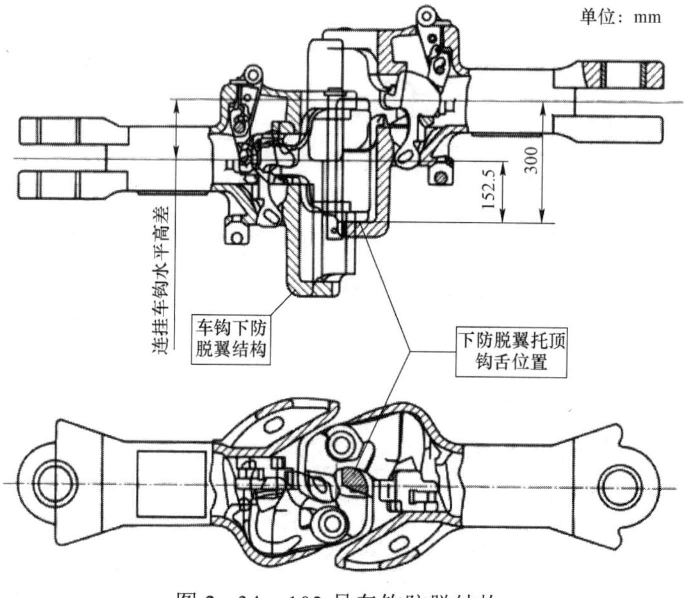

图 2-34　102 号车钩防脱结构

【思考题】

HX$_N$3 型内燃机车采用哪种缓冲器？

任务 2.9　HX$_N$5 型内燃机车车钩缓冲装置

【任务目标】

熟悉 HX$_N$5 型内燃机车车钩缓冲装置。

【任务内容】

HX$_N$5 型内燃机车车钩缓冲装置如图 2-35 所示。车钩缓冲装置包括车钩及缓冲器，设置在车架端部的钩缓安装座内。

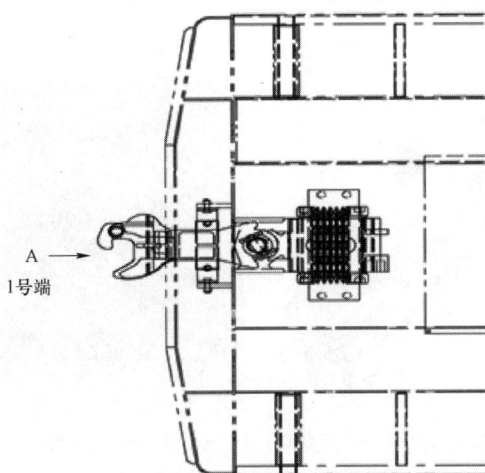

A
1号端

图 2-35　HX$_N$5 型内燃机车车钩缓冲装置

HX$_N$5 型内燃机车车钩采用 AAR E 型车钩，材料为 AAR M201 E 级钢。车钩中心线距轨面高度为（新轮）（880±10）mm。车钩钩体最小破坏载荷为 4 003 kN；车钩钩舌的最小破坏载荷为 2 891 kN。由于钩身短，截面积大，可以适应重载列车牵引。HX$_N$5 型内燃机车车钩的结构如图 2-36 所示。

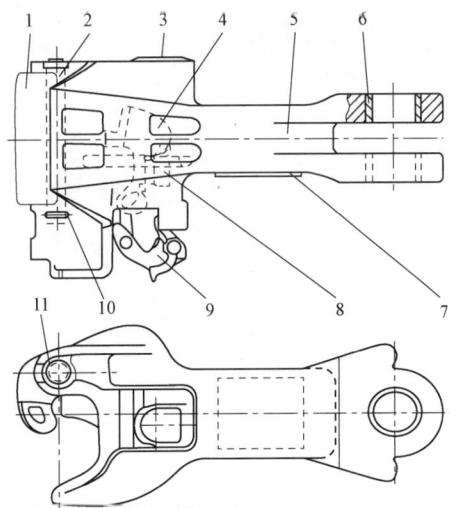

1—钩舌；2—钩舌销；3—钩体盖；4—钩锁铁；5—钩体；6—钩尾销孔衬套；7—磨耗板；
8—钩舌推铁；9—下锁销组成（双开）；10—开口销；11—钩舌销孔衬套。
图 2-36　HX$_N$5 型内燃机车车钩的结构

　　HX$_N$5 型内燃机车选用 NC-391 型橡胶缓冲器。最低吸收容量为机车以 3.6 km/h 的速度与一个静止的物体碰撞时不损坏。缓冲器是一个吸能的元件，当机车车辆受到冲击时，可减少冲击作用力，以缓和并衰减机车与车辆间的冲击与振动。NC-391 型橡胶缓冲器主要由连接体（又称钩尾框）、前从板、后从板、中间橡胶片、端橡胶片、复原块、钩尾销衬套、钩尾销、定位铁等组成，如图 2-37 所示。

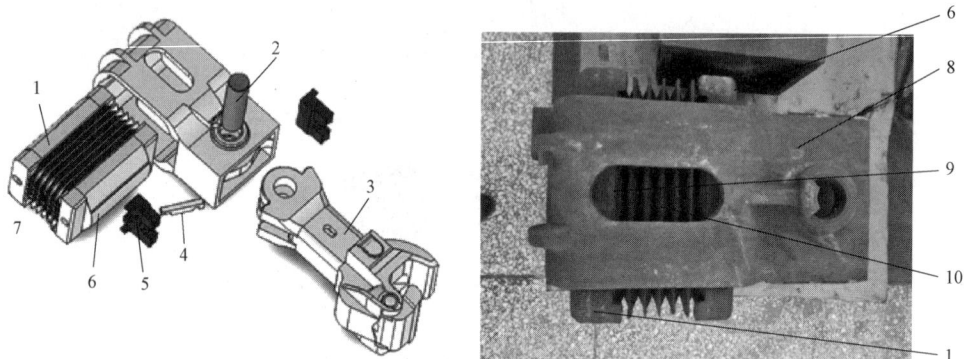

1—后从板；2—钩尾销；3—车钩；4—定位铁；5—复原块；6—前从板；7—橡胶片；8—连接体；
9—端橡胶片；10—中间橡胶片。

图 2-37　NC-391 型橡胶缓冲器

　　缓冲器带有钩尾销、磨耗板。安装缓冲器时，首先通过钩尾销与车钩连接在一起，然后插上定位铁，用开口销锁住定位铁。车钩及缓冲器在不架车体的情况下可进行拆装检修。

【思考题】

　　HX$_N$5 型内燃机车采用哪种缓冲器？

项目 3

转 向 架

任务 3.1 转向架的任务及组成

【任务目标】

掌握转向架的任务及组成。

【任务内容】

3.1.1 转向架的任务

转向架的任务如下：

① 承受车体上部的全部重量，包括车体、车架、动力装置以及各种辅助装置等，并经轮对支承在钢轨上。

② 把牵引电机的力矩变成牵引力，并把牵引力传递到车钩，牵引列车前进。

③ 缓和线路不平顺对机车的冲击，使机车在线路上运行时，不论是在垂直方向还是水平方向，均有较好的运行平稳性。

④ 保证必要的制动力，以便使机车在规定的制动距离内停车或使机车减速。

⑤ 保证机车能够顺利通过曲线或侧线。

3.1.2 转向架的组成

内燃机车转向架由以下 6 大部分组成。

1. 构架

构架是转向架的骨架，承受和传递垂直力和水平力（包括纵向力、横向力），应有足够的强度和刚度。构架由各种梁和安装座组成。

2. 弹簧装置

用来保证一定的轴重分配，缓和线路不平顺对机车的冲击，并保证机车的垂向平稳性。

机车的弹簧装置由弹簧（圆弹簧、板弹簧及橡胶弹簧）和减振器组成。

在低速机车上，只在构架与轴箱之间设有弹簧装置，称为一系弹簧悬挂装置，如低速的东风型内燃机车即采用这种弹簧悬挂装置。随着机车速度的提高，一系弹簧悬挂装置已不能满足机车高速运行的要求，因此，除构架与轴箱之间的一系弹簧悬挂装置以外，还在车体与转向架之间设置二系弹簧悬挂装置。内燃机车使用二系弹簧悬挂装置可使弹簧装置的合成刚度减小，而总挠度增加，改善了机车垂向运行的平稳性，减少了机车对线路的动作用力。东风$_{4B}$、东风$_{7C}$及和谐型内燃机车都采用两系弹簧装置。

一系弹簧悬挂装置位于转向架构架与轴箱之间，采用的是较软的圆弹簧和油压减振器及橡胶垫，其主要作用是缓和来自线路的冲击，使机车能在运用速度范围内平稳运行。二系弹簧悬挂装置位于转向架与车体之间，它的作用是进一步衰减走行部传往机车上部的高频振动。弹簧装置以上部分的质量称为簧上质量，弹簧装置以下部分的质量称为簧下质量。

3. 车体与转向架的连接装置

车体与转向架的连接装置用以传递车体与转向架间的纵向力（如牵引力或制动力）和横向力（如通过曲线时的车体未平衡力等），使转向架在机车通过曲线时能相对于车体回转。在较高速度的机车上，车体与转向架之间还设置横动装置，使车体在水平横向成为相对于转向架的簧上重量，以提高机车在水平方向的运行平稳性。

4. 轮对和轴箱

轮对直接向钢轨传递机车重量，通过轮轨间的黏着产生牵引力或制动力，并通过轮对的回转实现机车在钢轨上的运行。

轴箱是联系构架和轮对的活动关节，它除了保证轮对进行回转运动外，还能使轮对适应线路条件，相对于构架上下、左右和前后活动。

5. 驱动装置

1）驱动装置的作用

驱动装置的作用，除承受电机的部分重量外，主要承担电机扭矩传到轮对产生牵引力时电机扭矩的反作用力；缓和传动齿轮工作时的冲击；吸收来自轮对的高频振动，使之不能传至构架直到车体上去；保证牵引电机在机车运行时处于"自由"状态，最后将机车动力装置的功率传递给轮对。

2）对驱动装置的要求

电力传动内燃机车的驱动装置是一种减速装置，用高转速、小转矩的牵引电机驱动低转速、大阻力矩的机车动轴。现代电力传动内燃机车对驱动装置有以下要求：

① 驱动装置应保证使用大功率牵引电机。

② 电动机电枢轴应尽量与车轴布置在同一高度，以减少线路对齿轮的作用力。

③ 电动机要安装在具有减振能力的位置上。

④ 驱动装置应不妨碍小直径动轮的使用。

⑤ 驱动装置本身应简单可靠，具有最少的磨耗件。

⑥ 牵引电机或驱动装置应易于拆卸。

3）驱动装置的分类

根据牵引电机和减速箱（齿轮箱）在转向架上的安装方式不同，驱动装置主要分为全悬挂式和轴悬式（或称半悬挂式）两种。

① 全悬挂式驱动装置把牵引电机全部支承在一系弹簧之上，分为架悬式和体悬式两种。对于运行速度较高的客运机车，为在高速运行时减小轮轨垂向作用力，以免引起轨道的损坏，必须设法减轻簧下质量，应采用全悬挂式驱动装置。

② 轴悬式驱动装置是将牵引电机的一端，由两个抱轴轴承刚性地支承在车轴的抱轴颈上，另一端通过牵引电机悬挂装置弹性地悬挂在转向架上。

6. 基础制动装置

基础制动装置是机车空气制动系统中的主要执行机构，是确保机车运行安全的重要部件。转向架上的基础制动装置由制动缸、杠杆系统和制动闸瓦等组成。

基础制动装置的作用是通过压力空气进入制动缸，推动制动缸中的活塞产生一定的轴向推力，再通过杠杆系统放大后传给闸瓦，使闸瓦压紧车轮产生制动力，迫使机车减速或停止运行。

当制动缓解时，闸瓦又与车轮脱开并保持一定间隙，以免机车正常运行时闸瓦贴靠车轮踏面产生磨耗或抱闸，造成轮箍弛缓。

基础制动装置分为单侧制动和双侧制动两种。

① 单侧制动仅在车轮的一侧对车轮施加制动力，它的优点是结构简单，重量较轻，检查和维修方便；缺点是制动时车轴上有附加弯矩作用，增大了车轴应力，而且闸瓦单位面积压力大，发热严重，导致摩擦系数下降，加快闸瓦磨耗。

② 双侧制动是在车轮的两侧同时对车轮施加制动力，它的优点是制动时车轴上没有附加弯矩，闸瓦单位面积压力小，所以摩擦系数高，闸瓦寿命长；缺点是结构复杂，检查和维修困难。

【思考题】

1. 转向架的任务是什么？
2. 转向架主要由哪些部件组成？

任务 3.2　转向架分类

【任务目标】

熟悉转向架的分类。

【任务内容】

1. 按转向架轴数分类

按转向架轴数分类，有两轴转向架（用于液力传动内燃机车）、三轴转向架（用于电力传动内燃机车）和四轴转向架（为适应重载运输，国外在试用单节大功率的八轴内燃机车，即转向架为四轴）。

2. 按弹簧装置形式分类

按弹簧装置形式分类，有一系弹簧悬挂转向架（在轴箱、构架间设弹簧）和二系弹簧悬挂转向架（在轴箱、构架间设一系弹簧，在构架、车体间设二系弹簧），前者适用于低速机车，后者适用于中高速机车。

3. 按轴箱定位形式分类

按轴箱定位形式分类，有导框定位转向架（转向架下部设轴箱导框，轴箱在导框内定位，重量大，平稳性差，如 HX_N5 型机车）和无导框定位转向架（构架上不设轴箱导框，轴箱用轴箱拉杆和橡胶关节定位，重量轻，平稳、高速，如东风$_{4B}$型、东风$_{7C}$型机车）。

4. 按车体与转向架的连接装置形式分类

按车体与转向架的连接装置形式分类，可分为有心盘转向架和无心盘转向架两种。

5. 按机车速度分类

按机车速度分类，有高速转向架（机车速度在 200 km/h 以上）与普通转向架（机车速度在 120 km/h 左右）。

【思考题】

内燃机车转向架如何分类？

任务 3.3　东风$_{4B}$型内燃机车转向架

【任务目标】

熟悉东风$_{4B}$型内燃机车转向架的主要组成部分、作用及主要技术参数。

【任务内容】

3.3.1　概述

东风$_{4B}$型内燃机车是客货两用机车，要求转向架通用，因此在转向架的设计上应同时满足客运货运的牵引要求。该转向架属于无心盘、无导框、无均衡梁、二系弹簧悬挂的三轴转向架，如图 3-1 所示。

1. 转向架的特点

① 转向架构架采用钢板组焊成的箱形结构，以减轻重量。

② 在构架上设置的牵引杆装置，用以传递牵引力或制动力，易于实现低位牵引，因而能提高机车的黏着重量利用率，使之提供更大的轮周牵引力。

③ 在构架侧梁外侧的中央各设一个弹性侧挡（橡胶块弹性压缩量为 5 mm）。

④ 转向架各轴采用单独驱动，即一个轮对由一台牵引电机驱动。

⑤ 轴箱采用拉杆定位，即轴箱借助两根拉杆与构架连接，以传递纵向力和横向力。

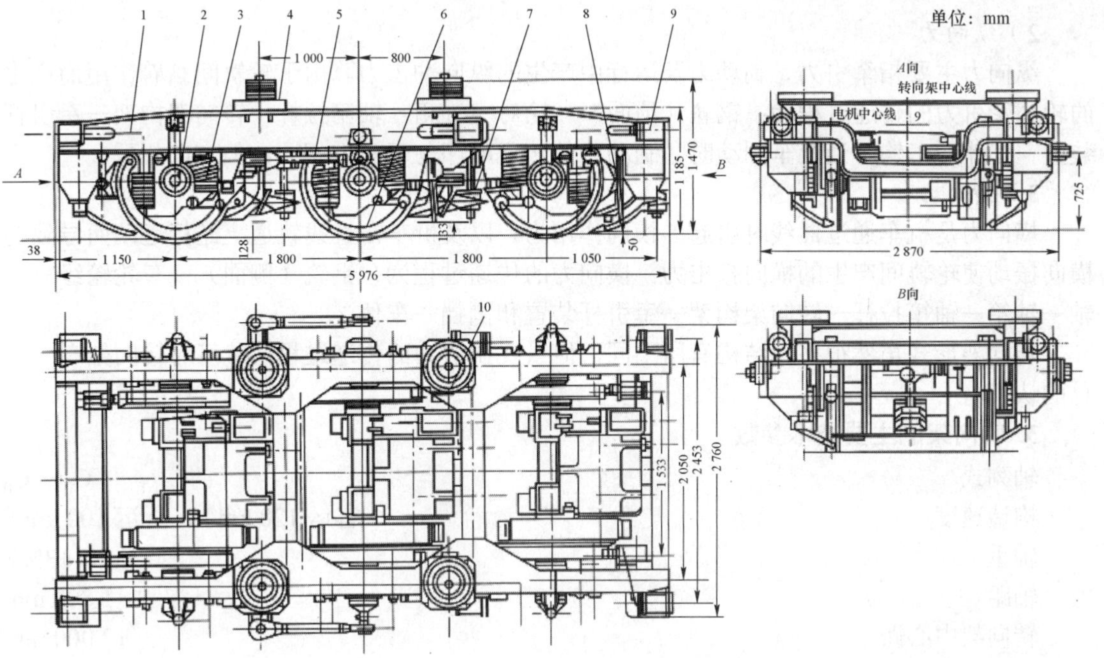

单位：mm

1—构架；2—轴箱；3—弹簧装置；4—旁承；5—牵引杆装置；6—轮对；7—电机悬挂装置；
8—基础制动装置；9—砂箱；10—手制动拨叉。

图 3-1 东风 4B 型内燃机车转向架

⑥ 转向架采用摩擦式旁承、轴箱拉杆、轴端橡胶缓冲支承等结构，有利于克服机车高速运行时的蛇行运动，减轻和缓和通过曲线时的横向冲击力。

⑦ 牵引电机采用了吊杆式悬挂，使电动机通过橡胶座和橡胶圈与构架相连，有效地改善了机车的垂向动力性能。

⑧ 转向架内每轴两端各设一个制动缸，并采用单侧制动。

⑨ 转向架四角上装有砂箱。

为了满足货运牵引要求，减小机车轴重转移，采用了牵引电机顺置排列、较软的一系弹簧、较硬的二系弹簧及较大的旁承纵向间距。为了满足客运牵引要求，提高机车高速运行时的垂向和水平方向的动力性能，采用了二系弹簧悬挂系统，其总静挠度为 139 mm。其中一系弹簧悬挂装置静挠度为 123 mm，采用圆弹簧与液压减振器并联组合，这样可以较好地缓和冲击，消除机车在常用速度范围内的共振；二系弹簧悬挂装置静挠度为 16 mm，采用橡胶弹簧，能够较好地吸收机车高速运行时产生的高频振动。

2. 转向架的作用

转向架的作用，除了转向以外，主要用来传递力，这些力按立体坐标的三个方向分为垂向力、纵向力和横向力。

1）垂向力

垂向力包括车体设备重量产生的静载荷和垂直振动引起的动载荷，其传递过程为：车体—旁承—转向架构架—轴箱圆弹簧及橡胶垫—轴箱—轮对—钢轨。钢轨作用于轮对的冲击力与垂向力的传递顺序相反，经弹簧悬挂装置缓冲后传到车体。

2）纵向力

纵向力主要指牵引力、制动力及运行中产生的纵向冲击力。由于轮轨间黏着作用而产生的轮周牵引力的传递过程为：钢轨（顶面）—轮对—轴箱—轴箱拉杆—转向架构架—牵引杆装置—车体—车钩。当机车制动时，制动力的传递顺序与牵引力相同，但方向相反。

3）横向力

横向力是机车通过曲线时引起的横向作用力，以及机车在直线轨道上蛇行运动而导致的横向振动使轮轨间产生的横向打击力。横向力的传递过程为：钢轨（侧面）—车轮轮缘—车轴—轴箱—轴箱拉杆—转向架构架—牵引杆装置和侧挡—车体。

转向架形式虽然很多，结构有所不同，但只要搞清力的传递过程，就可对转向架有一个总的认识。

3. 转向架的主要技术参数

轴列式	C_0—C_0
构造速度	客运 120 km/h，货运 100 km/h
轴重	23 t（1+3%）
轴距	2×1 800 mm
转向架中心距	12 000 mm
自重	22.7 t
每轴簧下质量	4.61 t
轮径	1 050 mm
通过最小曲线半径	145 m
齿轮传动	
客运	
模数	10
传动比	71/21＝3.38
货运	
模数	12
传动比	63/14＝4.5
弹簧悬挂装置	
总静挠度[①]	139 mm
一系弹簧悬挂装置静挠度	123 mm
二系弹簧悬挂装置静挠度	16 mm
油压减振器	
型号	SFK_1
阻尼系数	784 Ns/cm
数量	4
构架相对于车体的横动量	
自由横动量	±15 mm
弹性横动量	±5 mm

[①] 静挠度指弹簧承载后高度的变化量。

轮对相对于轴箱的横动量	±3 mm－±10 mm－±3 mm
轴箱相对于构架弹性横动量	±8 mm－±8 mm－±8 mm
牵引点距轨面高度	725 mm
基础制动装置	
制动缸直径	152.4 mm
制动倍率	12.3
机动制动率	
常用制动	61%
非常制动	78.5%
砂储备量	4×100 kg

3.3.2 构架

1. 构架的梁

东风$_{4B}$型内燃机车转向架构架采用钢板组成的箱型焊接结构，因此强度大、刚性好、重量轻。构架由左、右侧梁，前、后端梁和前、后横梁组成，形成"目"字形的封闭结构，如图3-2所示。

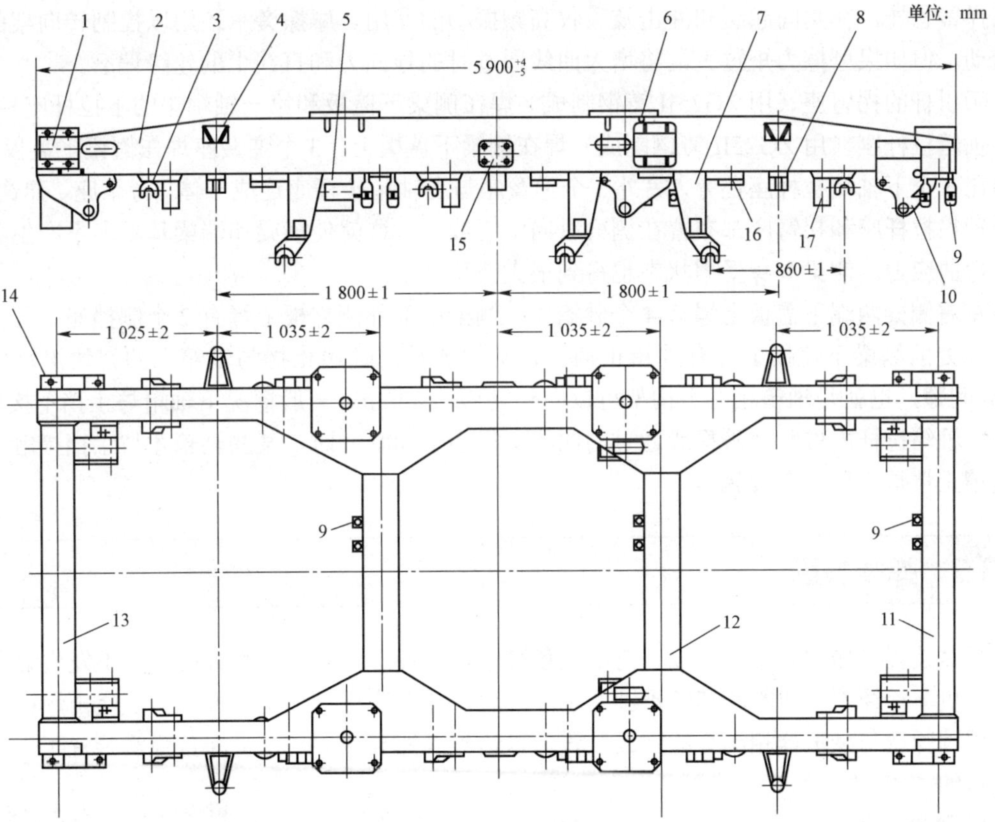

1—制动缸座；2—侧梁；3—上轴箱拉杆座；4—减振器座；5—拐臂座；6—旁承座；7—下轴箱拉杆座；8—轴前止挡；9—牵引电机吊挂座；10—制动座；11—后端梁；12—横梁；13—前端梁；14—砂箱座；15—侧挡座；16，17—弹簧座。

图 3-2　东风$_{4B}$型内燃机车转向架构架

① 侧梁。侧梁是传递牵引力、制动力和横向力的主要承担者，对其强度和刚度要求较高，通常采用厚 14 mm 的顶板和底板，以及厚 10 mm 的两块立板焊接成箱形结构。侧梁的截面中部高两端低，使侧梁和车体底架之间留有一定空间，便于观察和进入车体底部进行检修作业。

② 横梁。横梁的作用是悬挂牵引电机，并增大构架的水平刚度。由于它只将牵引电机部分重量传给侧梁，受力小，故用钢板焊成较小截面的箱形结构。牵引电机吊挂座焊在横梁的中部。

③ 端梁。为避开车钩缓冲器，前端梁制成凹形，仅起连接侧梁、增大构架刚度的作用。后端梁的作用与横梁相同。这样，3 台牵引电机分别悬挂在两根横梁和后端梁上，实现牵引电机在转向架内的顺置排列。

注意：① 构架各梁的主要受力部位和连接处内腔均焊有 8 mm 厚的斜筋板或垂直筋板以增强其刚度。侧梁内侧与各梁的连接处焊有补强板。

② 侧梁、横梁和端梁都在组焊后进行加工，并在加工前进行整体高温回火，以消除焊接过程中产生的内应力，防止在加工和使用中变形。

2. 构架上的主要部件

在构架的顶面上装有 4 个摩擦式旁承，用以承受车体重量。旁承上设有橡胶垫，作为第二系弹簧悬挂，在垂向起缓和冲击及吸收高频振动的作用。摩擦旁承还用以控制转向架的蛇行运动。但如果摩擦力矩过大，将增大曲线通过时的导向力和直线上的轮缘偏磨。

牵引杆的拐臂座（用 ZG25II 铸钢制成）焊在侧梁下盖板和第一轴轴箱的下拉杆座柱上。上下轴箱拉杆座（用 ZG25II 铸钢制成）焊在侧梁下盖板上。3 个弹簧座焊在侧梁下盖板上，紧靠在 3 个下轴箱拉杆座柱旁，另外 3 个弹簧座与上轴箱拉杆座连成一体。旁承座、弹簧座、上下轴箱拉杆座和拐臂座都布置在侧梁纵向中心线上，这就使横梁和端梁基本上不产生各种附加弯曲应力，侧梁本身受力状态也得到很大改善。

左右侧梁两端下盖板上焊有 4 个砂箱座。侧梁中部外侧立板上焊有 2 个侧挡座。各车轴中心线处的侧梁下盖板上焊有轴箱止挡。正常位置时，轴箱止挡与轴箱上的挡块沿轴向有 8 mm 间隙，也就是轴箱相对于构架可以向外侧移动 8 mm。一般情况下轴箱与止挡不接触，只有当轴箱拉杆内橡胶套破损或通过的曲线半径小于 300 m 时，某些轴箱才与止挡接触。所以轴箱止挡是一种安全设施。

3.3.3　弹簧装置

弹簧装置的作用是给各轴以一定的重量分配，并使车轮行经不平线路时，不发生显著变化。当机车行经不平线路和车轮不圆发生冲击时，缓和线路对机车的冲击。现代内燃机车广泛采用圆弹簧与减振器相结合的弹簧装置，以达到既能衰减振动，又保持弹簧装置工作灵敏性的目的。

1. 弹簧

东风 $_{4B}$ 型内燃机车采用二系弹簧悬挂系统。一系弹簧悬挂装置由圆弹簧组、上下弹簧座、橡胶垫、液压减振器组成，静挠度为 123 mm。二系弹簧悬挂装置采用 4 个组合橡胶弹簧，静挠度为 16 mm，误差不大于 2 mm。各组弹簧的挠度值均用标牌挂于弹簧上，以供选用。采用一系挠度大、二系挠度小的布置方式可减少机车的轴重转移，提高机车在高速运行时的平稳性。二系弹簧采用橡胶弹簧可有效地吸收机车在运行时的高频振动。

轴箱两组圆弹簧均由内、中、外 3 圈圆弹簧组成，各圈弹簧的旋向以左右旋相间布置，由弹簧座上的定位凸台定位，互不接触。上下弹簧座上的圆柱销分别插入构架和轴箱体的定位孔内，以使弹簧定位，如图 3-3 所示。

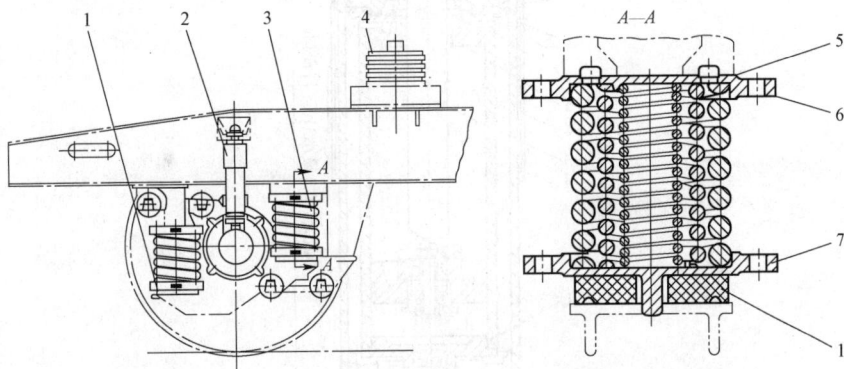

1—橡胶垫；2—油压减振器；3—圆弹簧；4—橡胶弹簧；5—调整垫；6—上弹簧座；7—下弹簧座。
图 3-3 东风 4B 型内燃机车的弹簧装置

弹簧组装前，在油压机上预压缩至超过弹簧工作高度 20～30 mm，再用专门预紧拉环借助上下弹簧座上的耳环将弹簧拉紧。落车后取下拉环。架车检修时，必须先装拉环，拉紧后再架车，避免造成轴箱拉杆橡胶关节的损坏。

每台转向架上部都有 4 组二系弹簧悬挂装置，每组采用 4 个组合橡胶弹簧，分别套于旁承球头杆上。

2. 减振器

1）减振器的分类

弹簧装置中的减振器，不但用在铅垂方向，也用在横向和水平方向。减振器有摩擦式和液压式两种，目前以液压减振器较为普遍。

① 摩擦减振器。摩擦减振器是借助摩擦面的相对滑动而产生阻尼的减振器。在与圆弹簧并联工作时，利用减振器的摩擦阻力吸收振动的能量，达到衰减振动的目的。

② 液压减振器。液压减振器主要是利用液体黏滞阻力做功来吸收振动的能量。一般液压减振器阻尼特性为线性，即阻力与振动速度成正比。

2）液压减振器

东风 4B 型内燃机车每台转向架两端轴的左右各有一台 SFK1 型液压减振器（如图 3-4 所示）与一系弹簧悬挂装置并联，每台机车上装有 8 台 SFK1 型液压减振器，用以衰减机车的垂向振动。液压减振器上挂转向架构架，下连轴箱端盖。

（1）液压减振器的结构

SFK1 型液压减振器主要由活塞部（如图 3-5 所示）、上下连接部、缸端密封部（如图 3-6 所示）、进油阀部、防尘罩、储油缸等组成。

71

单位: mm

1—进油阀；2—储油缸；3—活塞部；4—缸筒；5—导向套；6—密封弹簧；7—托垫；8—缸端；9—油封圈；10—密封盖；
11—螺盖；12—密封圈；13—防尘罩；14—套；15—胶垫；16—压盖；17—螺母；18—防锈帽；Ⅰ，Ⅱ，Ⅲ—油腔。

图 3-4   SFK₁ 型液压减振器的结构

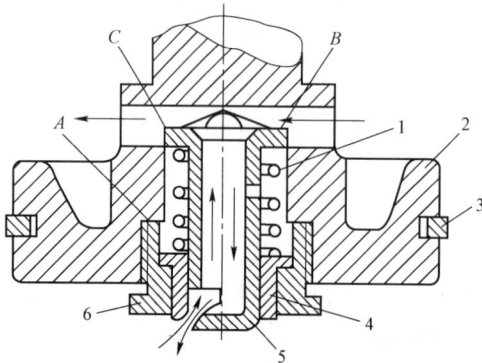

1—心阀弹簧；2—活塞；3—胀圈；4—套阀；5—心阀；
6—阀座；A，B，C—心阀加减垫片处。

图 3-5   活塞部的结构

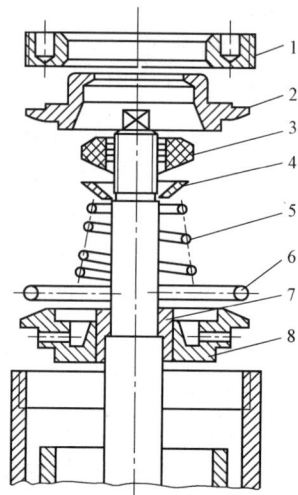

1—螺盖； 2—密封盖；3—密封圈；4—密封托垫；
5—密封弹簧；6—油封圈；7—导向套；8—缸端。

图 3-6   组成密封部的各零件

活塞部主要由活塞、心阀、心阀弹簧、阀座和套阀等组成。心阀两侧开有节流孔，组装后节流孔下部露出套阀部分称为初始节流孔。减振器的工作阻力主要决定于初始节流孔的大小。为调整减振器的阻力大小，在阀座顶部、心阀顶部和心阀弹簧顶部 A、B 和 C 处，设有 0.2 mm 厚的调整垫片，进油阀部位于缸筒的下端，在进油阀体上装有阀瓣、进油阀弹簧和锁环。

（2）液压减振器的工作原理

液压减振器是利用工作油通过心阀上的节流孔时，产生黏滞阻力，起到阻尼作用，以衰减机车弹簧上部分的振动，其工作原理是：使工作油通过节流孔来回流动形成机械能，再依靠节流作用变为热能，以此消耗振动能量，具体由压缩、拉伸两过程实现，如图 3-7 所示。

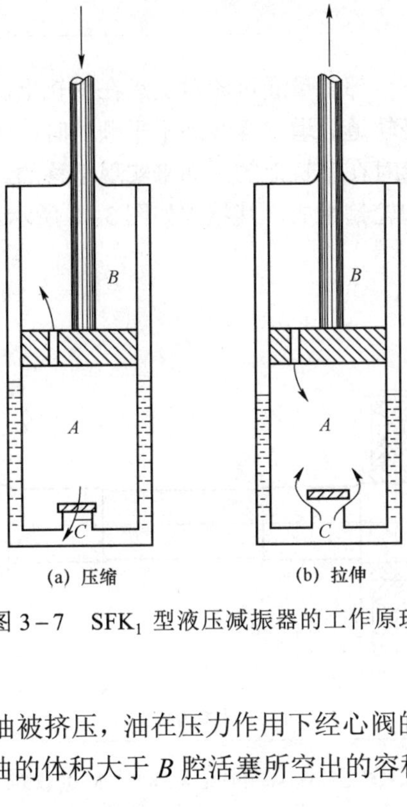

(a) 压缩　　　　　(b) 拉伸

图 3-7　SFK$_1$ 型液压减振器的工作原理

压缩行程：

① 活塞下移，A 腔内的油被挤压，油在压力作用下经心阀的节流孔进入 B 腔。由于活塞杆的存在，下部被活塞挤出油的体积大于 B 腔活塞所空出的容积，多余的油经进油阀小节流孔进入 C 腔储油缸内。

② 当 A 腔油压使套阀下端压力大于心阀弹簧压力时，套阀上升，节流孔开大，A 腔油大量进入 B 腔。

拉伸行程：

① 活塞上移，B 腔油被挤压、油压升高，B 腔压力油经心阀节流孔进入 A 腔。因活塞上移 B 腔排出的油体积小于 A 腔活塞所空出的容积，A 腔出现一定真空，进油阀被吸开，将 C 腔油吸入 A 腔内补充。

② 当 B 腔油压升高到心阀上端压力大于心阀弹簧压力时，心阀下移，节流孔开大，B 腔油大量进入 A 腔。

① 在阀座的端面加垫，可使阀座及阀套下移，心阀弹簧伸长，从而使初始节流孔减小，

因此阻力适当增大，同时弹簧初压缩力减小，降低了开启节流孔的油压，即减小了减振器的工作范围。

②在心阀的顶面加垫，使心阀下移，而阀套不动，因而使初始节流孔加大，使阻力适当减小。同时由于弹簧初压缩力增大，提高了开启节流孔的油压，即增大了减振器的工作范围。

③在心阀弹簧上加垫：初始节流孔开度不变，即心阀和阀套的相对位置不变，故阻力不变。由于弹簧初压缩力增大，因而增大了减振器的工作范围。

3.3.4 轮对

轮对的作用主要是：机车全部重量通过轮对支承在钢轨上，通过轮对与钢轨的黏着产生牵引力或制动力；当车轮行经轨缝、道岔等线路不平顺处时，轮对直接承受全部垂向和侧向冲击力。此外，机车是通过轮对在钢轨上的滚动来实现平移的。

轮对主要由车轴、轮心和轮箍组成，其结构如图3-8所示。

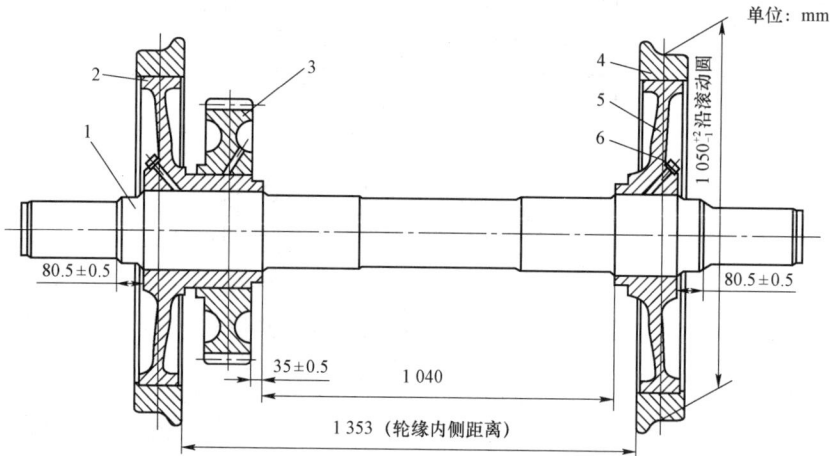

1—车轴；2—长毂轮心；3—从动齿轮；4—轮箍；5—短毂轮心；6—螺堵。

图3-8 轮对的结构

轮箍热套在轮心上，车轴压装在轮心内，都在轮对内部引起组装应力，因此，轮对承受着很大的静载荷、动载荷和组装应力，要求它有足够的强度。另外，由于轮对是簧下质量，为了减轻它对线路的动载荷，还要求尽可能减轻它的重量，这对于高速机车尤为重要。为了保证运行安全，应适当选择轮对部件材料，以确保轮对状态良好。

1. 车轴

车轴承受机车自重和附加动载荷、牵引力扭矩、弯矩、通过曲线产生的侧压力、抱轴轴颈载荷，要求有足够的强度和刚度，减少车轴应力集中。

相邻轴肩处圆弧过渡，轴颈、抱轴颈、轮座要磨削加工，抱轴颈处还经过滚压加工，提高表面硬度和光洁度。

2. 轮心

轮心分为轮毂、轮辐和轮辋三个部分。

轮心与车轴的接触部分为轮毂。在轮毂上钻有一个斜孔，平时用螺堵密封。需要将轮心从车轴上取下时，可借专用高压油泵经此孔向配合面压油，当油压达到 70～90 MPa 时，轮心可退出车轴。轮心分长毂轮心、短毂轮心两种，从动齿轮热套于长毂轮心上，加热温度应控制不高于 200 ℃。

轮毂与轮辋的连接部分为轮辐。轮辐稍向外倾（呈锥形），使车轮在垂直方向有一定的弹性，以减轻机车运行时轮轨间的冲击。轮辐上设有两个对称的工艺孔，便于轮心加工和轮心、轮对的吊装。

轮心与轮箍的接触部分为轮辋。轮心在车轴上的组装可冷压，也可热装，热装可提高结合力和防止结合面擦伤。其工艺是将轮心放在油浴炉内加热至 180～200 ℃，保持 20～30 min 后热套在车轴上。冷却至室温时，再做反压试验，以检查其配合牢固程度。一般要求在油压机上用 1 764～1 960 kN 压力反压 3 次，每次保持 10～20 s 不松动。

3. 轮箍

轮箍加热至 200～300 ℃后套装在轮心上，不可过松或过紧，过盈量在 1.25～1.35 mm 之间。

1）轮箍的断面形状

轮箍与钢轨顶面接触部分称为踏面，踏面斜度分 1:10 和 1:20 两段。轮箍与钢轨内侧面接触的凸缘部分称为轮缘。离轮缘内侧面 73 mm 处踏面滚动圆直径为车轮的名义直径。我国干线内燃机车车轮直径规定为 1 050 mm，两轮缘内侧距离（1 353±3）mm，此尺寸保证了轮缘与钢轨有一定间隙。轮箍的断面形状如图 3-9 所示。

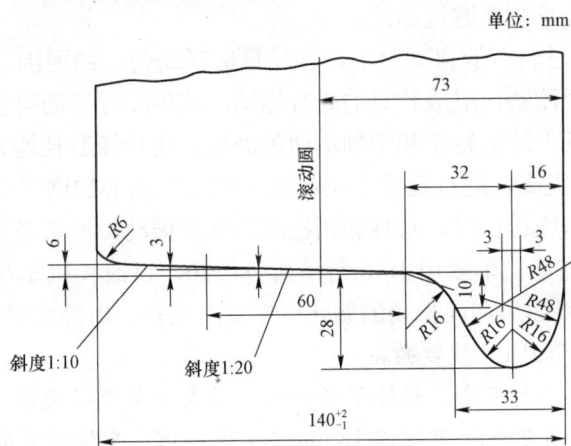

图 3-9 轮箍的断面形状

2）轮箍的外形

为了使轮对在钢轨上平稳运行，顺利通过曲线和道岔，降低踏面和轮缘的磨耗，延长使用寿命，对轮缘和踏面的外形尺寸有统一的规定，在加工后应使用样板进行检查。我国所规定的机车轮箍外形如下：

① 轮缘的厚度为 33 mm，高度为 28 mm，轮缘外侧与水平面成 65° 角（称为轮缘角）。轮缘的作用是导向，适当的轮缘角能保证机车安全通过曲线，并防止通过道岔时车轮跳上钢轨。

② 轮缘内侧面有 $R16$ 的倒角，以便引导车轮顺利通过护轨。

③ 踏面上有 1:20 及 1:10 的两段斜面，在外侧有 5×45° 倒角。1:20 的一段斜面经常和钢轨接触。

3）轮箍的踏面

踏面有锥形和曲形两种。锥形踏面与钢轨的接触面很狭小，因此易产生局部磨耗，使车轮踏面呈凹形，当踏面达到某种凹形程度时，外形便相对稳定。如果把踏面外形设计成磨耗型，踏面接触条件就能稳定。因此，国外在 20 世纪 60 年代就提出了曲形踏面（或称凹形踏面，又称磨耗型踏面）的设计，曲形踏面的优点是：

① 延长镟轮公里，减少镟轮时的车削量。

② 在同样接触应力下，允许更大的轴重。

③ 减少曲线上的轮缘磨耗。

曲形踏面的磨耗呈平行磨耗，即磨耗时与原来的形状比较接近（锥形踏面磨耗时呈凹陷状）。因此机车运行品质能较长期地保持稳定，而且每次镟轮的车削量少，轮箍寿命长。

东风$_{4B}$型内燃机车转向架轮箍踏面上有两段斜面，在运行时的优点如下：

① 通过曲线时减少滑行，减轻轮轨磨损。因为当轮对在曲线上运行时，随着轮对向外偏移，内、外轮以不同直径在内、外轨上滚动，内轨上滚动的距离小于外轨上滚动的距离，这样就减少了外轮滑行，从而减轻轮轨的磨损。

② 踏面上 1:20 的斜面可使踏面磨耗到一定的程度，安全地通过道岔。因为 1:20 的斜面经常与轨面接触，磨耗较快，使踏面形成凹陷，轮对进入小半径曲线或道岔时可能产生剧烈跳动。为避免这种现象，在 1:20 的斜面外侧有一段 1:10 斜面，1:10 斜面仅在小半径弯道上才与轨面接触，这样就能顺利地通过曲线。

③ 在直线上运行时轮对能自动对中，使轮箍磨耗均匀。踏面因有斜度，轮对在直线运行时因两轮以不同直径滚动，形成轮对的蛇行运动。这种蛇行运动可使轮对自动对中，有利于防止轮缘单靠，有利于降低轮缘和车轴端面的磨耗，使轮缘磨耗均匀。

④ 随着机车速度提高，蛇行运动会引起机车横向振动的加剧，使机车运行品质恶化。也就是机车在直线上高速运行时，它将加剧机车的水平振动，不断横向打击钢轨，严重时将导致机车脱轨。所以高速机车多用 1:40 斜率代替 1:20，以改善机车高速运行时的稳定性。实践证明，采用 1:40 斜面后横向振动的恶化程度有所减轻。但踏面磨耗后，斜率显著增大，机车仅走行 $5×10^4 \sim 8×10^4$ km 就要镟轮。

提示： 为确保机车运行安全，轮缘磨耗到规定限度时需进行镟修。按照《铁路技术管理规程》规定，轮缘的垂直磨耗量不超过 18 mm，并无碾堆；车轮踏面磨耗深度不超过 7 mm；车轮踏面擦伤深度不超过 0.7 mm。

3.3.5 轴箱

1. 概述

东风$_{4B}$型内燃机车采用拉杆定位式滚动轴承轴箱，如图 3-10 所示。轴箱通过上下轴箱拉杆与构架相连接。一系弹簧悬挂装置的支座和轴箱体铸成一体。轴箱用轴箱拉杆定位，轴箱拉杆两端设橡胶衬套和橡胶垫，通过橡胶元件的弹性变形使轴箱相对于构架在垂向和横向获得弹性移动量。

轴箱由轴箱体、端盖、弹簧、弹簧座及轴箱拉杆等组成。由弹簧传来的垂向力经过轴箱体顶部传至滚动轴承和车轴；由车轴传来的牵引力和制动力，经过滚动轴承和箱体传至轴箱拉杆和构架。

1—轴箱吊钩；2—轴箱拉杆；3—弹簧盖；4—弹簧；5—弹簧座；6—橡胶减振垫；7—轴箱体；8—端盖。
图 3-10　轴箱

2. 轴箱的设置

轴箱体为铸钢件，两侧带有两个拉杆座和两个弹簧座，位置上下交错，顶部设轴箱止挡，用以限制轴箱相对于构架的最大横动量不超过 8 mm。

早期生产的东风 4B 型内燃机车轴箱内装设 4 列向心短圆柱滚动轴承 972832QT。该轴承只能承受径向力，不能承受轴向力，所以在轴箱端盖上装有缓冲支承，用缓冲支承中的 4G134T 轴承来承受轴向力。后期生产的东风 4B 型内燃机车轴箱内采用新型轴承以取代滚动轴承 972832QT。其中，一、三轴左右轴箱内各装设一套 552732QT 和 752732QT 滚柱轴承，中间轴左右轴箱内各装设一套 552732QT 和 652732QT 滚柱轴承。这种新型轴承既可承受径向力，又可承受轴向力，而且是由同轴上左右轴箱内各一个轴承承受轴向力。

前端盖结构分为两种，1、3、4、6 轴设减振器座，2、5 轴一端安装速度传感器安装座。后端盖带有迷宫，与防尘圈共同形成迷宫式油封，其间装有软油脂。前、后端盖均用 4 个 M22 螺栓紧固在轴箱体上。

3. 轴箱拉杆

轴箱拉杆是带有橡胶元件的轴箱与构架的弹性定位部件，并传递纵向力和横向力，其结构如图 3-11 所示。轴箱拉杆由拉杆体、长心轴、短心轴、橡胶圈（大端孔内装两个橡胶圈，小端孔内装一个橡胶圈，图 3-11 中无显示）、橡胶垫、端盖、卡环等组成。心轴两端制成梯形截面，斜度为 1:10 的大端用长心轴与构架连杆座连接，小端用短心轴与轴箱拉杆座连接。

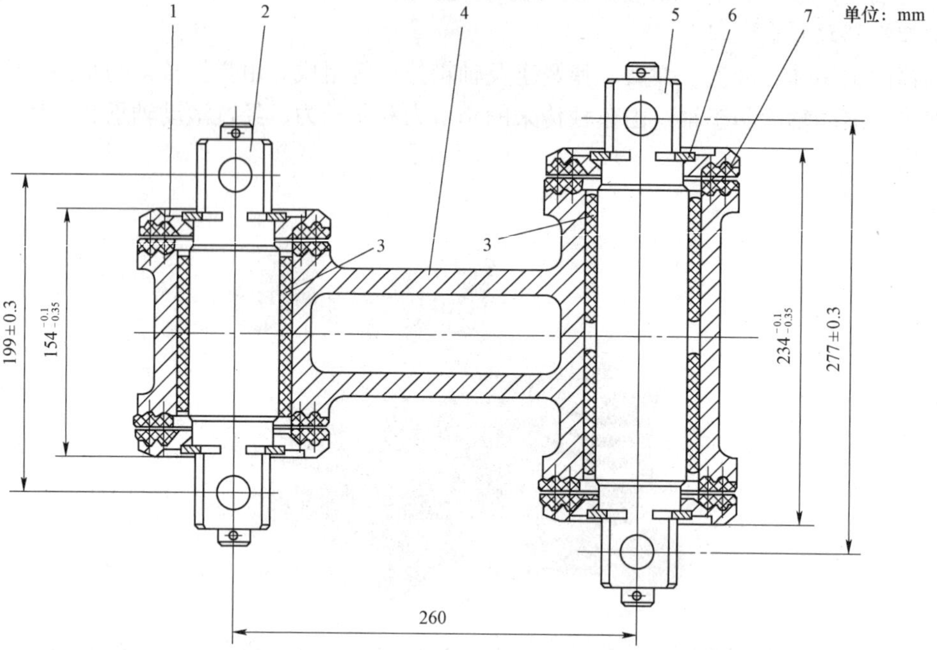

1—端盖；2—短心轴；3—橡胶圈；4—拉杆体；5—长心轴；6—卡环；7—橡胶垫。

图 3-11　轴箱拉杆的结构

　　拉杆定位的轴箱相对于构架的上下位移将受橡胶圈约束，实际上相当于在垂直方向加一个并联弹簧，使一系弹簧悬挂装置的刚度增大，因此，一系弹簧悬挂装置挠度减少 20%～30%，甚至更大。

3.3.6　车体与转向架的连接装置

1. 连接装置的任务

连接装置包括牵引杆装置和旁承，其任务如下：

① 传递车体与转向架之间的垂向力、纵向力（牵引力和制动力）和横向力。

② 使轴重能均匀分配，保证车体在转向架上的安定。

③ 使转向架进出曲线时相对于车体能做回转运动。

④ 改善机车在水平方向的动力性能。

连接装置性能的好坏，直接影响机车及转向架的动力性能，特别是水平动力性能。此外，连接装置的结构形式关系到机车轴重的转移。

2. 连接装置的组成

东风$_{4B}$型内燃机车车体与转向架的连接装置包括牵引杆装置和旁承。

1）牵引杆装置

牵引杆装置的任务是传递机车牵引力和制动力，由两根牵引杆、两个拐臂、一根连接杆，以及牵引销、牵引杆销、拐臂销、连接杆销及球面关节轴承等组成。

　　牵引杆一端通过牵引销与车体牵引座连接，另一端通过牵引杆销与拐臂连接，两端均采用球面关节轴承与牵引销及牵引杆销连接，便于车体和转向架在各方向有一定相对活动量。拐臂中间连构架，一端连牵引杆，另一端连连接杆。连接杆平衡左右牵引力，保证左右同步。各销设注油嘴以保证润滑，如图 3-12 所示。牵引装置直接传递牵引力和制动力，乘务员必须经常检查给油，保证安全。

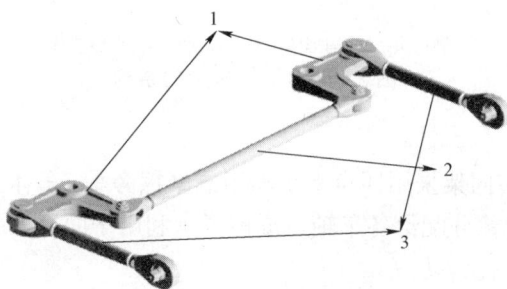

1—拐臂；2—连接杆；3—牵引杆。

图 3-12　牵引杆装置

　　牵引杆中心线离轨面的高度为 725 mm，这种牵引杆装置比较容易实现低位牵引，减少轴重转移。

　　传递牵引力时，牵引杆受拉，连接杆受压。传递制动力时，牵引杆受压，连接杆受拉。通过曲线时，外牵引杆受拉，内牵引杆受压。

　　在转向架构架外侧中央设有弹性球形侧挡装置，与车体两侧牵引拉杆座内侧止挡相对应，每台机车 4 个。侧挡装置的外观如图 3-13 所示。侧挡装置的作用是：① 限制车体相对于转向架的横向位移和传递横向力；② 与牵引杆装置共同作用，使转向架相对于车体能自由回转。

图 3-13　侧挡装置的外观

　　侧挡装置由侧挡头、侧挡体、缓冲垫、调整垫片等组成，其结构如图 3-14 所示。缓冲垫用橡胶制成有 5 mm 弹性压缩量。每侧自由横动量 15 mm（牵引座与侧挡距离），弹性横动量 5 mm，这样车体和转向架每侧总横动间隙为 20 mm。

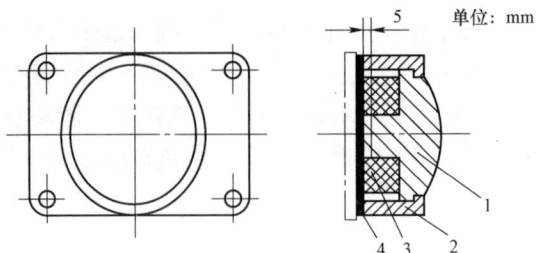

1—侧挡头；2—侧挡体；3—缓冲垫；4—调整垫片。

图 3-14　侧挡装置的结构

2）旁承

东风 4B 型内燃机车转向架采用四点支承油浴式摩擦旁承，车体上部的载荷经旁承传给转向架构架，再经过轴箱弹簧分配给各车轴。摩擦旁承利用平面摩擦副产生的摩擦力矩来控制转向架在直线运动时的蛇行运动。

摩擦旁承由旁承体、下摩擦板、上摩擦板、球面座、球头杆、调整垫片、托板、橡胶垫（每组 4 个）、间隔板（每组 3 个）、固定板、固定螺栓、挡圈等组成，其结构如图 3-15 所示。这种旁承结构简单，工作可靠，使用、维护方便。

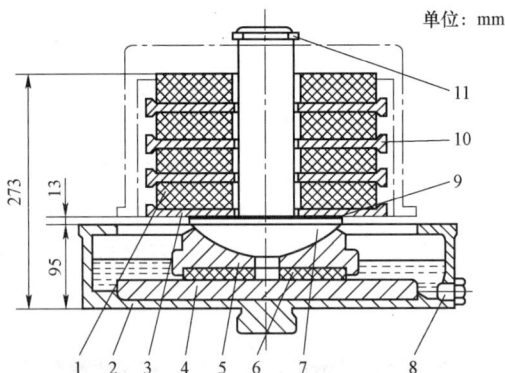

1—橡胶垫；2—旁承体；3—托板；4—下摩擦板；5—球面座；6—上摩擦板；7—球头杆；
8—加油管；9—橡胶垫；10—间隔板；11—挡圈。

图 3-15　摩擦旁承的结构

旁承体用 ZG230-450 铸钢制成，其底部的 $\phi70$ mm 圆柱销插入构架旁承孔定位，用 4 个 M20 螺栓紧固在构架旁承座上。旁承体内注有润滑油（柴油机机油），油量至下摩擦板上表面以上（25±2）mm 为准。外设帆布防尘罩，下部设放油堵。

下摩擦板材料为 45 号钢，表面磨削加工，采用过渡配合镶在旁承体内。

上摩擦板采用 MC 尼龙制成，尼龙板摩擦面上开有润滑油沟，以便充分润滑。上摩擦板与球面座过渡配合。

球头与球面座均用 45 号钢制成，两者间采用滑动摩擦副，起球面关节作用，并能自动对中。球头和橡胶弹簧用固定板和螺栓连接在车体旁承上。橡胶弹簧在架修时要进行检查，不允许有裂纹、外观损坏和挤伤。

当机车落座于转向架时，球头与球面座能够自动对中，使镶在球面座下部的 MC 尼龙板与下摩擦板能够密贴接触，不产生间隙。为保证车体上部重量均匀作用在转向架上，在落车前需测量 8 个旁承座面的高度差，再用调整垫片找平。在同一转向架上，不平度允差为 1 mm，前后转向架允差为 2 mm。但是，每个旁承必须有不少于 2 mm 的基准垫片，同时最大加垫量不允许超过 10 mm。

旁承在转向架上的配置要兼顾各方面的效果，旁承横向间距为 2 050 mm，纵向间距为 1 800 mm，相应的摩擦阻力矩为 19 100～38 200 N·m。

从横向看，左右跨度较大，旁承正好放在侧梁纵向中心线上，对提高机车横向平稳性、改善转向架构架受力状态有利；从纵向看，旁承纵向间距较大，既有利于减小机车轴重转移，又能使转向架回转时的摩擦阻力矩增大，有利于抑制机车在直线上运行时转向架的蛇行，但是摩擦阻力矩太大，将使机车通过曲线时产生过大的构架力，所以纵向间距必须要选择适当。

在运用中如果发现机车在高速运行时产生摇头振动，说明旁承下摩擦板磨耗较大（一般磨耗量不大于 0.06 mm），摩擦系数变小，抑制不住转向架的蛇行造成的。

3.3.7 基础制动装置

东风₄B 型内燃机车采用的是单侧、单闸瓦且带有闸瓦自动间隙调节器的独立制动系统，即每个车轮一个制动装置。其优点是结构简单、重量轻、结构布置匀称合理，杆件少，便于运用及维修。特别是在构架的下面，因为杆件少、空间大，乘务人员可以方便地在转向架外侧更换闸瓦和调整闸瓦间隙。

1. 基础制动装置的结构特点

基础制动装置主要由制动缸、摆杆、连杆、竖杆、闸瓦间隙调整器、吊杆、闸瓦托和闸瓦等组成，其结构如图 3-16 所示。

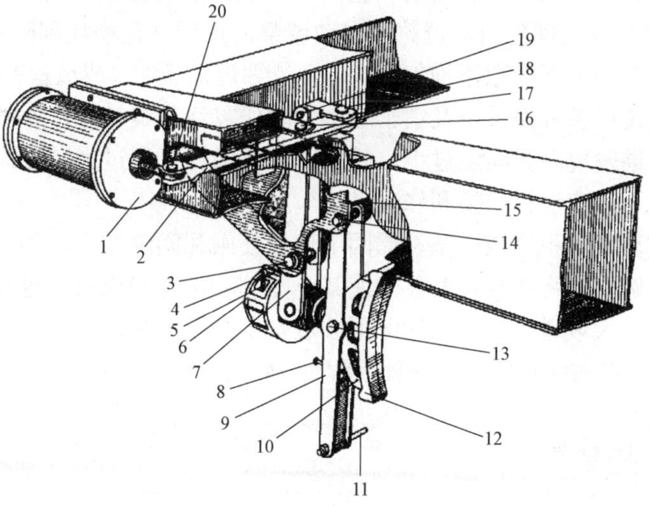

1—制动缸；2—横杆；3，13，14，16，18，19，20—销；4—摆杆；5—连杆；6—闸瓦间隙调整器；7—竖杆；8—调整螺栓；9—吊杆；10—闸瓦托；11—拉杆；12—闸瓦；15—支座；17—叉杆。

图 3-16 基础制动装置的结构

2. 基础制动装置的作用原理

基础制动装置的作用原理如图 3-17 所示。当施行制动时，压缩空气由总风缸进入制动缸，推动活塞，压缩缓解弹簧，使水平杠杆 AB 以 C 点为支点逆时针旋转。因为 $AC：CB=3.3$，所以 B 点的作用力为 A 点的 3.3 倍。B 点又推动杠杆 BD 将力传到竖杆 DF 上，使 DF 以 E 点为支点逆时针旋转。因为 $DE：EF=3.72$，所以在 F 点处作用力又增大 3.72 倍。最后通过闸瓦间隙调整器 FG，使 F 点的力通过 G 点将闸瓦压到车轮踏面上，产生制动力，使机车制动。

经过杠杆系统的放大，活塞上的力被放大了 12.3 倍，这个倍数称为制动倍率。

当制动缓解时，制动缸内的空气排出，靠弹簧复原力的作用使活塞复位，并带动杠杆系统，使闸瓦脱离车轮踏面，保持一定的间隙，这个间隙称为闸瓦间隙。

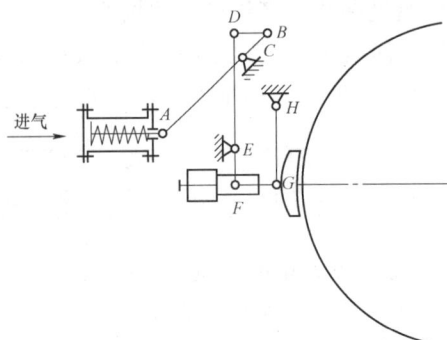

AB—水平杠杆；*BD*—推杆；*DF*—竖杆；*FG*—闸瓦间隙调整器；*HG*—吊杆。
图 3-17　基础制动装置的作用原理

每台转向架上有 6 个制动缸，各用 4 个 M16 螺栓紧固在构架上的制动缸座上。

3. 闸瓦间隙调整

闸瓦间隙的调整有人工调整和自动调整两种。装新闸瓦时，需要人工将间隙调整到 6～8 mm，以后便可利用闸瓦间隙自动调整器自动调整，直到闸瓦磨耗到限为止。

当闸瓦与车轮踏面上下间隙不均匀时，可调节螺母来压缩（或放松）弹簧，使间隙均匀。运用中要保持制动装置各杆件系统及销子连接处动作灵活。缓解时，各制动缸活塞杆应恢复到零位。运用中如果发现闸瓦间隙过小，或制动缸活塞杆行程过大，要检查各销、套磨损后间隙是否过大，必要时应进行更换和修理。

运用中如果发现缓解不良或因某种原因卡住，使闸瓦间隙过小，为保证行车安全，可用木楔等物在构架椭圆孔处将活塞杆塞住，使其不能制动，待回段后再进行处理。

在特殊线路（长大坡道）上，为确保下坡道安全，用闸瓦间隙自动调整器上的手轮将闸瓦间隙调小到 6 mm 左右（相应的活塞杆行程为 74～100 mm）后，再行下坡。

3.3.8　电机悬挂装置

东风$_{4B}$型内燃机车牵引电机采用轴悬式驱动装置，单侧齿轮传动。它由抱轴瓦装置、牵引电机悬挂装置和传动齿轮及齿轮箱三部分组成，其结构如图 3-18 所示。这种电机悬挂装置通常只用于速度低于 120 km/h 的机车，其优点是简单、成本低、使用维修方便。

单位：mm

(a) 电机悬挂装置总成

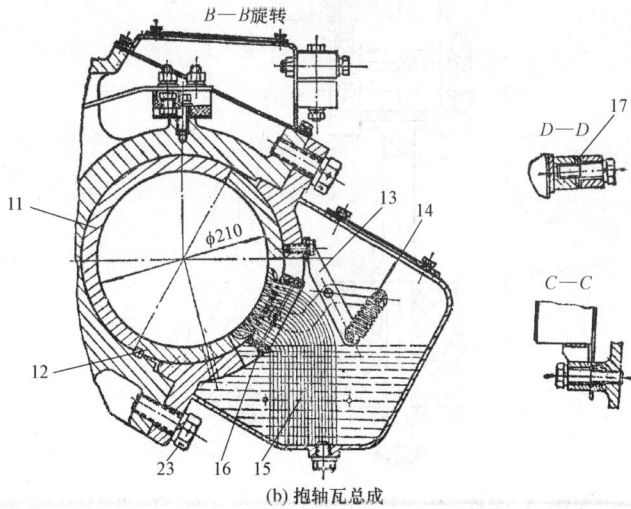

(b) 抱轴瓦总成

1—螺母；2—吊杆座；3—橡胶座；4—垫板；5—吊杆；6—橡胶套；7—心轴；8—牵引电机；9，23—螺栓；
10—抱轴轴承座；11—抱轴瓦；12—键；13—刷架；14—弹簧；15—毛线垫；16—刷架框；17—调整垫片；
18—座；19—齿轮罩；20—从动齿轮；21—主动齿轮；22—密封圈；24—油杯；25—防尘罩。

图 3-18　电机悬挂装置的结构

1. 抱轴瓦装置

为了方便安装，牵引电机抱轴承制成剖分式（称为抱轴瓦），轴承盖也是抱轴瓦的润滑盒，用 4 个 M24 螺栓紧固在电机机体上，将抱轴瓦压紧。在下瓦中部 45° 角处开有孔口，使毛线垫将油盒中的机油吸在抱轴颈与瓦上进行润滑。毛线垫一端固定在轴承盖内刷架框上，另一端借弹簧和压板压在车轴上。抱轴瓦的瓦背用锡青铜制成，瓦表面挂 3 mm 厚的白合金。轴瓦与车轴径向间隙为 0.2～0.4 mm，运用中最大间隙不大于 0.75 mm。左右两抱轴瓦间隙差不超过 0.2 mm。抱轴瓦轴向间隙为 1～2.6 mm，运用中最大间隙不大于 4 mm。为防止瓦端面漏油，在瓦肩上设两道密封圈。

为了保证轴颈有良好的润滑状态，除毛线要浸在润滑油里外，还要保持一定的油位。因此，在轴承盖的内侧面，设有一个油杯，并装有油尺以备检查。在运用中，油位要保持一定的高度，油位过高（超出下轴瓦的轴颈面），会出现抱轴瓦漏油现象；油位过低，不能保证润滑，易导致轴瓦碾片和烧损。

在运用中，抱轴瓦温度在瓦内侧端面与轴颈处不超过 80 ℃，应经常检查是否有黑油挤出，若有挤出需用塞尺检查有无碾片，若有碾片需及时处理。

更换新的纯羊毛线纺织的毛线垫前，需先将其放在 40～50 ℃润滑油箱内浸泡 24 h 以上，然后装车使用。

2. 牵引电机悬挂装置

牵引电机采用橡胶悬挂装置，它由吊杆、垫板、橡胶套、橡胶垫及心轴等组成，如图 3-19 所示。

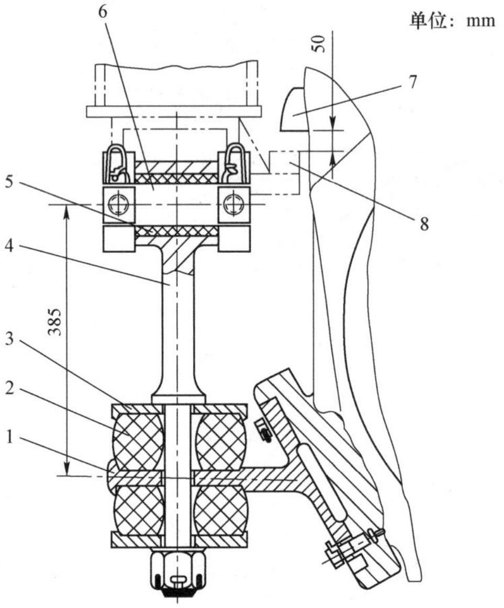

1—吊杆座；2—橡胶垫；3—垫板；4—吊杆；5—橡胶套；6—心轴；7—电动机托座；8—安全托。

图 3-19　牵引电机橡胶悬挂装置

电动机悬挂装置上部采用与轴箱拉杆相同的橡胶关节结构。心轴与吊杆均采用 45 号钢调质处理。心轴上橡胶套和轴箱拉杆小端的相同，用两个 M20 螺栓将心轴紧固在构架的电机悬挂座上。吊杆下端通过垫板、橡胶座、吊杆座与电动机相连。垫板、吊杆座与橡胶座接触表面均制成碟形，以防止橡胶座在受压缩时产生径向蠕动。

上下橡胶垫组装时要预压缩 28 mm，保证下橡胶垫在电动机自重和最大牵引力矩作用下受压时，上橡胶垫还有一定的预紧压缩量，以免在工作时有空隙产生冲动，影响机车的动力性能。

橡胶垫自由高度为（93±0.8）mm，在 29.4 kN 压力下其挠度为（14±2）mm，在 58.8 kN 压力下其挠度为（21±2）mm。在压缩试验过程中，橡胶垫开始呈内凹形，随着压力的增加，橡胶垫逐渐变为均匀的圆柱体，再继续增加压力，便形成均匀的鼓形。

为防止吊杆折断造成电动机掉落，在吊杆座上设有安全托，安全托与电动机托座间留有（50±5）mm 间隙，作为电动机的跳动量。

在运用中，如果发现橡胶座鼓开较大或产生鼓包，说明橡胶座老化，强度和弹性变差，应随时进行更换（尤其是下部橡胶座失效较多）。

架修时，一般应更换橡胶垫，但是如果上部橡胶垫的自由高度不大于 90 mm，在 29.4 kN 压力下高度不小于 74 mm，并呈均匀的鼓形，则允许装在吊杆座的上部继续使用。若橡胶垫外观有损坏和挤伤，应及时更换。

悬挂装置上端采用球形关节轴承结构。此种悬挂机构，电动机在任何方向都可随意灵活地摆动，且不产生任何附加外力作用，保证了电动机随轮对相对构架任意摆动时不产生任何抗劲现象。在工艺上，对构架上的电动机吊座几何尺寸要求也容易得到保证。

3. 传动齿轮及齿轮箱

1）传动齿轮

传动齿轮的作用是将牵引电机产生的扭矩传递给轮对。在内燃机车上传动齿轮一般采用单侧直齿轮。主动齿轮（小齿轮）以 1:10 的锥度热套在牵引电机上，为了便于退卸主动齿轮，在牵引电机轴的端面上开有退卸齿轮的油孔。从动齿轮（大齿轮）热套在长毂轮心上，为了便于从长毂轮心上卸下齿轮，在从动齿轮的轮毂上也开有退卸齿轮的油孔。

对于东风$_{4B}$型客运机车，主动齿轮 $Z=16$，$m=10$ 或 12；从动齿轮 $Z=60$，$m=10$ 或 12[①]，减速比为 3.75，使用 1 号齿轮油润滑。对于东风$_{4B}$型货运机车，主动齿轮 $Z=14$，$m=12$，从动齿轮 $Z=63$，$m=12$，减速比为 4.5，使用 18 号双曲线齿轮油润滑。

2）齿轮箱

齿轮箱是由薄钢板组焊成的箱形结构。通过安装座固定在牵引电机上。上下箱体以轴线为分箱面，在分箱面处通过螺栓连接成一体。在齿轮箱的两侧面各有一个拉紧螺栓，使分箱面的油封密贴，并增加齿轮箱的刚度。为了防止齿轮箱漏油，在上箱体的分箱面上焊有密封板，并将厚 3～4 mm、宽 30～40 mm 的泡沫塑料带均匀地填充在分箱面密封槽内。

齿轮箱与电动机连接时，小齿轮的油封挡圈（O 形密封圈槽）外侧面与电动机凸台端面间的间隙为 1～4 mm，车轴处的油封挡圈外侧面与轮心端面的间隙不小于 3 mm。齿轮箱内侧面与从动齿轮端面间隙为 13 mm，可用连接座处的调整垫片进行调节。

---

① Z 代表齿轮的齿数，m 代表模数，即齿轮的分度圆直径与齿数之比。

【思考题】

1. 简述东风~4B~型内燃机车转向架垂向力、纵向力和横向力的传递过程。
2. 东风~4B~型内燃机车牵引杆装置的作用是什么？侧挡在车体与转向架之间起什么作用？
3. 如何调整液压减振器的阻力？
4. 东风~4B~型内燃机车牵引电机采用何种悬挂方式？
5. 试述东风~4B~型内燃机车基础制动装置的作用原理，试绘出作用原理图进行说明。

任务 3.4　HX~N~3 型内燃机车转向架

【任务目标】

　　熟悉 HX~N~3 型内燃机车转向架的结构特点、主要技术参数及结构原理。

【任务内容】

3.4.1　概述

1. 转向架的结构特点

　　HX~N~3 型电力机车转向架与常规的三轴刚性转向架一样，承担机车的全部重量，为机车动力传递到钢轨上提供手段。HX~N~3 型电力机车转向架如图 3-20 所示，它采用高强度的钢结构焊接构架，使用无摇枕的二系悬挂系统，构架内安装了牵引电机和轮对，运行中产生的全部纵向牵引和制动载荷，都通过拐臂牵引杆机构从转向架传递到机车底架。

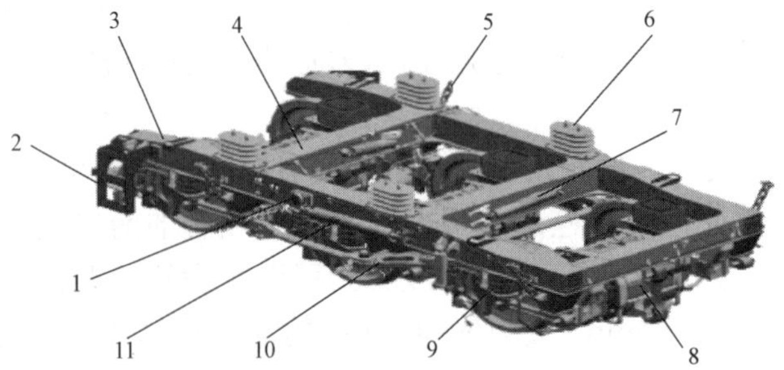

1—二系侧挡装配；2—车梯装配；3—二系摇头止挡；4—构架；5—整体起吊装置；6—二系橡胶弹簧；7—横向减振器；
8—轮对电机安装座；9—一系弹簧悬挂；10—牵引杆装配；11—抗蛇行减振器。
图 3-20　HX~N~3 型电力机车转向架

　　HX~N~3 型电力机车转向架的总体结构与其他车型存在很大差异，其构架为一端开口的"月"字形结构，一系弹簧采用中间带拉紧链条定位的结构，轴箱轴承为整体全封闭式轴承，轴箱体采用上下两体分离式的结构，撒砂器、轮缘润滑器及扫石器被固定在一个支撑架上。

转向架的设计要满足高可靠性、长大修周期、较长的保养周期。电机吊杆装配取代了传统的橡胶悬挂吊杆装配，它支撑着转向架上的三个交流牵引电机。

安装在转向架上的三个交流牵引电机，把电能转化为机车牵引力，电机通过传动装置连接到驱动轴上，驱动轴再通过车轮将力传递到钢轨。驱动力通过连接到轴箱上的轴箱拉杆传递到转向架的构架上，之后通过拐臂牵引杆机构将驱动力由构架传递到机车底架。拐臂可以在构架上沿销轴转动，并且通过一个连接杆将两个拐臂连在一起。

作为重载货运牵引的内燃机车，在满足各项基本性能要求的前提下，进行转向架结构设计时，着重考虑安全可靠性和机车黏着重量优化利用。该转向架的技术特点如下：

① 无摇枕二系悬挂。

② 轮对采用轴箱拉杆定位，不采用导框。

③ 构架采用焊接结构。

④ 制动系统采用单元式踏面制动，带有间隙调整器以及弹簧作用、空气缓解的停放制动功能。

⑤ 转向架和车体之间采用拐臂一侧拉杆连接。

⑥ 采用带有单元式轴箱轴承的分体式轴箱。

⑦ 采用免维护的弹性元件以及低磨耗或自润滑元件。

⑧ 所有主要部件，如牵引杆、减振器、踏面制动单元、横向止挡垫板和横向垫板等的设置，应易于进行检查和更换。

⑨ 具有高可靠性，大修周期长。

2. 转向架的主要技术参数

构架	5 368.5 mm×2 608mm
最大设计速度	120 km/h
牵引力	
起动牵引力	620 kN
持续牵引力	598 kN
机车质量	150 000 kg
通过最小曲线半径	145 m
转向架形式	一系无导框牵引拉杆转向架
构架	重量轻的焊接构架
牵引杆	侧拉杆+拐臂和连接杆
悬挂系统	
一系悬挂系统	每组两圈螺旋圆弹簧+橡胶垫+油压减振器
二系悬挂系统	较硬的橡胶弹簧
静挠度	
一系悬挂系统	124 mm
二系悬挂系统	20 mm

3.4.2 构架

HX$_N$3 型内燃机车转向架构架的主体由 2 根左右对称布置的侧架、2 根横梁、1 根端梁及转向架上各零部件的安装座组成，它不采用传统的"目"字形结构，而是采用了如图 3−21 所示的一端开口的"月"字形结构。为减少构架重量、降低机车轴重，该构架的上盖板和下盖板的厚度分别仅有 10 mm 和 20 mm。

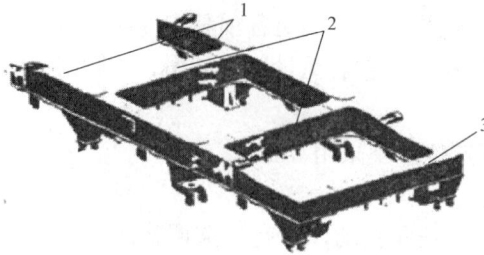

1—侧架；2—横梁；3—端梁。

图 3−21　一端开口的"月"字形转向架构架

钢结构焊接构架主要是用来承载转向架装配的主要部件，其上的主要部件如图 3−22 所示。构架上的轴箱拉杆座、垂向减振器座、抗蛇行减振器座、拐臂座如图 3−23 所示。

1—二系摇头止挡；2—横向减振器；3—整体起吊装置；4—二系橡胶弹簧；5—二系抗蛇行减振器；
6—牵引杆装配；7—二系侧挡装配。

图 3−22　转向架构架上的主要部件

1—轴箱拉杆座；2—垂向减振器座；3—抗蛇行减振器座；4—拐臂座。

图 3−23　构架上的轴箱拉杆座、垂向减振器座、抗蛇行减振器座、拐臂座

3.4.3 轴箱

轴箱提供构架和车轴间轴箱弹簧的安装位置，用于传递垂向载荷。HX_N3 型内燃机车转向架采用装有单元式轴承的分体式轴箱，如图 3-24 所示。分体式轴箱体包括上下两部分。上部结构提供与轴承总成的配合面，并传递垂向力和纵向力；下部结构称为保持器，它可以使轮对和轴箱一起吊起。

图 3-24 分体式轴箱

牵引电机/轮对装置的横动量，是通过安装在轴箱体上的一个垫板和用螺栓紧固在构架上的非金属垫板相互配合来保证其值在规定的范围内，这种设计保证了横动量易于检查和加垫调整。

用螺栓拧紧在端轴轴箱上的二系弹性横向止挡能够保证止挡间隙为 1 mm，以达到良好的稳定性。用螺栓拧紧在中间轴轴箱上的刚性横向止挡能够保证止挡间隙为 15 mm，用来满足曲线通过的需要。横向止挡如图 3-25、图 3-26 所示。

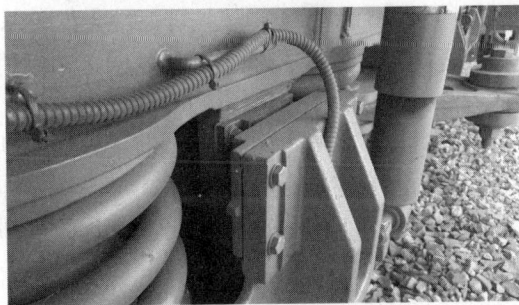

图 3-25 横向止挡实物

1—尼龙板；2—横向止挡；3—挡板更换；4—垫片。

图 3-26 横向止挡装配

89

止挡是一种硫化橡胶元件，它能够提供合适的刚度，以实现良好的横向运行性能、较高的稳定性，并且为横向力从轴箱传递到构架提供接触点。这种定位和安装方式能够确保在不落轮的前提下，为保持合适的横动间隙而进行检查、加垫调整或更换时的易操作性。经过加工的垂向止挡是由轴箱体的上部和横向止挡支承面联合组成的。

为保持弹簧所处的位置不变，在每组弹簧内部和轴箱间装有一个自锁装配。这个自锁装配包含了一个焊在构架上的上自锁支座，以及一个安装在轴箱体锥形孔内的下自锁支座。一条自锁链条通过圆柱销和开口销与上、下自锁支座连在一起，下自锁支座通过一个压板固定在轴箱体内。轴箱里有链条保护装置，可以防止自锁链条接触到弹簧，一系互锁装配如图 3-27 所示。

1—自锁链条；2—下自锁支座和压板；3—轴箱上箱体；4—轴箱底盖。

图 3-27　一系互锁装配

轴箱与构架通过单侧轴箱拉杆弹性连接，轴箱拉杆两端为橡胶球关节，杆身断面为"工"字形，如图 3-28 所示。轴箱拉杆尽可能长以降低因轴箱垂向运动对销套产生的扭转载荷和因轮对横向移动对销套产生的摆动载荷，并减少对垂向和横向刚度的影响。轴箱的垂向运动将导致销套的扭角，这意味着销套轴线应与横轴平行，因而采用双面黏结的橡胶销套来降低其滑出的趋势。销套的内层零件具有传统的销轴安装结构，可以在无须落轮的条件下更换轴箱拉杆。轴箱拉杆为单体式结构，便于进行检查和更换，无须拆除其他主要零件。

图 3-28　轴箱拉杆

3.4.4 弹簧装置

1. 一系悬挂装置

一系悬挂装置由双圈圆弹簧、橡胶垫（每轴 2 个）和垂向减振器组成，其位置如图 3-29 所示。一系悬挂装置提供良好的运行品质，并均衡在不平顺线路上运行时各轮对的载荷。

1—垂向减振器；2—双圈圆弹簧；3—轴箱体；4—橡胶垫；5—轴箱拉杆。
图 3-29 一系悬挂装置的位置

在轴箱上装有两套双螺旋弹簧，两侧弹簧中心到车轴中心距离相等。弹簧的静挠度为 100~125 mm。外圈弹簧的外径为 280 mm，压缩高为 240 mm。当与垂向止挡接触时，弹簧将有一个行程储备。由于选择了紧凑型设计，因此无须在转向架构架上设计弹簧套。在轴箱与螺旋弹簧之间增加了减振垫以减少高频载荷的传递。一系圆弹簧如图 3-30 所示。

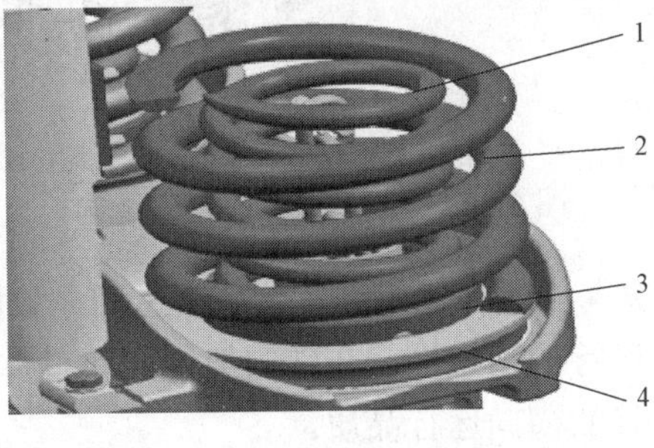

1—内圈弹簧；2—外圈弹簧；3—导向套；4—减振垫。
图 3-30 一系圆弹簧

垂向减振器装在端轴两端轴箱体与构架之间的位置，每个转向架 4 个，用来衰减构架较大的垂向和侧滚振动。垂向减振器如图 3-31 所示。

1—垂向减振器（一轴）；2—垂向减振器（三轴）。

图 3-31　垂向减振器

2. 二系悬挂装置

二系悬挂装置由橡胶弹簧、横向减振器、抗蛇行减振器、横向止挡、摇头止挡、牵引杆装配等组成，其结构如图 3-32 所示。橡胶弹簧、横向减振器、抗蛇行减振器这三大部件分别与车体连接在一起，起到进一步衰减和吸收车下所传递来的高频振动的作用，保证了机车的运行平稳性和舒适性。整个机车的重量由 4 个二系橡胶压缩弹簧装配支撑，并直接传递到转向架的构架上。二系弹簧提供有可控的横向刚度和蛇行刚度，以确保良好的驾乘质量以及运行稳定性。垂向较硬的二系支撑、牵引电机的顺置排列和较低的牵引高度，在牵引和制动时减少了转向架的轴重转移，保证了最佳的黏着性能。

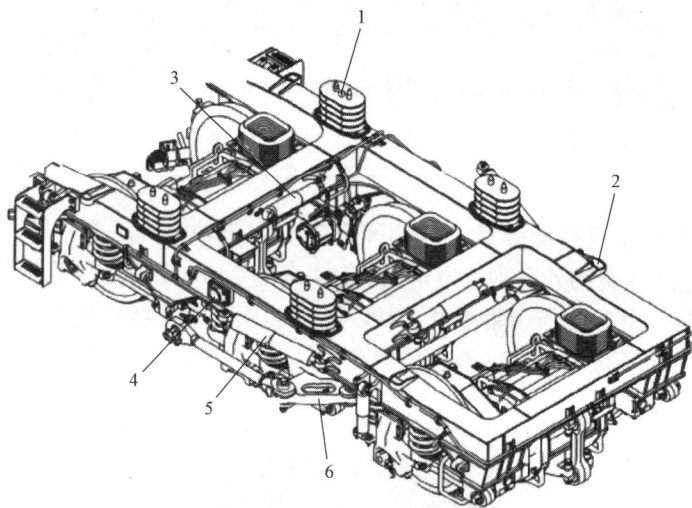

1—橡胶弹簧；2—摇头止挡；3—横向减振器；4—横向止挡；5—抗蛇行减振器；6—牵引杆装配。

图 3-32　二系悬挂装置的结构

2 个二系抗蛇行减振器纵向安装在构架和车体底架之间（如图 3-33 所示），用来衰减转向架的蛇行运动以实现高速运行的稳定性。在转向架构架和车体底架之间，横向装有 2 个二系横向减振器，用以确保良好的横向运行品质。

构架上设有二系弹性横向止挡，用来限制转向架和车体底架之间的横向移动。转向架也设有四个旋转止挡，用来限制转向架旋转，防止诸如二系弹簧、二系减振器、风道、电机大线、空气软管和撒砂软管等转向架和底架间的连接部件超限。

图 3-33 抗蛇行减振器

3.4.5 牵引杆装配

车体的牵引杆装配在车体底架和转向架之间传递所有的牵引力和制动力。HX_N3 型内燃机车的牵引杆装配采用了与东风 $_{4B}$ 型机车类似的四连杆机构,牵引杆装配包含 2 个牵引杆、2 个拐臂和 1 个连接杆,如图 3-34 所示。

牵引杆由杆体(钢管)、叉头等组焊而成,两端分别连接到拐臂和车体的牵引座。为保证车体和转向架之间的相对运动,牵引杆两端的连接部位均采用了免维护的关节球轴承和销轴的结构,所以在大修周期内只需简单目测检查其是否有损坏或磨损即可,由于牵引杆和连接杆属于转向架的关键部件,因此,对于其材料、加工以及焊接均有非常严格的要求。

拐臂中间部位是通过一个免维护的非金属轴套和一个销子安装在构架上的,通过免维护的非金属垫圈来传递垂向载荷。拐臂两端分别与连接杆和牵引杆相连,传递牵引力。在连接杆的连接处也采用了免维护的非金属轴套。拐臂和牵引杆之间以及牵引杆和车体之间都是通过免维护的球轴承来连接的。因为这些部件都设计成免维护的,所以在大修周期内只需简单目测检查一下,看看它们是否有损坏或磨损就行。

(a) 实物图

1—拐臂与连接杆连接处;2—拐臂与构架连接处;3—牵引杆;4—牵引杆与车体连接的牵引座;
5—牵引杆与拐臂连接的牵引座;6—拐臂。

图 3-34 牵引杆装配

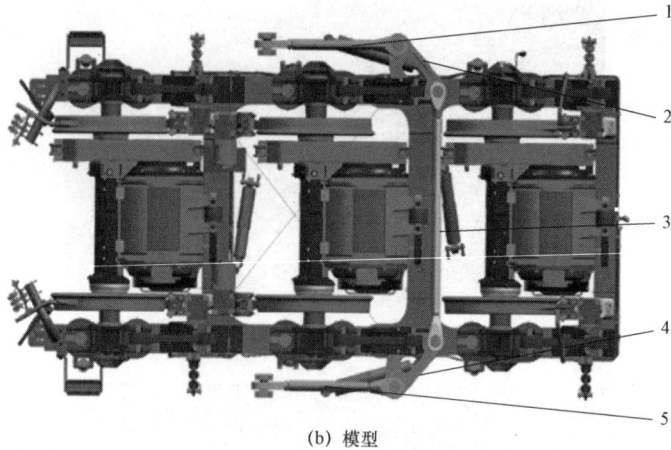

(b) 模型

1，5—牵引杆；2，4—拐臂；3—连接杆。

图 3-34　牵引杆装配（续）

3.4.6　轮对装配

轮对是转向架最重要的部件之一。机车绝大部分载荷都通过轮对传递给钢轨，牵引电机所产生的扭矩也由它通过轮轨黏着产生牵引力。机车运行时，它还承受钢轨接头、道岔、曲线通过和线路不平顺时的垂向和水平作用力。

轮对主要由车轴、车轮等组成。车轮为整体辗钢车轮，材料采用 B 级钢，滚动圆直径为 1 050 mm，磨耗限度为 975 mm，踏面形状为 JM3 型磨耗型踏面。采用这两种措施后，可减少轮缘磨耗，提高车轮的使用寿命。

车轴材料为 AAR 标准的 M101 的 F 级。车轴总长为 2 307.14 mm，两端轴箱间的中心距为 2 100 mm，轴身直径为 203 mm，轮座直径为 234 mm，齿轮座直径为 235 mm，车轴所有与轴肩相连的圆角都为单半径圆角，齿轮座与轮座间的卸载槽加工后进行滚压。

3.4.7　驱动装置

HX_N3 型内燃机车的驱动装置由牵引电机、主动齿轮、从动齿轮、齿轮箱装配、轮对抱轴箱装配等组成，如图 3-35 所示。其主要结构特点是：驱动源为交流牵引电机，主、从动齿轮采用斜齿啮合的形式，主动齿轮采用齿轮轴的设计结构，抱轴箱体采用全封闭结构，齿轮箱采用薄钢板焊接结构。

图 3-35　驱动装置

牵引电机的悬挂方式是轴悬式，与轮对、滚动抱轴箱、齿轮箱等一起组装成一个整体，然后坐落到构架上。牵引电机的一端由两个抱轴承刚性支承在车轴的抱轴颈上，另一端弹性地悬挂在转向架的构架上。吊杆不论从结构上还是性能上都是电机悬挂中的一个重要部件，吊杆的两端设有橡胶球关节，保证了牵引电机与构架的弹性连接，可以有效地吸收从轮对电机传递过来的高频振动。同时，为了安全起见，构架上设置了安全托板，防止在吊杆失效时牵引电机脱落到轨道上。电机吊杆的安装位置如图 3-36 所示。

1—安全托板；2—电机吊杆。
图 3-36 电机吊杆的安装位置

吊杆对牵引电机的扭矩提供反作用力，并支撑牵引电机的重力，在更换轮对时可以方便地断开牵引电机。牵引电机上有一个凸起，与转向架构架上的可拆卸的安全托板相配。安全托板通过 M30 螺栓固定在转向架构架上。

HX_N3 型内燃机车轮对驱动装置采用半悬挂滚动抱轴箱的设计结构，抱轴箱体的主体部分采用 EMS15 中等强度碳素钢铸钢（可焊）材料制造。它的结构形式与常规车型抱轴箱体的最大区别在于其抱轴箱体中间的圆筒结构是全封闭的。该圆筒由两部分组成：一部分由与两端的轴承箱连成一体的铸钢材料铸造而成；另一部分是由 3 mm 厚的薄钢板卷制成的半圆弧形罩板。罩板被焊接在铸钢体上，形成全封闭式抱轴箱体。

全封闭式抱轴箱体如图 3-37 所示。

图 3-37 全封闭式抱轴箱体

齿轮箱采用焊接结构,安装在牵引电机的支承臂上,因而变成牵引电机装配的一个集成部件,如图 3-38 所示。齿轮箱由上下两个紧密配合带有密封结构的箱体组成,下箱体的侧面焊接有一个凸台,下箱体通过凸台与抱轴箱用高强度的螺栓连接。上下箱体的轴孔配合面装有由特殊材料制成的密封圈,配合相应的密封胶,能够保证很好的密封性。上箱体的侧面有一个通气器,其主要作用是维持箱体内外的气压平衡。因为在机车运行过程中,齿轮润滑油温度会升高,导致箱体内空气压力增大。在 HX_N3 型内燃机车的齿轮箱中注入的润滑油比以往生产的机车多,所以机车组装后,在试运行过程中,常出现从通气器甩油的现象。经过反复论证和试验,最终,设计了一个焊接在上箱体内侧面的眉形结构的导油板,有效地解决了齿轮箱甩油问题。

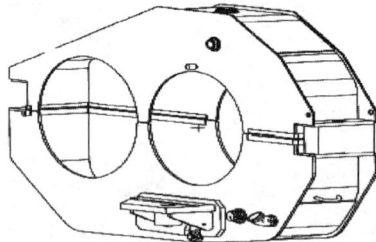

图 3-38 齿轮箱

齿轮箱里的油用来润滑主动齿轮、从动齿轮和牵引电机主动齿轮端转子支撑轴承,在齿轮箱的内侧面有一个加油口盖,当向齿轮箱里加油时,必须拆除加油口盖和油位堵。加润滑油时,加入与加油口边缘相平的润滑油即可维持合适的油位,可通过润滑油从油位孔溢出来判断,但不能使用加油孔作为油位参照。加润滑油过多,易导致润滑油从密封处泄漏到牵引电机里,并且导致油温和轴承温度升高。

3.4.8 基础制动装置

基础制动装置是以空气作动力的制动单元,其制动传动装置如图 3-39 所示。基础制动采用踏面制动形式,采用合成闸瓦,并带有闸瓦间隙调整器,中间轴额外配有弹簧停车装置,确保机车能在 30% 坡道停车。

1—空气管路接口;2—端轴刚性单元;3—弹簧停放作用器;4—中间轴弹性单元;5—手动缓解环。

图 3-39 制动传动装置

基础制动装置由制动缸、传动机构和闸瓦间隙调整器组成。装有弹簧停放作用器的制动单元，既可用于常用制动，又可用于停放制动。弹簧停放作用器可以通过压缩空气缓解，解除所有作用在机车上的弹簧停车制动，缓解弹簧停放作用器的操作在司机室中进行。

3.4.9 转向架附件

转向架附件包括撒砂装置、扫石器、轮缘润滑装置、转向架配管、车梯等，主要转向架附件如图 3-40 所示。扫石器安装于一、六轴，采用刚柔结构，上半部分由两个 U 形结构的钢板折弯压型，下半部分由 Z 形板与筋板焊接组成。整个结构设计保证上部高应力区没有焊接件，避免了扫石器断裂现象。轮缘润滑采用碳棒干式润滑，安装于一、六轴；能够横向、纵向调整，具有安装方便、环保、节能等优点。撒砂管焊接在整个装配的钢管上，撒砂装置的其余部分均安装在车体上。

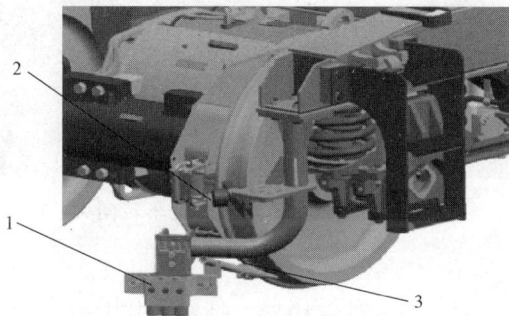

1—扫石器；2—轮缘润滑装置；3—撒砂管。
图 3-40 主要转向架附件

【思考题】

1. 简述 HX_N3 型内燃机车转向架牵引力的传递过程。
2. 简述 HX_N3 型内燃机车转向架一系悬挂装置的组成及功用。
3. 简述 HX_N3 型内燃机车转向架二系悬挂装置的组成及功用。
4. 简述 HX_N3 型内燃机车轴箱的组成。
5. 简述 HX_N3 型内燃机车转向架牵引装置的组成。

任务 3.5 HX_N5 型内燃机车转向架

【任务目标】

熟悉 HX_N5 型内燃机车转向架的结构特点、主要技术参数及结构原理。

3.5.1 概述

HX$_N$5 型内燃机车转向架如图 3-41 所示，它是单独驱动的三根动轴、焊接构架、传统导框式轴箱定位、浮动中心销牵引、二系为橡胶堆式承载垫的无摇枕转向架。

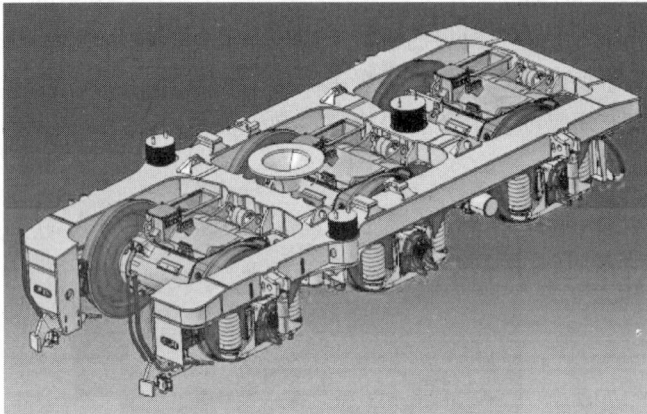

图 3-41 HX$_N$5 型内燃机车转向架

1. 转向架的组成

HX$_N$5 型内燃机车转向架主要部件有构架、轴箱及其定位结构、弹簧悬挂及减振器、轮对电机驱动装置、牵引装置、基础制动装置、附件（轮缘润滑装置、排障器、清扫器、撒砂装置）等，其结构如图 3-42 所示。

（a）俯视图

1—排障器；2—牵引电机；3—中心销；4, 6—承载垫；5—速度传感器；7—转向架吊钩；8—垂向减振器；
9—抗蛇行减振器；10—牵引电机吊杆；11—横向减振器；12—轮缘润滑装置。
图 4-42 HX$_N$5 型内燃机车转向架的结构

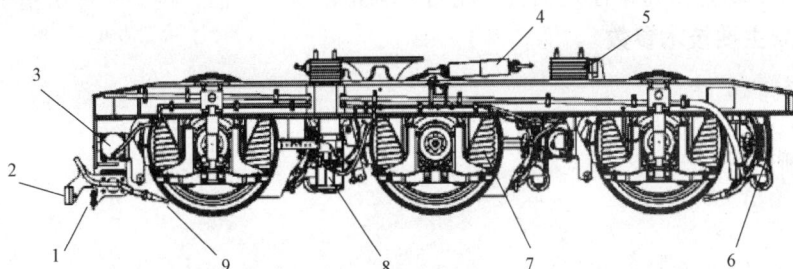

（b）侧视图

1—轨面清扫器；2—排障器；3—单元制动器；4—抗蛇行减振器；5—承载垫；6—牵引电机吊杆；
7—轴箱弹簧；8—单元制动器；9—撒砂喷嘴
图 4－42　HX$_N$5 型内燃机车转向架的结构（续）

2. 转向架的特点

① 转向架的设计满足在环境温度 −40～+45 ℃下的运用要求。

② 采用中心销牵引方式。

③ 轮对由牵引电机驱动，牵引电机顺置排列。

④ 采用两台 25 t 轴重的三轴高黏着转向架。

⑤ 牵引电机悬挂方式为滚动轴承抱轴悬挂。

⑥ 轴箱定位方式为导框式轴箱定位结构。

⑦ 每台转向架有 2 只单元制动器具有停放制动功能。

⑧ 6 个空气驱动的单元制动器，制动时通过闸瓦作用在车轮踏面上，分别对转向架 6 个车轮提供制动。单元制动器具有闸瓦间隙自动调整功能，以补偿闸瓦的磨耗。

⑨ 3 个橡胶堆式旁承承受着垂向负荷并允许转向架与车体之间可以相对自由横向运动和摇头运动。在转向架构架顶面与车体底部用一个横向液压减振器来衰减二者之间的相对横向振动。

⑩ 每台转向架的中间轴位有一只轴箱上（非齿侧）装有速度传感器。

⑪ 在转向架构架的两端装有一个高度可调的支架，支架上装有撒砂喷嘴。支架高度可以提升以补偿车轮磨耗。

⑫ 转向架具备整体起吊功能。

3. 转向架力的传递过程

1）垂向力

车体及其上设备的重力传递路径：车体—旁承—构架—轴箱弹簧—轴箱及轴承—车轴轴颈—车轮—钢轨。

钢轨不平顺导致的作用于车轮的垂向冲击力与上述重力的传递方向相反，经弹簧及减振器缓冲后再传递到车体。

2）横向力

横向轮轨力传递路径：钢轨—轮对—轴箱轴承—导框—构架—牵引销—车体。

3）纵向力（牵引力或制动力）

牵引力或制动力传递路径：钢轨—轮对—轴箱轴承—导框—构架—牵引销—车体。

4. 转向架主要技术参数

轨距	1 435 mm
轴列式	C_0—C_0
轮径（新）	1 050 mm
轴距	2×1 850 mm
轴重	25 t
两转向架中心距	12 879 mm
转向架自重	21.8 t
每轴簧下质量	4.35 t
牵引齿轮传动比	85/16
一系悬挂垂向刚度（每个弹簧）	（430±20）N/mm
二系悬挂垂向刚度	
侧承载垫（每只）	16 kN/mm（1±30%）
中间承载垫（每只）	21 kN/mm（1±30%）
牵引点距轨面高度	600 mm
通过最小曲线半径	145 m
机车最高速度	120 km/h（动轮全磨耗）
机车持续速度（AAR 标准条件下）	25 km/h（动轮半磨耗）
机车牵引力	
最大起动牵引力（按计算轮径）	620 kN
AAR 标准条件下的持续牵引力	565 kN
制动缸压力	440～460 kPa
制动倍率	3.45
制动效率	0.957

3.5.2　构架

HX_N5 型内燃机车转向架构架采用低温综合性能良好的钢板及铸钢件（仅导框为铸钢件）焊接而成，可以保证在-40℃低温环境下正常工作。

构架由左右两根对称布置的侧梁、牵引梁、横梁、后端梁及各支座组成。侧梁底面焊有导框、制动座、轮缘润滑装置安装座，外侧面焊有一系垂向减振器座，顶面焊有抗蛇行减振器座和纵向止挡座。牵引梁、横梁和后端梁上均有电机吊座。牵引梁上有牵引装置安装接口。左、右两侧梁和横梁上各有一个承载垫安装面。构架上还焊有撒砂管等转向架附件的安装座。转向架构架的结构如图3-43所示。

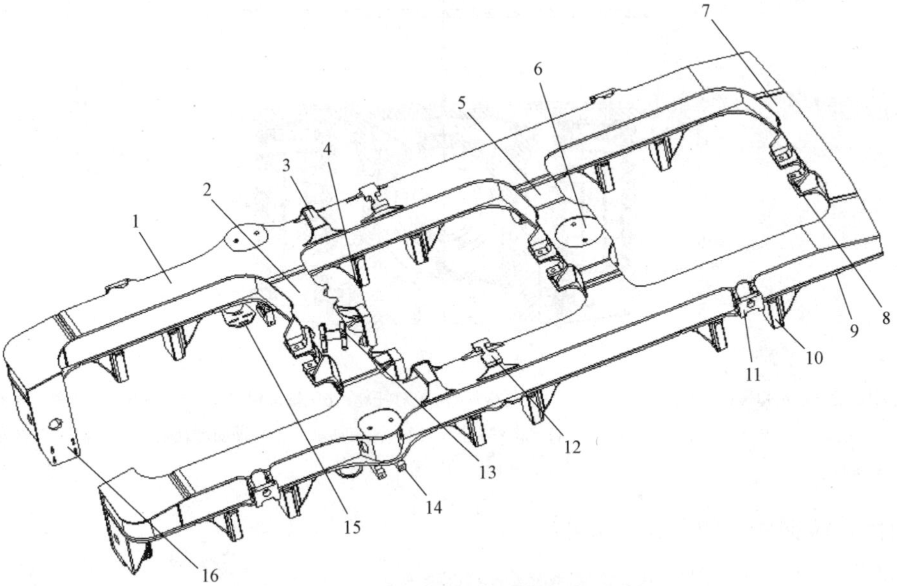

1—侧梁；2—牵引梁；3—纵向止挡；4—牵引装置安装接口；5—横梁；6—承载垫安装面；7—后端梁；8—电机吊座；
9—撒砂管安装座（封闭端）；10—导框；11—一系垂向减振器座；12—抗蛇行减振器座；13—横向减振器座；
14—制动座；15—轮缘润滑装置安装座；16—撒砂管安装座（开口端）。

图 3-43   转向架构架的结构

3.5.3   轴箱

HX$_N$5 型内燃机车转向架采用导框式轴箱定位结构，其实物图如图 3-44 所示。与国内广泛推广采用的轴箱拉杆配轴箱弹簧的无导框轴箱定位方式相比，导框式轴箱定位方式的缺点是：由于有摩擦磨损，所以需要定期进行检测，并更换摩擦副组件。

图 3-44   轴箱实物图

1. 轴箱体

轴箱由轴箱体、轴箱弹簧、轴箱轴承、磨耗板、导框衬垫、轮对托座、轴承保持座、上下弹簧座、橡胶垫、调整垫等组成，其结构如图 3-45 所示。端轴轴箱与构架之间设置有一系垂向油压减振器。每台转向架非齿侧的中间轴位轴箱安装有速度传感器。

1—轴箱体；2—轴箱弹簧；3—导框衬垫；4—主磨耗板；5—轮对托座；6—轴承保持座；7—调整垫；8—下弹簧座；
9—橡胶垫；10—隔板；11—上弹簧座；12—轴箱轴承；13—顶面磨耗板。

图 3-45　轴箱的结构

轴箱体为铸钢件，如图 3-46 所示。

图 3-46　由铸铁制成的轴箱体

　　为了避免构架导框及轴箱体的磨损，并方便维修时更换，在轴箱体与构架导框之间配有主磨耗板和导框衬垫。主磨耗板焊装在轴箱体上。导框衬垫设计为槽形截面，用它将构架导框工作面包裹住，从而实现对构架导框的保护。导框衬垫安放在主磨耗板与构架导框之间；在竖直方向，构架导框的止挡面与轮对托座的顶面共同维持导框衬垫在合适的高度位置。轴箱体的顶面还焊有顶面磨耗板，如图 3-47 所示。

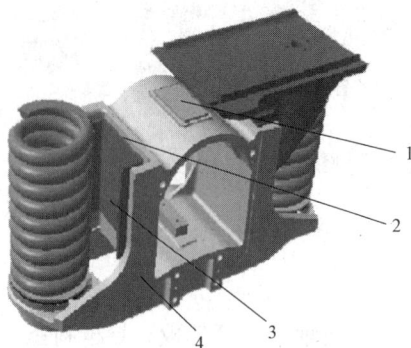

1—顶面磨耗板；2—主磨耗板；3—导框衬垫；4—轴箱体。

图 3-47　轴箱体与磨耗板

2. 上下弹簧座

为了给轴箱弹簧的上下两端定位，轴箱上设置有上下弹簧座，如图 3-48 所示。上弹簧座通过两个定位销和两根螺栓安装在构架上，下弹簧座直接安放在轴箱体两侧的弹簧座面上。下弹簧座与轴箱弹簧之间设置有橡胶垫，用来隔声并衰减线路不平顺产生的高频振动。下弹簧座与轴箱体的弹簧座面之间可根据需要添加调整垫，以调整轴箱弹簧的负荷，使各轴箱的轴箱弹簧负荷相对均匀，但不能通过加减调整垫来校正由于车轮踏面磨损产生的轮径偏差。调整垫采用剖分式结构，因而用两个千斤顶同时顶起轴箱两侧的下弹簧座即可进行加减调整垫的作业。

图 3-48　上下弹簧座

轴承保持座安装好后，无论机车运行中轮对相对于构架的上下浮动幅度有多大，都能保持轴箱轴承始终在轴箱体的轴承腔内。

3. 轮对托座

轮对托座有三个方面的作用：一是限制构架相对于轮对最大的上浮量；二是固定导框衬垫在合适的高度位置；三是吊起转向架时可以同时吊起轮对。轮对托座为铸铝件，经热处理后达到"T6"条件，其主要受力部位应进行着色探伤检查，不得有裂纹存在。

4. 轴箱轴承

每根车轴的两端各安装一个"AP"型号的 Timken 圆锥滚子轴箱轴承，主要由轴承、轴箱体、轴端盖、密封件等组成，其内部结构如图 3-49 所示。轴承必须使用导向套筒以压装方式安装到车轴上，不允许对轴承内圈组件加热，以保持内隔圈与内圈孔对中并将轴承组件引导到车轴上。

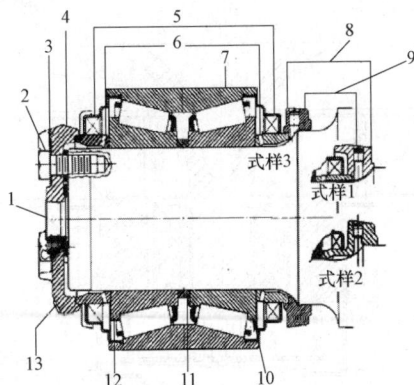

1—塑料螺塞堵；2—端盖螺栓；3—锁紧片；4—轴端盖；5—密封件；6—密封摩擦环；7—轴承外圈（双列式）；8—后挡圈；
9—通风孔接头；10—内侧锥形内圈和滚柱组件；11—内隔圈；12—外侧锥形内圈和滚柱组件；13—螺塞锁紧片。

图 3-49　轴箱轴承的内部结构

提示：Timken 轴承在工厂已经进行过预润滑，当其安装到车轴轴颈上后无须添加额外的润滑剂，如果发现某个轴承过热（除非已明显过热受损），只可施加 AAR 滚柱轴承润滑脂，不可施加其他任何润滑剂，然后使用热轴箱冷却剂或其他合适的冷却剂以维持机车运行至维修点。

3.5.4 牵引装置

HX_N5 型内燃机车转向架与车体间的连接装置采用中心销形式的牵引装置，以将转向架上产生的纵向力（牵引力或制动力）传递到车体上，还允许转向架相对于车体有适当的横移和转动。

牵引装置由牵引座、中心销、尼龙衬套、牵引缓冲垫、横向止挡、托架、支承架等组成，如图 3-50、图 3-51 所示。

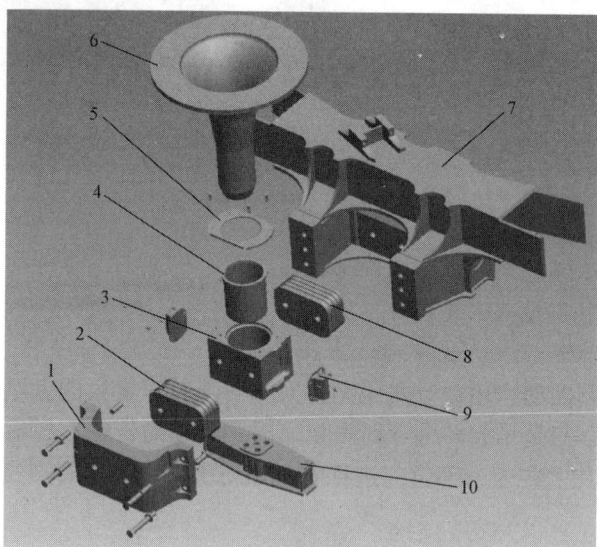

1—牵引箱盖；2，8—牵引缓冲垫；3—牵引座；4—尼龙衬套；5—压板；6—中心销；7—构架牵引梁；
9—横向止挡；10—托架。

图 3-50　牵引装置爆炸图

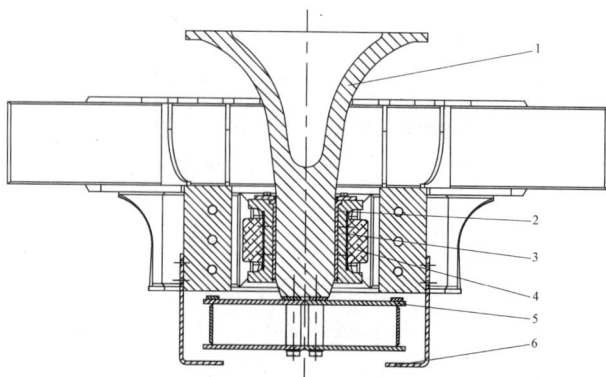

1—中心销；2—尼龙衬套；3—牵引座；4—横向止挡；5—托架；6—支承架。

图 3-51　牵引装置结构图

中心销为铸钢件，材质符合"AAR M-201 B+级"要求，质量约 246 kg。中心销焊装在车体架下部，如图 3-52 所示。牵引座设置在转向架的横梁上，如图 3-53 所示。

图 3-52 中心销

图 3-53 牵引座

中心销与牵引座之间配有自润滑尼龙衬套。尼龙衬套的内孔与中心销的装配为间隙配合，最小间隙为 0.8 mm；尼龙衬套的外圆与牵引座内孔尼龙衬套内孔为间隙配合，最小间隙为 0。尼龙衬套内孔在垂直方向挖有 12 道沟槽，为便于组装，尼龙衬套垂直方向剖开了一条宽 1~2 mm 的豁口，如图 3-54 所示。组装时，事先用 1 块压板通过 4 只螺钉将尼龙衬套（法兰）压装在牵引座顶面上。

图 3-54 自润滑尼龙衬套

牵引箱盖通过定位销和螺栓安装到构架牵引梁上，与构架牵引梁后侧中间区域相配合，组成了框形的牵引箱结构。

牵引箱与牵引座之间在纵向（转向架前后方向）压装有两个牵引缓冲垫。由于橡胶元件不易承受拉伸载荷，因此，牵引缓冲垫被设计成具有较大的预压缩量，这样可保证无论是前进还是后退，承受机车最大的纵向力时，两个牵引缓冲垫均仍然处于压缩状态。另外，两个处于预压状态的牵引缓冲垫还能承受牵引座以及尼龙衬套的重量，保证牵引座不会掉落下来。

在牵引箱与牵引座之间，牵引座两侧面（横向）各装有一个横向止挡。该止挡与牵引箱相配合，用来限制车体相对于转向架过大的横向位移。当中心销相对于牵引箱的横向位移量超过 35 mm 时，横向止挡将起作用。

横向止挡为橡胶与钢板通过硫化黏结在一起的结构，其外形如图 3-55 所示，其特性为非线性，随着横向位移量的增加，刚度也随着增加。

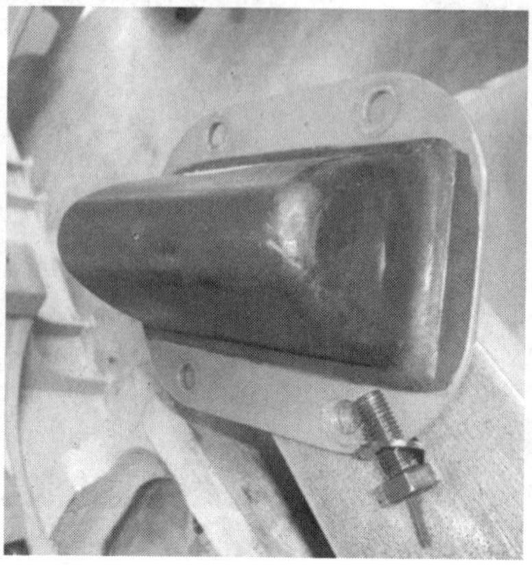

图 3-55　横向止挡外形

为防止牵引缓冲垫失效引起牵引座脱落到轨道上而扩大损失，在牵引座下方设有托架，托架用螺栓固定在中心销下端面处。托架还是转向架与机车整体起吊的起吊设备之一，当转向架需要从机车上解体时，须事先将托架从中心销上拆下来。

在托架下方设有支承架。在转向架与机车组装及解体的过程中，支承架可以用作托架的临时支承，支承架用螺栓固定在牵引箱（构架牵引梁）上。

在结构设计上，托架与牵引座及支承架互相之间有足够的间隙，保证在正常情况下，机车运行时托架不会与牵引座或支承架相磕碰。

3.5.5　弹簧装置

HX_N5 型内燃机车转向架采用两系悬挂系统。一系悬挂主要由轴箱圆弹簧、橡胶垫及垂向减振器组成；二系悬挂主要由两个侧承载垫和一个中间承载垫、一个横向减振器和两个抗蛇行减振器组成。

1. 一系悬挂

HX_N5 型内燃机车一系悬挂如图 3-56、图 3-57 所示。中间轴位的轴箱不设垂向减振器。垂向减振器设在端轴轴箱与转向架构架之间，它是一种双向作用液压减振器，用来衰减线路不平顺引起的垂向振动。

每个轴箱设置 2 个轴箱圆弹簧，每台转向架设有 12 个轴箱圆弹簧。轴箱圆弹簧下面有橡胶垫，用来吸收和衰减从轨道传至轴箱的高频振动。

图 3-56　一系悬挂实物图

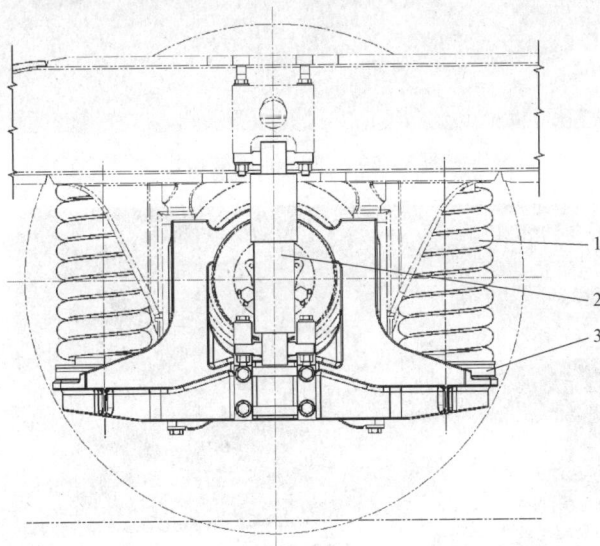

1—轴箱圆弹簧；2—垂向减振器；3—橡胶垫。

图 3-57　一系悬挂的结构

2. 二系悬挂

HX$_N$5 型内燃机车转向架二系悬挂的主要部件，如图 3-58～3-60 所示，二系悬挂装置在转向架上的布置如图 3-61 所示。

图 3－58　侧承载垫

图 3－59　横向油压减振器

图 3－60　抗蛇行油压减振器

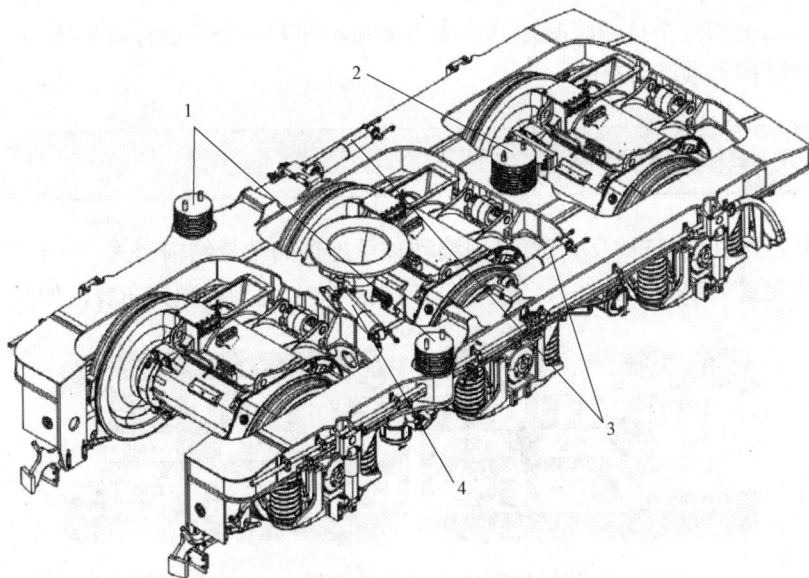

1—侧承载垫；2—中间承载垫；3—抗蛇行减振器；4—横向减振器。

图 3–61　二系悬挂装置在转向架上的布置

　　为了抑制机车运行时的横向振动和蛇行振动，HX$_N$5 型内燃机车转向架二系悬挂设置有一个横向减振器和两个抗蛇行减振器，如图 3–62 所示。

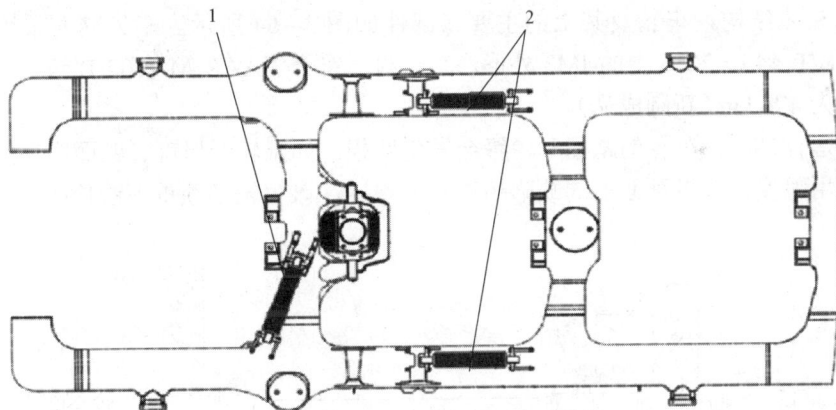

1—横向减振器；2—抗蛇行减振器。

图 3–62　横向减振器和抗蛇行减振器的安装位置

3. 液压减振器的检查与更换

　　运用中，应检查液压减振器（每台转向架有垂向减振器 4 个、横向减振器 1 个、抗蛇行减振器 2 个，共 7 个）是否漏泄或橡胶安装套是否损坏。减振器体上有轻微的液体薄膜是正常的，如果减振器体上有明显的液体，说明安装套磨损、黏结、严重腐蚀或者丢失，则须更换。

　　更换减振器时，同一轴位的两个垂向减振器须成组更换，即若一个垂向减振器须更换，该轴位的另一个垂向减振器须同时更换。

同一台转向架的两个抗蛇行减振器须成组更换，即若一个抗蛇行减振器损坏，该转向架的两个抗蛇行减振器须同时更换。

3.5.6 轮对电机驱动装置

HX_N5 型内燃机车电机驱动装置采用滚动轴承抱轴的轴悬结构形式。一台转向架有三组轮对电机驱动装置（TM1～TM6），它们在转向架上的布置为内顺置布置，如图3-63所示。

图3-63　轮对电机驱动装置的布置——内顺置布置

轮对电机驱动装置主要包括车轮、车轴、抱轴箱、抱轴轴承、牵引齿轮副、牵引电机及电机吊杆装配、齿轮箱、通风道等。每组轮对电机驱动装置由两个结构相同的车轮过盈压装在车轴两侧轮座处。

1. 车轮

车轮为整体结构，车轮及其上的主要零部件如图3-64所示。车轮踏面采用我国铁路行业标准 TB/T 449—2016 中的 JM3 外形。车轮材料符合"AAR M-107 B级"要求。每只车轮质量约为 474 kg（新制成品）。

在机车运行期间，车轮的踏面和轮缘会发生磨损。如果轮缘厚度、踏面磨耗或轮缘高度超过有关运用限度，或者踏面上的缺陷超过有关规定，该车轮必须重新镟轮或废弃。

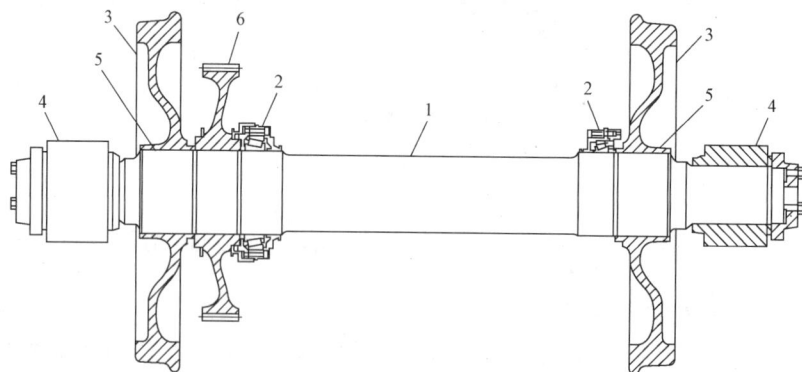

1—车轴；2—抱轴轴承；3—车轮；4—轴箱轴承；5—注油孔；6—从动齿轮。

图3-64　车轮及其上的主要零部件

2. 车轴

车轴作为转向架最重要的结构件之一，其上压装有众多的受力元件——轴箱轴承、车轮、从动齿轮、抱轴轴承等。在机车运行中，车轴承受着非常大的交变载荷，工况十分恶劣。

3. 抱轴箱

抱轴箱为铸钢件，如图 3-65 所示，质量约为 206 kg。抱轴箱两端为圆环形，为抱轴轴承及其密封件提供安装接口。其两端因组装工艺的需要，在结构设计上有所不同。另外，在靠近齿轮侧的一端伸出一悬臂，它是齿轮箱的安装支承面之一。

抱轴箱中间部分为 "U" 形，因此抱轴箱在英文中又被称为 "U-Tube"。该部位是与牵引电机组装的接口，两端各有 4 只直径为 34mm 的通孔，为组装用螺栓孔；组装完后，"U" 形部分同时也为车轴的轴身部位提供一个防护性壳体。

图 3-65 抱轴箱

4. 抱轴轴承

抱轴箱的每端各装有一套圆锥滚子抱轴轴承，如图 3-66 所示。两套轴承在结构尺寸上有大小之分，大轴承装在靠近齿轮侧，小轴承装在另一侧。

图 3-66 抱轴轴承

5. 牵引齿轮副

牵引齿轮副的作用是传递牵引电机与车轴之间的扭矩。牵引齿轮副由主动齿轮与从动齿轮组成，主动齿轮直接在牵引电机的电枢轴上加工出来，为齿轴结构件，从动齿轮过盈压装在车轴上。牵引齿轮副的材料为真空脱气优质轴承钢 ASTM A534，质量约为 220 kg。

牵引齿轮副采用 GE 规范 D50E32 润滑油润滑。

6. 牵引电机及电机吊杆装配

HX$_N$5 型内燃机车采用的牵引电机为 5GEB32B2 型，如图 3-67 所示。它是一种强迫通风、三相交流感应电机，是专为机车牵引用途设计的，质量约为 2 450 kg。

1—抱轴箱安装接口；2—通风道安装接口；3—电机吊杆装配接口。

图 3-67　HX$_N$5 型内燃机车的牵引电机

电机吊杆装配的作用是将牵引电机组件的一端通过吊杆弹性地悬挂在构架横梁或后端梁上，并承受电机组件约一半的重量，而牵引电机组件另一半的重量则通过抱轴箱、抱轴轴承刚性地支承在车轴上。

电机吊杆装配如图 3-68 所示，它由一根看上去像巨大的骨头的吊杆、两个预压在"骨头"两端的橡胶球铰组成。

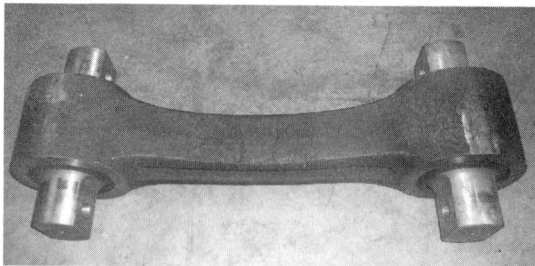

(a) 实物图

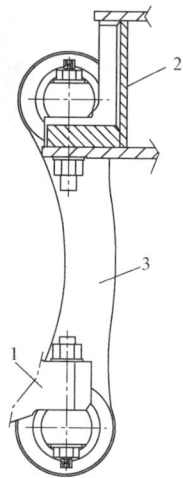

1—牵引电机座；2—转向架；3—吊杆。

(b) 结构图

图 3-68　电机吊杆装配

1—转向架构架；2—牵引电机；3—电机吊杆；4—牵引电机座。

(c) 电机吊杆的位置

图 3-68　电机吊杆装配（续）

运用中，应检查电机吊杆装配中的橡胶球铰有无橡胶分离、严重腐蚀的橡胶或裂纹。检查吊杆是否有裂纹或折断。如果损坏，应及时更换电机吊杆装配。

7. 齿轮箱

齿轮箱如图 3-69 所示。它的作用是保护牵引齿轮副不受外界环境侵害。此外，它还保存适量润滑油以润滑其内的齿轮副和牵引电动机输出端轴承。

齿轮箱采用薄钢板焊接而成，分上下两半，属剖分式结构，用螺栓固定在一起。上下齿轮箱的结合方式为平面结合，结合面涂密封胶。

日常维护中，应经常性地使用油尺检查油位。须注意的是：油位的检查应在机车停止至少 30 min 以后进行，以保证润滑油能够充分地回流到齿轮箱的底部。

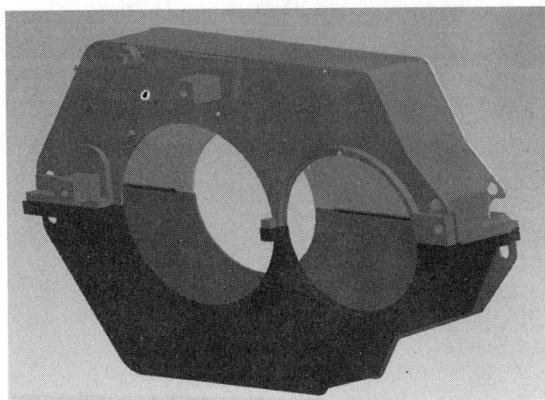

图 3-69　齿轮箱

8. 通风道

在牵引电机与车体架通风口之间装有折褶结构的通风道，如图 3-70 所示，用以给牵引电机提供冷却用风。

通风道为橡胶褶状制品，橡胶层厚度为 3.05～4.06 mm。通风道两端以卡箍扣扎的方式分别扣装到安装在牵引电机风道及车底架风道法兰上的连接板上。

单位：mm

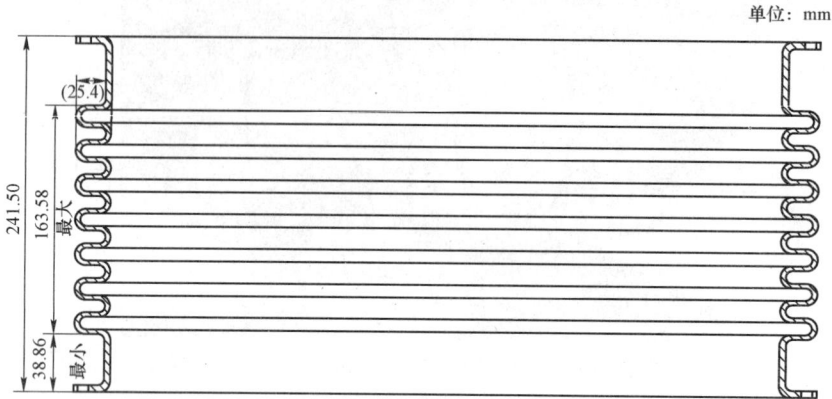

图 3－70　折褶结构的通风道

3.5.7　基础制动装置

基础制动装置的作用是使机车能够按照司机的操作意图进行制动，实现使机车在一定的距离内速度减慢或停放的功用。HX_N5 型内燃机车紧急制动距离不大于 1 100 m，即机车以 120 km/h 的速度运行时实施紧急制动，要求机车在 1 100 m 的距离内能够停下来（此性能适用于轨道干燥或有水、无冰、无锈、无碎石及无油的情况下）。

HX_N5 型内燃机车的基础制动装置由单元制动器和闸瓦两部分组成。每台转向架装有 6 个独立作用的单元制动器，即每个车轮上各有一个单元制动器，采用单侧制动。闸瓦采用复合材料。这种材料既能够保证较高的摩擦系数，同时硬度又不大，减少了对车轮的损伤。闸瓦通过瓦签固定在闸瓦托上，闸瓦安装示意图如图 3－71 所示。

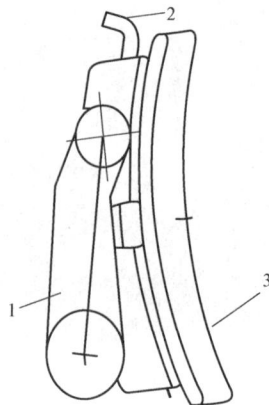

1—闸瓦托；2—瓦签；3—闸瓦。
图 3－71　闸瓦安装示意图

基础制动装置是与安装在机车上部的空气制动装置相配套的制动执行机构。当司机刹车时，具有一定压力的压缩空气将传递到制动缸，制动缸活塞动作，从而使闸瓦贴靠在车轮踏面上，靠摩擦力使车轮转速降低，达到制动目的。

1. 单元制动器

1）单元制动器的组成

HX_N5 型内燃机车应用 PEC7 模式的单元制动器，这种模式的单元制动器主要由制动缸、机械传动机构和闸瓦间隙自动调整器三部分组成。其中包括 PEC7–EFLBV（右侧）、PEC7–EXLBX（左侧）、PEC7–EXTSXV（左侧）、PEC7–EFTSVV（右侧）和 PEC7–EXLBX（右侧）五种类型，其中 PEC7–EFLBV（右侧）、PEC7–EFTSVV（右侧）是具有停放功能的单元制动器。各单元制动器在转向架上的安装位置如图 3–72 所示。

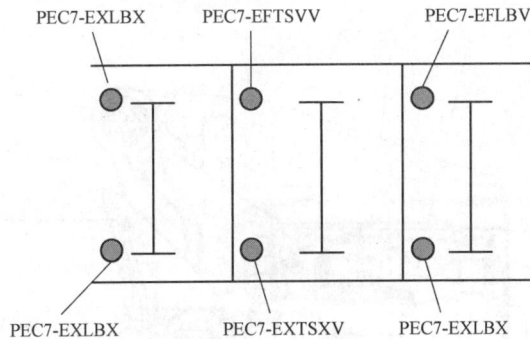

图 3–72　单元制动器在转向架上的安装位置

单元制动器可以分为常用单元制动器和带有停放制动的单元制动器，如图 3–73 所示。带有停放制动的单元制动器是由常用单元制动器上加上停放制动缸组成的。常用单元制动器如图 3–74 所示，图 3–75 为停放制动缸。

1—常用单元制动器；2—带有停放制动的单元制动器。

图 3–73　常用单元制动器和带有停放制动的单元制动器

(a) 实物图

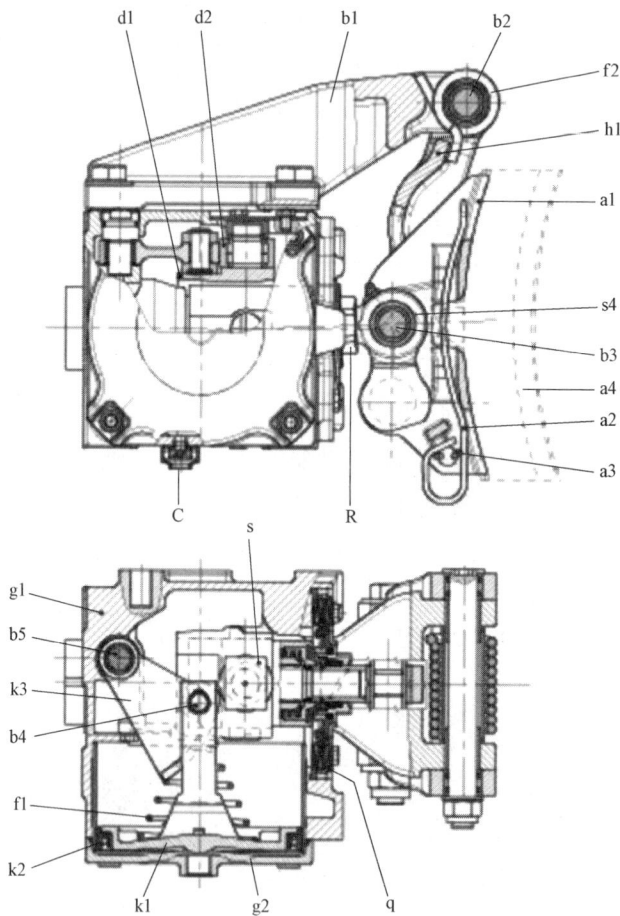

(b) 结构图

a1—闸瓦；a2—弹簧插销；a3—铆钉；a4—闸瓦；b1—托架；b2—挂钩销；b3—螺钉；b4—活塞；b5—轴承销；d1—止推环；
d2—滚轮；f1—复位弹簧；f2—扭力弹簧；g1—腔体；g2—风缸盖板；h1—吊架；k1—活塞；k2—活塞密封圈；
k3—凸轮盘；q—膜盒压力传感器；s—闸瓦间隙自动调整器；s4—杆头；C—制动入口；R—六角限位头。

图 3-74　常用单元制动器

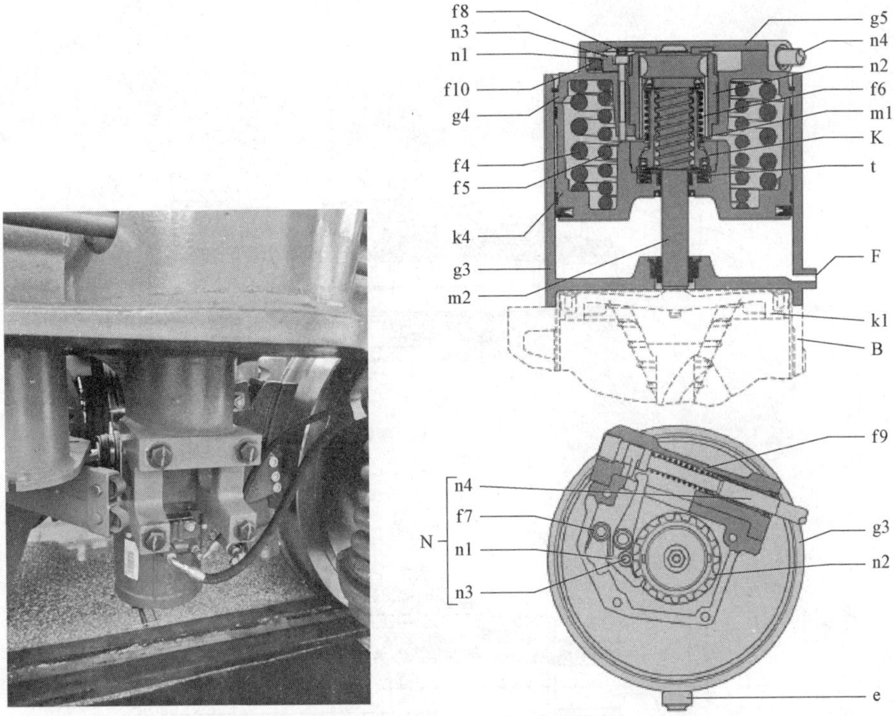

(a) 实物图　　　　　　　　　　(b) 结构图

e—通气塞；f4，f5—驱动弹簧；f6，f8—压缩弹簧；f9—复位弹簧；f10—扭力弹簧；g3—风缸；g4，g5—盖板；k1，k4—活塞；

m1—螺母；m2—螺旋轴；n1—棘爪；n2—齿轮；n3—锁销；n4—挺杆；t—盘形弹簧；

B—制动缸；F—停放制动缸入口；K—锥形联结；N—安全停放缓解齿轮。

图 3 - 75　停放制动缸

2）常用制动

（1）实施常用制动

压缩空气通过制动缸进口进入活塞（k1）下方，推动活塞克服复位弹簧（f1）压力。活塞推动安装在腔体（g1）中的对称凸轮盘（k3）动作。滚轮（d2）根据凸轮盘的移动轨迹来推动闸瓦间隙自动调整器（s）和闸瓦（a4）达到制动位置。通过与轮对摩擦产生制动力。

（2）常用制动缓解

单元制动器通过制动缸排气来缓解。所有部件通过复位弹簧返回到原始位置。

带有弹簧的纵向扭合联轴节和六角限位头（R）支撑吊架（h1）上的闸瓦（a1）或与轮对平行的杆头（s4）。这样可以防止当闸瓦单边作用在轮对缓解时引起闸瓦发生偏移和摩擦。

2. 闸瓦间隙自动调整器

1）闸瓦间隙自动调整器工作原理

单元制动器上的闸瓦间隙自动调整器的动作位置结构如图 3 - 76 所示。

（1）缓解

闸瓦间隙自动调整器缓解位置如图 3 - 76（a）所示。

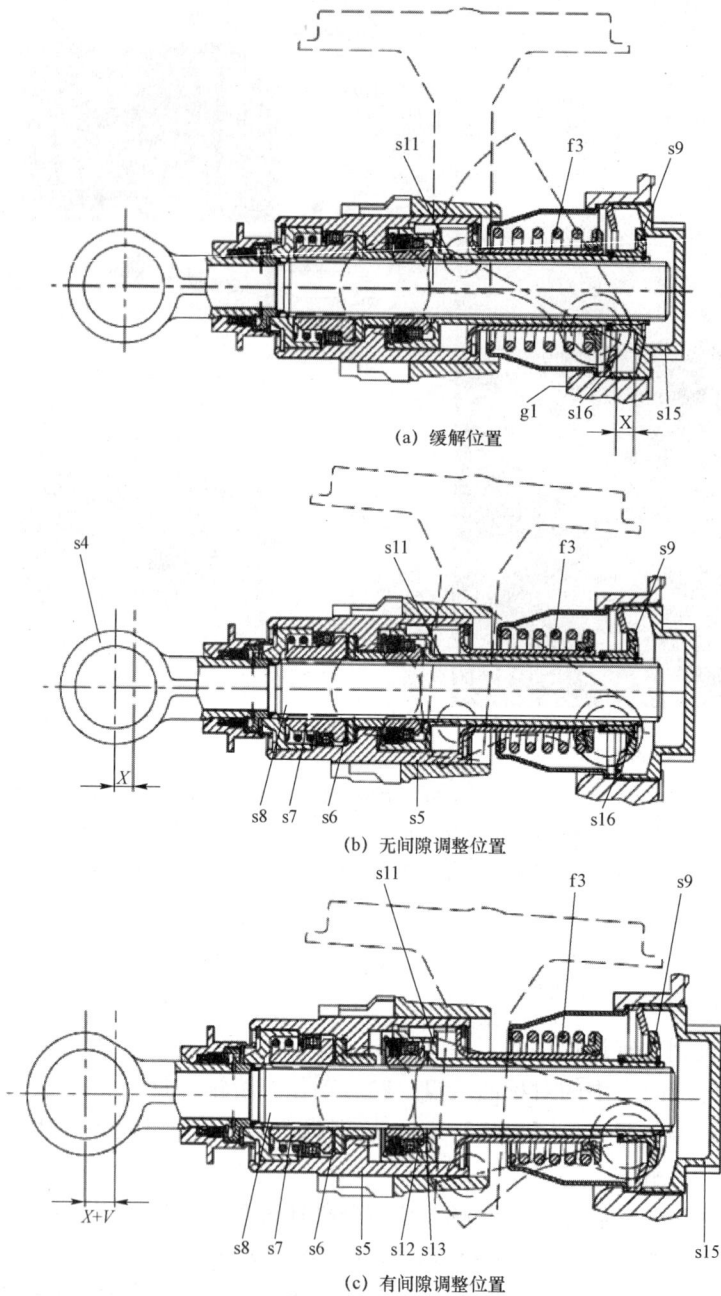

(a) 缓解位置

(b) 无间隙调整位置

(c) 有间隙调整位置

f3—复位弹簧；g1—腔体；s4—杆头；s5—调整器腔体；s6—齿轮联轴节；s7—推力螺母；s8—调整杆；
s9—止动环；s11—联结管；s12—进给螺母；s13—齿轮联轴节；s15，s16—止挡；X—止挡的间隙；V—磨损尺寸。

图 3-76 闸瓦间隙自动调整器的动作位置结构

联结管（s11）上的止动环（s9）在复位弹簧（f3）的作用下作用在腔体（g1）的止挡（s15）上。腔体内止挡（s16）的间隙 X 等于轮对的间距与由制动力引起的弹性偏移之和。

（2）制动时无间隙调整

闸瓦间隙自动调整器制动时，无间隙调整位置如图 3-76（b）所示。

当实施制动时，整个闸瓦间隙自动调整器移动 X 的距离后到达制动位置。止动环（s9）与止挡（s16）接触，复位弹簧被压紧。

制动力从调整器腔体（s5）经过齿轮联轴节（s6）传到推力螺母（s7）、调整杆（s8）和杆头（s4），然后再到闸瓦。

（3）制动时有间隙调整

闸瓦间隙自动调整器制动时，有间隙调整位置如图 3-76（c）所示。

如果间隙过大（比如制动过程中造成的轮对磨耗），闸瓦必须移动一个大于 X 的距离才能接触到轮对。

因为止动环（s9）与止挡（s16）固定，联结管（s11）不能补足这个间隙。打开联结管内的齿轮联轴节（s13），脱开进给螺母（s12），使之在压力作用下在不自锁螺杆上转动。这个转动使螺杆往前移动等于磨损量的距离。当调整动作完成后重新啮合。

在间隙调整过程中，复位弹簧（f3）被多压缩的量等于调整器腔体（s5）继续移动的距离 V。

制动缓解时，闸瓦间隙自动调整器在复位弹簧的作用下复位。联结管、进给螺母和螺杆在止动环（s9）接触到止挡（s15）时完成它们的动作。

调整器腔体（s5）在到达缓解位置前仍然有磨损量 V 的位移。当到达缓解位置时，齿轮联轴节（s6）脱开。当调整套继续移动时，由于推力螺母与螺杆间为不自锁螺纹连接，所以推力螺母（s7）绕着螺杆旋转回位。

当到达停止位置时，齿轮联轴节（s6）重新啮合。闸瓦间隙自动调整器为下次制动运用做好准备。

2）停放制动

① 弹簧驱动制动：弹簧驱动制动是靠气压伺服的停放制动。当实施制动时，驱动弹簧（f4）和（f5）的弹力通过锥形联结（K）、螺母（m1）和螺旋轴（m2）作用到单元制动器常用制动缸（B）内的活塞（k1）上。当不与风源相连时，可以利用弹簧制动器手动紧急缓解挺杆（n4）来缓解停放机车的停放制动。

② 缓解位：制动缸从 F 口充入缓解压力空气。因此，活塞（k4）受压力空气作用克服驱动弹簧（f4）和（f5）的弹簧力上移到端部位置。螺母（m1）和螺旋轴（m2）通过螺纹连接在一起，这样可以使螺旋轴不与制动缸（B）的活塞（k1）接触，停放制动处于缓解位。

③ 实施弹簧驱动制动：当风缸（g3）通过 F 排风时弹簧制动器就开始实施制动。这样对活塞（k4）上的驱动弹簧（f4）和（f5）的反作用力就会降到 0。驱动弹簧伸长的弹力通过活塞（k4）、锥形联结（K）、螺母（m1）和螺旋轴（m2）作用到制动缸（B）内的活塞（k1）上，把活塞推到制动位，从而使闸瓦压在车轮上。

④ 带有安全停车缓解齿轮的缓解弹簧制动器：没有压缩空气时，可以手动实施停放制动的缓解功能。为了实现这个功能，每个单元制动器有一个操纵棘爪（n1）的机构。当棘爪（n1）被驱动时齿轮（n2）被释放，螺旋轴（m2）上的扭矩消失。在驱动弹簧（f4）和（f5）向下的强大弹力扭矩作用下，由于棘爪（n1）抑制不住螺旋轴（m2）的不自锁螺纹的作用，从而使螺旋轴（m2）和齿轮（n2）都产生高速旋转运动。这个高速旋转运动导致螺旋轴（m2）向上转动，螺母（m1）不动。与此同时，活塞（k4）下移，排掉风缸（g3）内的空气。驱动弹簧

（f4）和（f5）进一步伸长，使活塞（k4）下移到紧贴风缸（g3）底部，防止有任何大的力作用在螺旋轴（m2）上。活塞（k4）下移时，压缩弹簧（f8）就把锁销（n3）往下压并锁定棘爪（n1）。此时棘爪不再与齿轮（n2）啮合。常用制动缸内的活塞（k1）作用在螺旋轴（m2）上的反作用力和压缩弹簧（f6）的弹力共同作用，使得螺旋轴（m2）继续旋转上移，直到它接触盖板（g5）。

旋转部件的动力作用在螺母（m1）上，使螺母克服盘形弹簧（t）的弹力，旋转部件的动力作用在螺母（m1）上，使螺母克服盘形弹簧（t）的弹力，脱开锥形联结（K），绕着螺旋轴（m2）旋转下移。这个动作使螺母（m1）不再和活塞（k4）的锥形环摩擦接触。螺母（ml）立即开始旋转，螺旋轴（m2）和齿轮（n2）一起转动，直到摩擦接触重新接触，动力完全消失为止。此时，停放制动在缓解位置。

⑤ 弹簧制动器再次动作：紧急齿轮已被释放了，但弹簧制动器还没有为再次制动做好准备。

经进排气端口 F，缓解压力空气进入制动缸（g3）就可解除安全停车，形成释放制动状态。这个过程为克服驱动弹簧（f4）和（f5）的弹力，压力空气把活塞往上推及克服盘形弹簧（t）的弹力使锥形联结（K）脱开，锥形联结（K）产生的摩擦力消失，因此，螺母（m1）再次转动。由于螺母螺纹为不自锁螺纹，当活塞（k4）继续上移时，螺母沿着螺旋轴螺旋上升，活塞（k4）上移，其端面把锁销（n3）往上顶。棘爪和齿轮（n2）啮合，再次阻止齿轮和螺旋轴继续转动。一旦活塞结束运动，锥形联结（K）啮合。驱动弹簧被压紧，弹簧制动为再次制动准备就绪。

3.5.8 转向架附件

1. 轮缘润滑装置

HX$_N$5 型内燃机车的一、六轴位的每个车轮配有一套干式轮缘润滑装置，其外形如图 3-77 所示。它是一种以弹簧力推动润滑剂，使之与轮缘喉部紧密贴在一起的轮缘润滑装置。其原理是弹簧储存的能量通过推料杆推动润滑棒，沿导管方向压靠在轮缘部位，借助车轮转动时的相对摩擦，使轮缘的喉部附着一层干式润滑膜，达到减磨的目的，它的优点是结构简单、容易操作、维修方便、故障率低。润滑棒是一种无毒、阻燃、不污染机车和环境的干式润滑剂，其外形如图 3-78 所示。

图 3-77　轮缘润滑装置外形　　图 3-78　润滑棒外形

运用中，当润滑棒过短时应添加新的润滑棒。当弹簧压力不足以保持润滑棒贴靠至车轮轮缘时，应更换轮缘润滑装置。

2. 撒砂装置

每台转向架的 4 个角处各装有一个撒砂喷嘴，分别指向前进方向车轮的前面。图 3-79 和图 3-80 分别为转向架开口端和封闭端的撒砂喷嘴安装图。当需要撒砂时，撒砂装置通过处于运行前方的撒砂喷嘴在轨面上撒砂，用以增加前导车轮与钢轨间的黏着摩擦力，抑制车轮打滑。砂箱设在冷却室及司机室内，容积为 850 L。

撒砂喷嘴为橡胶制品，通过卡箍扎在撒砂管上。撒砂管则焊装在安装板上。安装板通过螺栓连接到构架上。安装板的上下高度可以调整，因此车轮磨耗后，可调节安装板的高度使撒砂喷嘴处于一个合适的位置。

单位：mm

1—排障器；2—轨面清扫器；3—安装板；
4—撒砂管；5—卡箍；6—撒砂喷嘴。

图 3-79　撒砂喷嘴安装（转向架开口端）

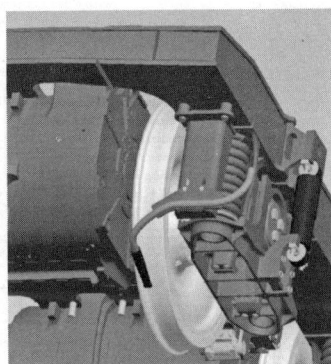

图 3-80　撒砂喷嘴安装（转向架封闭端）

3. 排障器与轨面清扫器

在转向架开口端装有排障器及轨面清扫器。它们与撒砂管共用一个安装板。

排障器用来将钢轨上体积相对较大的障碍物排到轨道外侧。轨面清扫器则用来去除排障器未能排除、体积相对较小的杂物。

排障器由一块钢板及一块加强板焊装在安装板上而构成。排障器底面距轨面高度 72 mm。排障器的工作面向钢轨外侧偏斜，与钢轨横截面夹角约 15.5°，这样可方便地将障碍物排到轨道外侧。

轨面清扫器由一块橡胶板、一块压板组成。压板通过螺栓将橡胶板压装在安装板的支座上。橡胶板上的 4 只孔为上下方向的腰形孔，以便于单独调节橡胶板距轨面的高度。橡胶板底面距轨面高度设定值为 25 mm。由于机车运行中转向架的上下沉浮，会导致橡胶板与钢轨接触而磨损。当无法将橡胶板调节到规定的高度时，须更换橡胶板。

4. 转向架整体起吊装置

为方便机车整体吊运，如机车整体装船，现代机车大多设有转向架整体起吊装置。该装置由两部分组成：一是轮对与转向架之间的起吊装置，当吊起转向架时，用来实现轮对的同步起吊；二是转向架与车体之间的起吊装置，当吊起机车时，用以实现转向架与机车的同步起吊。

HX_N5 型内燃机车构架导框下方安装的轮对托座的作用之一，就是实现轮对与转向架的同步起吊。而中心销下方的托架的作用之一就是用于实现转向架整体起吊功能。当机车升起时，中心销将带着紧固在其上的托架上升，进而托住构架牵引梁，使构架一起升起。但仅提升构架牵引梁，还不能实现整台转向架的起吊，为此，在车体架下部与转向架构架横梁之间还设有吊钩，如图 3-81 所示，正常工作情况下，它与托架共同实现转向架的整体起吊功能，如图 3-81（a）所示。应注意的是，当转向架需要与机车分解时，须将托架从中心销上拆下，并将吊钩向后（机车中部方向）旋转一个角度并用销子挡住，使其脱离正常吊挂位置，如图 3-81（b）所示。

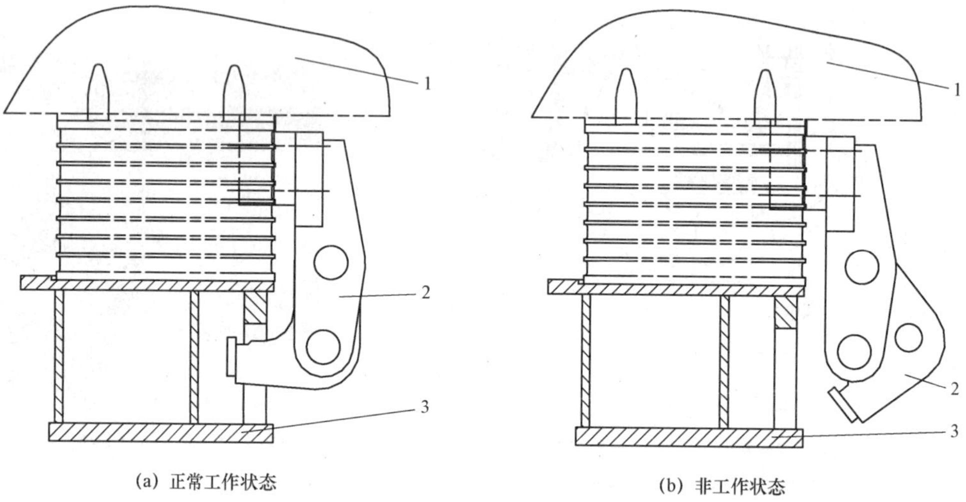

(a) 正常工作状态   (b) 非工作状态

1—车体架；2—转向架吊钩；3—构架横梁。

图 3-81　吊钩

5. 其他附属设施

1）接地设施

为防止漏电电流流经轴箱轴承及电机悬挂抱轴轴承，现代机车上大多设计有接地设施。接地设施主要由从车体到转向架构架的接地线、构架到轴箱的接地线及轴箱到车轴的接地装置组成（也有的动车转向架的接地装置装在齿轮箱箱体上）。接地装置的作用是通过碳刷与集流环的密贴接触连通轴箱与车轴、车轮，最终连通到钢轨，它是接地设施的核心设备。

HX_N5 型内燃机车车体与转向架构架之间、构架与轴箱之间有接地线相连。牵引电机外壳上也连接有接地线，并与车体上部相连，形成通路。

虽然 HX_N5 型内燃机车的轴箱上连有接地线，但是轴箱上没有配装接地设施的核心设备——接地装置。

2）纵向止挡

转向架与车体间的纵向止挡，由构架上的纵向止挡座与车体下部的槽形止挡组成，用以限制转向架相对于车体的过度回转。纵向止挡如图 3-82 所示。

3）电机防脱落设施

为防止电机吊杆装配失效（如杆件断裂）引起牵引电机脱落到轨道，从而破坏线路、扩大损失，一般电传动机车都设计有电机防脱落设施。

HX_N5 型内燃机车电机防脱落设施如图 2-83 所示，它由牵引电机外壳上的卡口与构架上的电机吊座共同组成，实现电机防脱落功能。

图 3-82　纵向止挡

图 3-83　电机防脱落设施

4）传感器

① 温度传感器：为防止轴箱轴承及电机悬挂抱轴轴承故障导致热切轴，危及行车安全，现代机车一般要求在轴箱体及抱轴箱体上安装温度传感器。HX_N5 型内燃机车没有配置这两种温度传感器。

② 速度传感器：在每台转向架中间轴的非齿侧的轴箱上，安装有机车速度传感器。每只牵引电机的非输出端，安装有电机转速传感器。

【思考题】

1. 试述 HX_N5 型内燃机车转向架所受各种力的传递路线。
2. 简述 HX_N5 型内燃机车轴箱定位方式的特点。
3. 简述 HX_N5 型内燃机车轴箱的组成。
4. 试述 HX_N5 型内燃机车转向架一系悬挂的组成及特点。
5. 简述 HX_N5 型内燃机车转向架二系悬挂的组成及特点。
6. 试述 HX_N5 型内燃机车牵引装置的作用。
7. 简述 HX_N5 型内燃机车转向架牵引装置的组成。
8. 简述 HX_N5 型内燃机车轮对电机驱动装置的形式。
9. 简述 HX_N5 型内燃机车轮对电机驱动装置的组成。
10. 简述 HX_N5 型内燃机车基础制动装置的作用。
11. 简述 HX_N5 型内燃机车基础制动装置的结构及工作原理。
12. 简述 HX_N5 型内燃机车轮缘润滑装置的作用原理。
13. 简述 HX_N5 型内燃机车撒砂装置的设置及功用。

项目 4

机车辅助传动装置

任务 4.1 机车辅助传动装置概述

【任务目标】

熟悉机车辅助传动装置的分类。

【任务内容】

1. 设置机车辅助传动装置的必要性

在内燃机车上，除了安装柴油机－发电机组提供必要的运转动力外，还安装有许多其他设备，以满足机车不同的需要，保证机车的正常工作。这些设备通常称为辅助设备。一般情况下，这些设备不由柴油机直接驱动，而是设有专门的传动装置，统称为辅助传动装置。对于不同的内燃机车以及不同的辅助设备，其传动装置也有所不同。

2. 机车辅助传动装置的分类

在内燃机车上，不同的辅助设备具有不同的工作特点、作用以及不同的安装位置，这也决定了它所采用的传动形式。机车辅助传动装置一般有以下几种：

① 机械传动装置。采用机械元件（如齿轮、传动轴、皮带等）进行传动，其特点是结构简单、工作可靠、维修方便。

② 静液压传动装置。利用液力传动原理进行传动，其特点是重量轻、体积小、工作平稳，可以实现无级变速和自动控制。

③ 液力偶合器传动装置。利用液力传动原理进行传动，这是一种柔性的传动装置，特点是能消除冲击和振动，过载保护性能和起动性能好。

④ 电气传动装置。由直流电动机直接驱动辅助设备工作，特点是工作可靠，适宜远距离控制。

【思考题】

内燃机车的辅助装置有哪几种传动形式？各有什么特点？

任务 4.2 东风 4B 型内燃机车辅助传动装置

【任务目标】

熟悉机械传动装置、静液压传动装置的基本组成与工作原理，以及静液压泵、温度控制阀、安全阀的结构原理。

【任务内容】

东风 4B 型内燃机车辅助传动装置主要采用机械传动装置、静液压传动装置和电气传动装置三种辅助传动形式。辅助传动装置主要部件的功率消耗及转速如下：

① 牵引电机通风机。转速：2 600 r/min；消耗功率：44.13 kW。

② 静液压泵。额定转速：1 225 r/min；消耗功率：66.195 kW。

③ 静液压马达。额定转速：1 150 r/min；消耗功率：58.84 kW。

④ 燃油泵。转速：1 350 r/min；电机功率：0.6 kW。

⑤ 起动机油泵。转速：2 200 r/min；电机功率：4.2 kW。

⑥ 冷却风扇。转速：1 150 r/min；功率：58.84 kW。

4.2.1 机械传动装置

东风 4B 型内燃机车的机械传动装置主要由万向轴、起动变速箱（前变速箱）、静液压变速箱（后变速箱）、各传动轴及联轴节等组成，其连接和布置情况如图 4-1 所示。

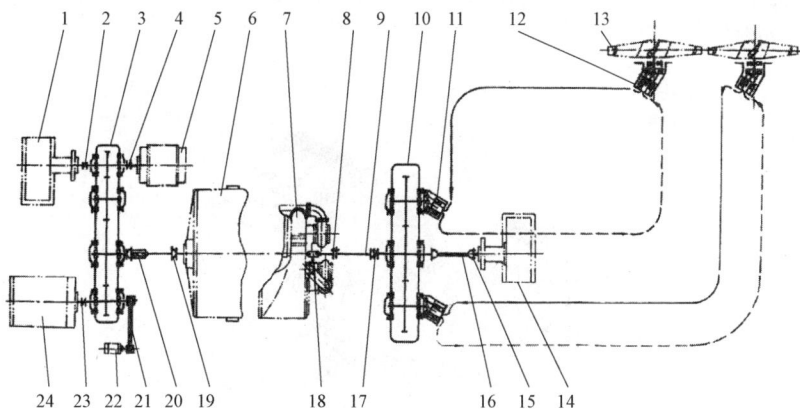

1—前通风机；2，16—尼龙绳联轴节；3—起动变速箱；4，23—弹性套柱销联轴节；5—励磁机；6—牵引发电机；7—柴油机；8—刚性联轴节；9—传动轴；10—静液压变速箱；11—静液压泵；12—静液压马达；13—冷却风扇；14—后通风机；15—U 形螺栓；17—弹性柱销万向联轴节；18—花键；19—万向轴；20—花键副；21—三角皮带；22—测速发电机；24—起动发电机。

图 4-1 东风 4B 型内燃机车机械传动装置的连接与布置情况

1. 起动变速箱和静液压变速箱

起动变速箱位于电气室的后部，静液压变速箱位于冷却室的前部。两个变速箱固定在各自的安装座上，安装座与机车底架焊接在一起。

1）起动变速箱

在柴油机输出端安装有起动变速箱，其传动机构如图4-2所示。起动变速箱由箱体、箱盖、组合齿轮、传动轴（包含惰性轴）、密封装置以及各种法兰、紧固件和轴承组成。中间轴一端封闭，另一端通过万向轴经牵引发电机电枢轴和弹性联轴节与柴油机曲轴相连。两边传动轴形成4个输出端，左传动轴前端经弹性套柱销联轴节与起动发电机相连，后端经三角皮带驱动测速发电机；右传动轴前端经尼龙绳联轴节与前转向架牵引电机通风机（简称前通风机）相连，保证前转向架上牵引电机的通风冷却，后端经弹性套柱销联轴节与励磁机相连。

当柴油机起动时，起动发电机为电动机工况，由蓄电池供电，经起动变速箱带动其他辅助设备和柴油机曲轴转动；当柴油机起动完成正常运转后，由柴油机带动起动变速箱转动，将部分功率分配给辅助设备。此时，起动发电机改变为发电机工况，一部分给蓄电池充电，另一部分作为机车运行时低压控制电路的电源。

起动变速箱常见异声的判别方法：

① 当箱体内某一轴承内圈与轴配合产生相对转动时，该轴组齿轮不能保持同步，空载中将有阵发性无规律"呼噜呼噜"声，并伴有箱体振动。

② 当某一组迷宫式油封与箱体密封盖内径配合不均时（摆幅大或滚珠与保持架间间隙大），运行中会发出周期性的摩擦声。

③ 当某轴组与箱体密封盖轴向间隙大时，柴油机空转时会有阵发性的"喀啦啦"的打齿声。

④ 当弹性胶圈与柱销有摩擦转动时，运行中会有"吱扭吱扭"声，停机后手触该柱销末端，温度较高。

⑤ 当某轴承滚道或滚珠有小面积剥离时，将有连续不断的"吱吱"声，且声响随着柴油机转速增高而加大。

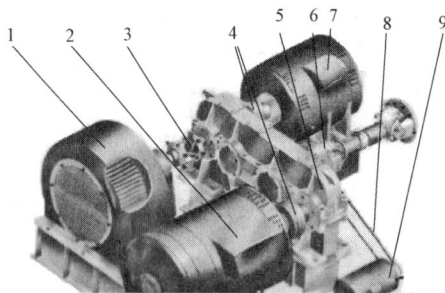

1—前通风机；2—起动发电机；3—尼龙绳联轴节；4—弹性套柱销联轴节；5—起动变速箱；6—万向轴；
7—励磁机；8—三角皮带；9—测速发电机。

图4-2 起动变速箱的传动机构

2）静液压变速箱

在柴油机自由端，设有静液压变速箱，其传动机构如图 4-3 所示。静液压变速箱主要由箱体、箱盖、传动齿轮、传动轴、密封装置、法兰、紧固件和轴承组成。中间的上传动轴一端封闭，另一端经传动轴与柴油机曲轴相连；中间的下传动轴一端封闭，另一端经尼龙绳传动轴与后转向架牵引电机通风机（简称后通风机）相连，保证后转向架牵引电机的通风冷却；左、右传动轴均为一端封闭，另一端通过花键直接驱动静液压泵，通过静液压油推动静液压马达旋转，从而带动冷却风扇工作。

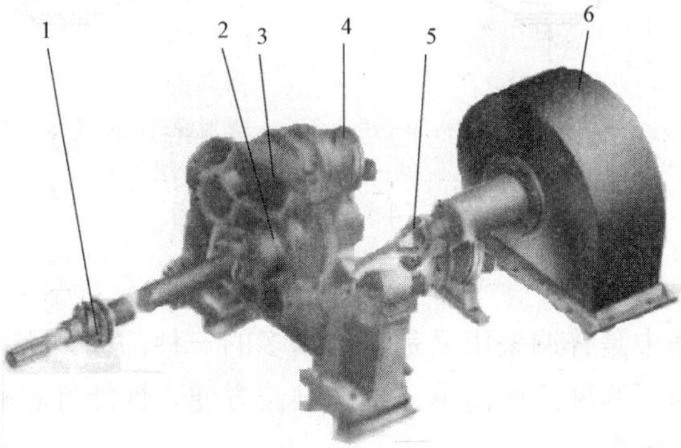

1—传动轴；2—弹性柱销联轴节；3—静液压变速箱；4—静液压泵；5—尼龙绳传动轴；6—后通风机。

图 4-3 静液压变速箱的传动机构

静液压变速箱常见异声的判别方法：

① 当某一轴承保持架滚珠破裂或液压泵油缸与铰链盘压盖螺钉相碰时，会产生周期性的"哄咚"声。

② 当液压泵连杆大球头与压盖间隙大，柱塞压油，吸油时会产生液压冲击声。

③当油箱中磁性滤清器螺钉松动，磁片产生间隙时，将会产生回油冲击噪声。

上述故障均会产生有节奏的"嚓嚓"声。

3）起动变速箱及静液压变速箱的日常维护与保养

① 起动变速箱及静液压变速箱均为浸浴式飞溅润滑。只要油位在油尺最高油位与最低油位之间，各部位即可得到充分润滑。运用中要密切注意油位情况，油位过高会引起箱体过热，油位过低会造成润滑不足。变速箱正常温度一般不应高于 80 ℃。为确保油位准确，各变速箱油尺不要互换。

② 起动变速箱及静液压变速箱的箱体中均注入与柴油机相同牌号的机油，机车每走行50 000 km 左右应更换一次新油。

③ 当静液压泵的骨架式橡胶油封严重磨损引起漏油时，会造成静压变速箱内油量增多，产生箱体高温或冒油故障，运用中可以采取临时措施，打开放油堵，将余油放掉，待回段后修复。

2. 万向轴

万向轴连接柴油机–发电机组与起动变速箱，是带动起动变速箱运转的重要部件。万向轴主要由突缘法兰叉、滑动套、花键轴叉、万向节、油杯、轴承盖及紧固件组成，其结构如图 4-4 所示。

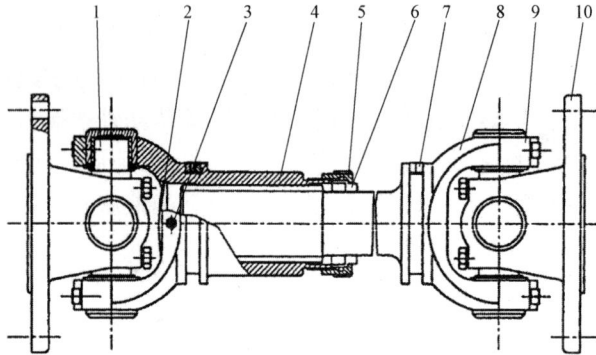

1—万向节；2—端盖；3—油杯；4—滑动套；5—防脱螺母；6—衬套；7—平衡块；
8—花键轴叉；9—轴承盖；10—突缘法兰叉。

图4-4 万向轴的结构

3. 联轴节

联轴节在机械传动中是普遍采用又是种类繁多的一种部件。根据东风₄B型内燃机车辅助机械传动的特点，采用了两种结构简单、生产维修方便、性能好和耐久可靠的联轴节。

1）弹性套柱销联轴节

在东风₄B型内燃机车辅助机械传动中，起动变速箱与起动发电机和励磁机的连接、传动轴与静液压变速箱的连接，都采用弹性套柱销联轴节。这种联轴节由主动法兰、从动法兰和弹性橡胶圈、柱销、螺母等组成，其结构如图4-5所示。

1—从动法兰；2—螺母；3—柱销；4—弹性橡胶圈；5—主动法兰。
图4-5 弹性套柱销联轴节的结构

2）尼龙绳联轴节

尼龙绳联轴节有两种，一种是相连接的两个法兰之间距离比较近的，称作绳联轴节，如图4-6所示，通常用于前通风机与起动变速箱之间法兰的连接；另一种是相连接的两个法兰之间距离比较远的，称作绳传动轴，如图4-7所示，通常用于后通风机与静液压变速箱之间法兰的连接。

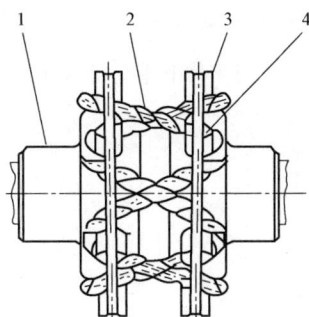

1—法兰；2—尼龙绳；3—柱销；4—钢丝。
图4-6　绳联轴节

1—螺母；2—U形螺栓；3—尼龙绳。
图4-7　绳传动轴

（1）绳联轴节

绳联轴节在相互连接的两个法兰上径向布置柱销，柱销与法兰过盈配合，尼龙绳往复交错绕在柱销上，并以钢丝压在法兰上，钢丝嵌入柱销顶上的沟槽中。

（2）绳传动轴

绳传动轴的两端为U形螺栓，U形螺栓插入所连接的法兰孔中以螺母固定，将直径为14 mm的尼龙绳在两条U形螺栓之间麻花状缠绕4圈。

注意：① 尼龙绳应松紧适宜。

② 与尼龙绳接触的U形螺栓接触面和柱销接触面等金属表面，必须光滑无缺陷。在与绳接触处，可涂少许滑油，以减少摩擦，延长其寿命，提高其可靠性。

③ 在运行中，一旦发觉有锦纶丝味或发现锦纶丝绳有断丝现象，应及时更换新品。

4.2.2　静液压传动装置

1. 概述

在东风$_{4B}$型内燃机车的辅助传动装置中，对冷却风扇的驱动采用液压传动技术，即静液压传动装置，又称静液压传动系统。静液压传动是以液体为介质，将动力机构的机械能转换为液体的势能，然后再转换为工作机构的机械能的一种传动装置。

东风$_{4B}$型内燃机车的辅助传动装置以柴油机为动力机构，通过机械传动装置的传动轴、静液压变速箱带动静液压泵工作。这一过程将柴油机的机械能传给静液压泵，静液压泵运转，带动其内部活塞动作，又将机械能转换为液体的势能，液体以一定的压力和速度流入管路，经各种控制阀到达工作机构的静液压马达，这时液体的势能传给工作机构，变为工作机构所要求的机械能，从而带动冷却风扇旋转工作。

液体从静液压泵到管路再到静液压马达的流动过程，就是能量的转化过程，也是其传递过程。这个过程是在固体（静液压泵、管路、静液压马达和各种阀）和液体的相互作用中完成的。

采用静液压传动，可实现冷却风扇工作的无级变速，并使机车冷却水、机油等的温度达到了自动控制，这不仅降低了冷却风扇辅助功率的消耗，而且还提高了机车的经济性及有关部件寿命。

东风$_{4B}$型内燃机车在冷却室设有两个冷却风扇，每个冷却风扇有一套独立的静液压传动系统。两个静液压传动系统，除了温度控制阀的温度控制元件工作温度稍有差别外，其余完全相同，即都由静液压泵、静液压马达、温度控制阀、安全阀、静液压油热交换器、静液压变速箱、油箱、百叶窗控制油缸、温度表及各种管路组成，其结构如图 4-8 所示（因两个静液压传动系统结构完全相同，图中只表示其中的一个）。

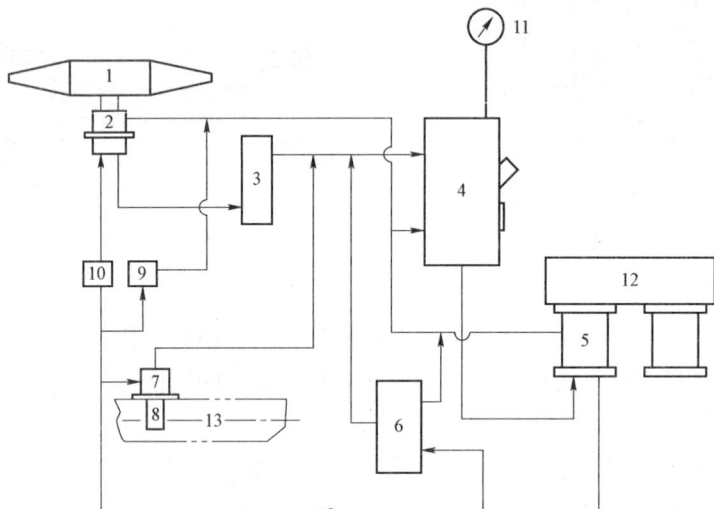

1—冷却风扇；2—静液压马达；3—静液压油热交换器；4—油箱；5—静液压泵；6—安全阀；7—温度控制阀；
8—温度控制阀元件；9—侧百叶窗控制油缸；10—高压软管；11—温度表；12—静液压变速箱；13—油管或水管。

图 4-8 静液压传动系统的结构

向静液压系统补油的注意事项如下：

① 静液压系统采用的工作油与柴油机所用的是同一牌号的机油。工作油平时贮存在系统管路和油箱中，由于各部管路平时并不互通，因此通过油箱的加油口向系统内注油时不可能一次注满，在重新加油时，需甩车数次，直到油箱显示的油位稳定在规定刻度范围内，这样才能使工作油充到系统各部。当系统中未充满油或管路中有空气时，系统就不能正常工作，而且会由于静液压泵和静液压马达的抽空，会产生强烈噪声。

② 由于静液压传动系统工作油的滤清是通过磁性滤清器来实现的，所以在系统工作时，对非铁磁性的杂物如铜屑、焊渣、棉线等就起不到滤清的作用。因此系统要求在充油时油液一定要经过过滤，以清除各种非铁磁性杂质，保持静液压系统的干净。

③ 静液压系统的工作油应保持清洁，机车每运行 40 000～50 000 km 应更换新油。如果遇静液压油热交换器泄漏发生油水乳化现象，应更换或修理静液压油热交换器，同时更换系统中各部管件及元件中的全部工作油。

④ 静液压传动装置的作用是根据油水温度的变化，自动控制冷却风扇的转动，使油水温度保持在规定范围内（水 74～82 ℃，机油 55～65 ℃），并使风扇的转动实现了无级变速。在静液压传动装置中，从静液压油泵到静液压马达为高压管路，从静液压马达通过静液压油热交换器到静液压油箱为低压管路。在高、低压管路之间并联着温度控制阀和安全阀。静液压传动系统示意图如图 4-9 所示。

2. 静液压传动系统的工作原理

当柴油机运转时，柴油机曲轴自由端经传动轴通过静液压变速箱驱动两台静液压泵工作。静液压泵从油箱中吸入低压油,将机械能转变为液压能。具有液压能的高压油,如果油压高于 17 MPa,则一部分油通过安全阀直接回油箱,另一部分油经温度控制阀的节流口分流后直接回油箱,还有一部分油经高压管路进入静液压马达,在其中将液压能转变为机械能,驱动冷却风扇转动,经静液压马达出来的液压油进入静液压油热交换器,经过冷却后,与从温度控制阀出来的液压油汇合,进入油箱,经油箱上的磁性滤清器过滤后,重新进入静液压泵,至此完成一个工作循环。静液压泵、静液压马达、安全阀均设有泄油管,泄出的油回油箱。

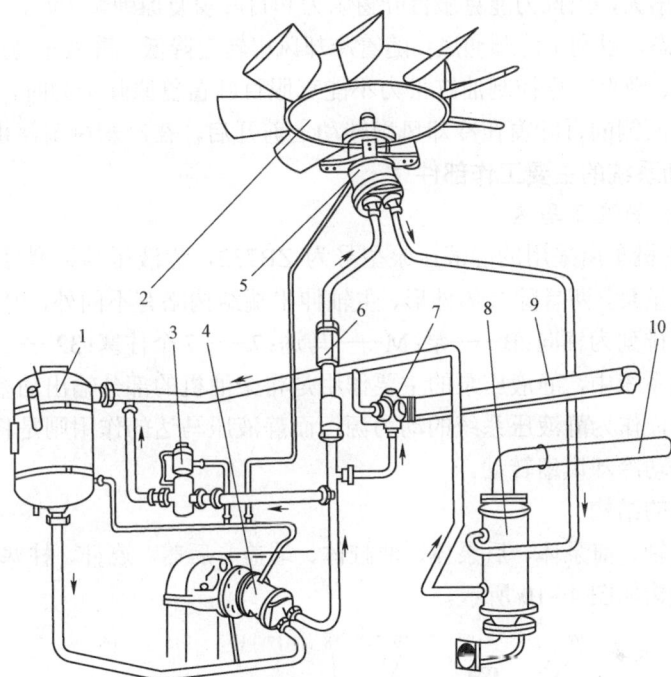

1—油箱;2—冷却风扇;3—安全阀;4—静液压泵;5—静液压马达;6—高压软管;7—温度控制阀;
8—静液压油热交换器;9—机油或冷却水管;10—冷却水管。
图 4-9 静液压传动系统示意图

在静液压传动系统中,通过温度控制阀阀口的开度来控制冷却风扇的转速。东风 $_{4B}$ 型内燃机车有高、低温两个冷却风扇,分别安装在冷却室内高、低温散热器 V 形夹角的上方,控制高温冷却风扇的温度控制阀直接感应高温冷却水的温度,控制低温冷却风扇的温度控制阀则直接感应柴油机工作时的机油温度。

当机油温度和高温冷却水温度分别低于 55 ℃ 和 74 ℃ 时,温度控制阀处于全开状态,由静液压泵打出的液压油经温度控制阀的节流口直接流回油箱,此时高压油路不能建立高压,静液压马达不工作,冷却风扇不转动。当机油温度和高温冷却水温度分别超过 55 ℃ 和 74 ℃ 时,温度控制阀的节流口部分关闭,由静液压泵打出的液压油经温度控制阀的节流口直接流回油箱的油量减少,部分油进入静液压马达并使之工作,冷却风扇开始转动。随着机油温度、高温冷却水温度升高,温度控制阀的节流口逐渐变小,进入静液压马达的油量越来越多,油压越来越高,冷却风扇的转速也随之增大。当机油温度和高温冷却水温度分别超过 65 ℃ 和 82 ℃ 时,温度控制阀处于全闭状态,由静液压泵打出的高压油全部进入静液压马达并使之全负荷工作，同时冷却风扇也全速转动。随着冷却风扇的转动，机油温度、高温冷却水温度逐渐下降，降至一定值时，温度控制阀重新开启，冷却风扇的转速也由高速逐渐降低，当温度控制阀全开时，冷却风扇停止转动。这样，就能保证温度控制阀根据油、水温度的变化自动改变其节流口的开度，有效改变冷却风扇的转速，从而实现冷却风扇的自动控制和无级变速，并减少了机车的辅助功率消耗。

随着冷却风扇转速提高，静液压马达进、出口管路间的压差也逐渐增加，机车两侧的百叶窗控制油缸推力也增大，当推力能克服百叶窗阻力和百叶窗复原弹簧力时，百叶窗逐渐打开，并很快达到全开状态，以利于冷却通风；随着冷却风扇转速降低，静液压马达进、出口管路之间的油压差也减小；当百叶窗控制油缸推力不能克服百叶窗复原弹簧力时，百叶窗逐渐关闭。一般情况下，机车两侧的百叶窗在冷却风扇转动之前开启，在冷却风扇停止转动后关闭。

3. 静液压传动系统的主要工作部件

1）静液压泵和静液压马达

东风 $_{4B}$ 型内燃机车所采用的静液压泵型号为 ZB732，静液压马达型号为 ZM732，二者均为轴向柱塞式定量泵。两者除泵体外形、主轴伸出端结构略有不同外，内部结构完全相同。型号中，Z——柱塞排列为轴向；B——泵；M——马达；7——7 个柱塞；32——柱塞直径 32 mm。

在静液压传动系统中，静液压泵的主要作用是将柴油机的部分输出功率通过工作油由机械能转变为液压能，作为静液压系统的动力源；而静液压马达的作用则是将工作油的液压能转变为机械能，驱动冷却风扇转动。

（1）静液压泵的结构

静液压泵由主轴、前泵体、后泵体、油缸体、端盖、后盖、连杆、柱塞、心轴、配流盘、轴承等组成，其结构如图 4-10 所示。

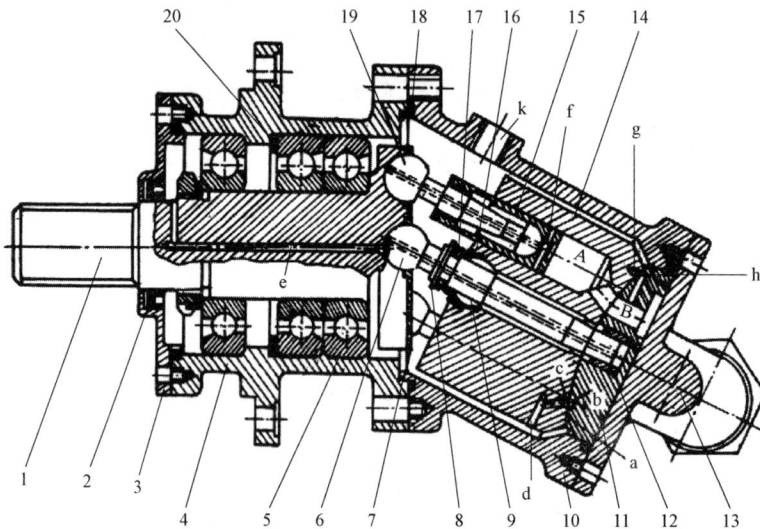

(a) 剖面图

1—主轴；2—油封；3—端盖；4—前泵体；5—轴承；6—心轴；7—压板；8—心轴垫；9—心轴球套；10—后泵体；11—配流盘；12—心轴套；13—后盖；14—油缸体；15—柱塞；16—弹簧座；17—弹簧；18—O 形橡胶密封圈；19—连杆；20—调整垫；

a~h，A—孔，槽；k—泄油孔

图 4-10 静液压泵的结构

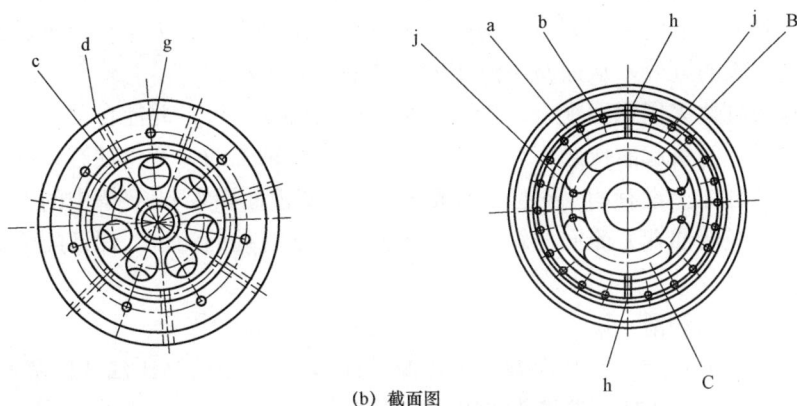

(b) 截面图

A～C，a～j—各孔、槽等；k—泄油孔。

图 4-10 静液压泵的结构（续）

前、后泵体用 QZ45-5 球墨铸铁铸造，后盖用 ZG25 高锰钢铸造，主轴、配流盘、柱塞、连杆、心轴和心轴套均用 38CrMoAlA 氮化合金钢制造。前、后泵体中心线成 25°倾斜。

油缸体为 $\phi 155$ mm×120 mm 的圆柱体，由 ZQSn10-1 耐磨青铜制造。在油缸体平面端 $\phi 94$ mm 的圆周上均布 7 个 $\phi 32$ mm×96 mm 的油缸孔，在它们内部安装柱塞连杆组。油缸体的另一端为 $R180$mm 的凹球面，在球面 $\phi 58$ mm 的圆周上均布 7 个 $\phi 19$ mm 的斜孔，分别与 7 个油缸孔相通，油缸体中部有安装心轴的通孔。配流盘与油缸体采用球面配合，共同研磨，两者之间的接触面积应不少于整个面积的 85%。配流盘用 4 个 M10 螺钉固定在后盖上，且不能转动，其上有两个腰形孔（B 和 C），用来分配工作油的吸入和排出，腰形孔通过后盖的油腔道分别与吸油管和排油管相连（在油缸体上的 7 个柱塞油缸孔通过 7 个斜孔依次与这两个腰形孔相通，完成吸油和排油过程）。

（2）静液压泵的工作原理

静液压变速箱通过主轴轴端的花键带动主轴旋转，与主轴另一端相连的压板也随之转动，同时经压板压靠在主轴球窝内的可自由转动但无轴向窜动的 7 个柱塞连杆组的大端球头带动柱塞连杆组转动，再经柱塞的外壁推动油缸体旋转，由于主轴线与油缸体轴线成 25°倾斜，造成柱塞在油缸体孔中随着圆周位置的变化沿孔中心线同时做往复运动，因此，柱塞底面与油缸体所形成的空腔容积也随主轴旋转位置的不同而产生周期性的变化，这样就产生了吸油和排油的作用。当柱塞在油缸孔中因运动而产生位置变化时，通常把柱塞连杆组最远离油缸体的位置称为上止点，把最靠近油缸体的位置称为下止点。

① 在柱塞由下止点到上止点的半个圆周运动过程中，随着空腔容积的增大，工作油由吸油口经配流盘的腰形孔进入逐渐增大的空腔，此时该柱塞腔处于吸油状态。

② 在柱塞由上止点到下止点的半个圆周运动过程中，空腔容积由大变小，空腔中的工作油被压缩升压后经配流盘的另一个腰形孔从后盖上的出油口排出，此时，该柱塞腔处于排油状态。

③ 当柱塞处于上、下止点位置时，油缸体上与油缸孔相通的斜孔处于配流盘两个腰形

孔中间，此时高、低压油腔不相通，各自处于封闭隔离状态。为保证静液压泵正常工作，在配流盘的两个腰形孔的两端都开有眉梢槽，以缓和柱塞处于上、下止点位置进行吸、排油转换过渡时空腔容积的剧变，从而减小液压冲击的噪声和振动。

配流盘与油缸体采用球面配合，借助于带球套的心轴定位，并能自动调心，这就避免了因加工或组装误差而引起的接触不良。油缸体上套在心轴上的弹簧将油缸体压向配流盘，同时在配流盘和油缸体上设有相互对应的环槽 b 和 c，从镜面泄入 b、c 槽中的工作油经孔 d 进入泵体内腔，再经泄油孔 k 流回油箱，适当降低球面配合处的油压，保证配流盘与油缸体的球面配合。

（3）静液压泵的润滑

静液压泵的润滑是通过自行泄漏的工作油进行的，油缸中的高压油从柱塞上 $\phi3$ mm 的小孔进入柱塞内部，润滑连杆小端球头接触面，并从连杆中心 $\phi4$ mm 的小孔到达主轴球窝，润滑连杆大头接触面；配流盘镜面上泄漏的工作油，一方面润滑配合球面，另一方面经心轴中心 $\phi4$ mm 的通孔进入心轴球头，以润滑其接触表面，并从主轴中心孔流入前泵体腔内，润滑向心推力轴承，后进入泵体内腔，经泄油孔流回油箱。

为了提高配流盘的工作可靠性，减小磨损，油缸体与配流盘之间的配合球面采用了间歇性强制润滑方式：在配流盘上钻有两个 $\phi2$ mm 的小孔 h，其中一个与高压油腔相通，另一个与低压油腔相通，同时在配流盘上还加工出 22 个 $\phi6$ mm×2 mm 的盲孔 i，并用宽度为 1 mm 的浅环槽 a 相通，浅环槽 a 与小孔 h 因略有偏离而不相通。在油缸体的球形镜面上，钻有 7 个 $\phi6$ mm×2 mm 的盲孔 g，当油缸体转动时，每个盲孔 g 将小孔 h 和浅环槽 a 瞬时接通，所以油缸体每转动一周，有 7 次使孔 i 分别与高、低压油腔接通，即产生 7 次压力供油和 7 次低压卸载，这样配流盘与油缸体的接触面间泄漏的工作油就形成了脉冲油垫，从而进行润滑。同时，由于工作油的不断进出，带走了摩擦副间的热量和磨屑，起到了冷却和清洗摩擦副的作用，从而保证了镜面间的油膜有足够的黏度和厚度，大大减少了镜面间的摩擦和磨损，减少了功率损耗。

在泵体与端盖、后盖的接触面间，配流盘与后盖的接触面间均采用 O 形橡胶密封圈，以防止工作油泄漏。

2）温度控制阀

温度控制阀是静液压传动系统的自动控制元件，它安装在静液压传动系统的高压管路和低压回油管路之间。根据冷却水温度（高温）或机油温度（低温）的高低，自动调节其节流口的开度，从而控制静液压马达的转速。

温度控制阀主要由阀体、感温元件、滑阀、阀盖、调整螺钉、弹簧、弹簧座、挡圈（卡环）等组成，其结构如图 4-11 所示。阀体由球墨铸铁制成，滑阀由 45 号钢制成。阀体的进油口通高压油管，出油口通低压油管，进出口通道的开闭由滑阀控制，滑阀由感温元件控制。滑阀套在弹簧上，弹簧支承在弹簧座上，弹簧座压在挡圈上。阀盖由青铜制成，用三个 M8 螺钉与阀体紧固在一起，并将感温元件本身的螺纹旋在盖的螺纹内，而感温元件的伸缩杆端压靠在滑阀上。

(a) 模型图　　　　　　　　(b) 剖面图

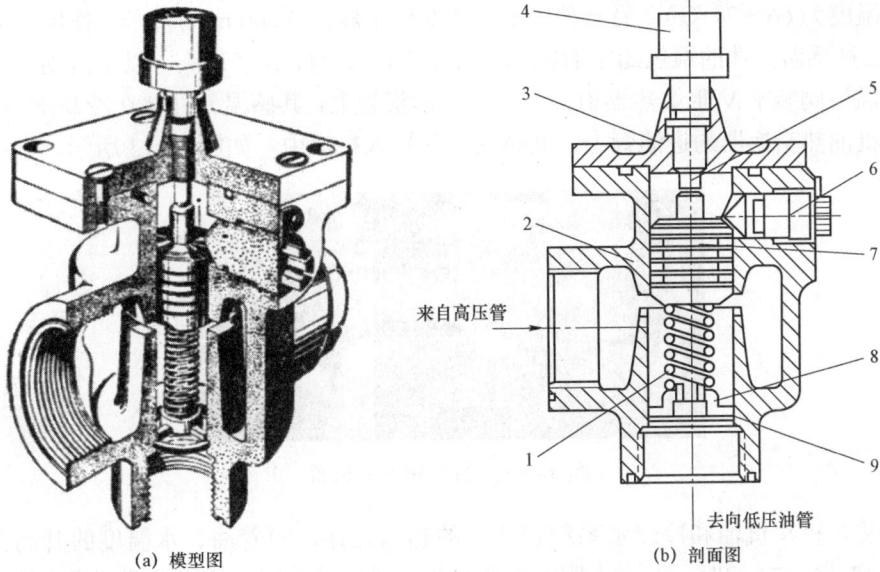

1—弹簧；2—阀体；3—阀盖；4—感温元件；5—伸缩杆；6—调节螺钉；7—滑阀；8—弹簧座；9—挡圈。

图 4-11　温度控制阀的结构

感温元件是温度控制阀的关键件，它由温包蜡室、膨胀剂、橡胶膜片、橡胶柱塞、伸缩杆和导套等组成，其结构如图 4-12 所示。

1—伸缩杆；2—导套；3—橡胶柱塞；4—橡胶膜片；5—膨胀剂；6—温包蜡室。

图 4-12　感温元件的结构

温包蜡室由导热性能良好的黄铜制成，其内装有经严格分馏选择并具有所需熔点范围的石蜡和 800 目以上的细紫铜粉的混合物，并按一定的比例精制而成。铜粉主要是加速传热，提高灵敏度。石蜡具有"受热融化为液体，体积增大；冷却凝固成固体，体积缩小"的特点，感温元件就是应用石蜡从固态到液态体积发生膨胀的特点制造的。

东风4B型内燃机车采用三种感温元件：一种控制机油温度（作用温度为 55~65 ℃），另两种控制冷却水温度。控制冷却水温度的感温元件，一种用于运用在海拔 3 000 m 以上的机

135

车（作用温度为66~74 ℃），另一种用于运用在低于海拔3 000 m的机车（作用温度为74~82 ℃）。三种感温元件的温包蜡室的底部编号依次以2、4、5字开头，以示区别。

高温温控阀装于V形散热器前部下集流管的横管上，其感温元件插在冷却水中。低温温控阀装于机油热交换器的进油管上，其感温元件插入机油中，如图4-13所示。

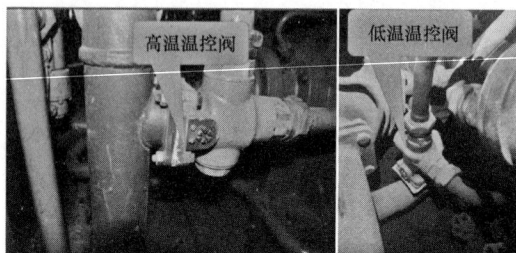

图4-13　温控阀安装位置

当安装在机车机油和冷却水系统管路中的感温元件，随着油、水温度的升高分别达到55~65 ℃和66~74 ℃时，石蜡由固态逐渐融化变成液态，同时体积显著膨胀，从而迫使橡胶膜片变形，推动橡胶柱塞下移，使伸缩杆向外伸长，推动滑阀克服弹簧的预紧力下移，逐步关上甚至堵死阀口通道，使得由静液压泵来的工作油流向回油管路的油量逐渐减少，而流向静液压马达的油量逐步增加，使得冷却风扇逐渐加速。

反之，当机油和冷却水温度降低时，石蜡固化，体积收缩，滑阀在弹簧的复原力作用下复位，敞开阀口，油路开通，从而实现对油路的开关控制。

知识链接

温度控制阀失控后如何应急处理?

感温元件的橡胶膜片在老化后将破裂失灵，如果机车运用中发现风扇不转或转速大大低于正常转速，可能是由感温元件的橡胶膜片破裂失灵引起。在这种情况下，感温元件就起不到对油路的开关控制作用，柴油机的油、水温度就会升高，超过所规定的最大值，会引发柴油机自动停机的恶性事故。

为了防止事故发生，可顺时针转动阀体上的手动调整螺钉，利用调整螺钉的90°锥面，使滑阀向下移动，关闭旁通油路，维持冷却风扇的正常运转。若需要风扇停止运转，则可将调整螺钉旋回，使滑阀回复原位即可。

这种调整方法只允许在感温元件失灵的情况下维持机车运转采用，但不能用此方法实现温度的手动控制。在机车维持到段后应立即更换失灵的感温元件。

由于感温元件的温度感应有一定的滞后，因此不必过早手动调整螺钉。只有在机油和冷却水温度超过正常范围一段时间，判定感温元件确实失灵后再进行手动调整。

3）安全阀

安全阀是静液压系统中的安全保护装置，安装于静液压泵出口的高压油管和油箱之间，与静液压马达、温度控制阀呈并联状态。它的作用是防止因柴油机起动或升速引起静液压泵产生的瞬时高压冲击流损坏静液压系统元件。

（1）安全阀的结构

安全阀主要由阀体、滑阀、锥阀体、锥阀、导阀体、导阀、减振器体、减振器阀、调节螺钉、弹簧、密封圈、下体、阻尼塞等组成，其结构如图 4-14 所示。

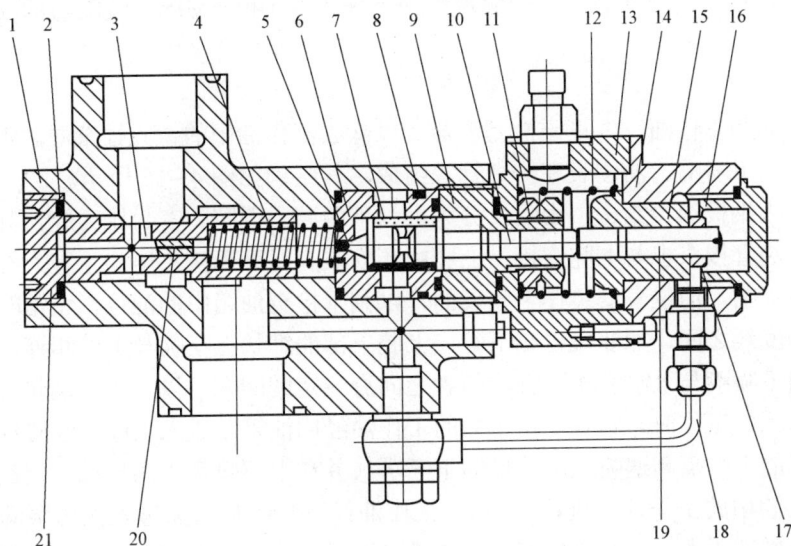

1—阀体；2，8—密封圈；3—滑阀；4，7，12—弹簧；5—锥阀；6—锥阀体；9—导阀体；10—导阀；11，17—螺母；13—下体；14—减振器体；15—减振器阀；16—螺堵；18—油管；19—调节螺钉；20—阻尼塞；21—螺堵。

图 4-14　安全阀的结构

锥阀插入锥阀体中心孔中，锥阀体上有一节流孔与滑阀的右部空腔相通，锥阀在其弹簧的作用下关闭此节流孔。导阀体以螺纹与其阀体相连并压紧锥阀体，导阀体小端插入下体内，用螺母将下体压靠在导阀体上。在下体中装有减振器阀、弹簧。减振器体以螺钉紧固在下体上，减振器阀中心装有调节螺钉。减振器阀上作用着其弹簧的预紧力，它通过调节螺钉、导阀、锥阀弹簧与锥阀相联系。安全阀两端均用螺堵密封。

（2）安全阀的工作原理

由静液压泵打出的高压油经滑阀中阻尼塞的节流孔与滑阀内腔相通，而低压油腔与锥阀内腔相通，当静液压系统中油压超过定值时，高、低压油的油压差超过锥阀弹簧力，锥阀被打开，滑阀内腔与锥阀内腔相通，滑阀内腔油压迅速降低，因滑阀阻尼塞节流孔的作用，高压油路中油压降低缓慢，因而在滑阀两侧形成的油压差克服滑阀弹簧作用力，滑阀上移，导致高、低压油腔直接相通，高压油路中油压下降，锥阀在弹簧力作用下回移，关闭通道，滑阀也在弹簧力作用下回移，切断高、低压油腔的通道，形成一次泄压过程，完成保护。

在安全阀动作过程中，安全阀的开启压力直接受锥阀弹簧力的影响，而锥阀弹簧力受初始预紧力和减振器阀上方回油腔中回油压力的综合控制。减振器阀上方的回油腔与静液压泵泵体内的回油腔相通，当静液压泵转速改变后，回油量和回油压力发生改变，进而影响安全阀的开启压力。当静液压泵转速上升时，回油腔压力升高，锥阀弹簧力增大（同时减振器阀弹簧压缩力也变大，但它的变化对锥阀的启阀压力无影响，仅在锥阀落座时加快落座速度），安全阀启阀压力也增大；反之，当静液压泵转速降低时，安全阀启阀压力也降低。

采用这种能自动调节开启压力的安全阀，一方面可以防止静液压系统内油压正常波动而形成的不良影响；另一方面，当温度控制阀的旁通油路处于关闭状态时，能消除静液压系统高压油管中短暂的油压冲击，避免高压系统中零件的损坏。

组装安全阀时，最高开启压力一般调整为（16.17±0.49）MPa，装配后的安全阀需要进行调压试验。

4）油箱

油箱用来储存工作油，内设磁性滤清器，以除去工作油中的铁磁性杂质。油箱由箱体、磁性滤清器、上下喷嘴、油位表和排气管等组成，其结构如图4-15所示。

油箱箱体为钢板焊接结构，由隔板分为上、下两腔。上腔为密封压力腔，其顶部装有磁性滤清器、回油管接头也与上腔连接，上腔中还安装有温度表接头座。下腔为补油腔，其中心安装着上下喷嘴，油位表安装在下腔表面，以利于检查油箱中的油位，正常时油位应在油位表的上下刻度线之间，加油口也在下腔。上腔下部的细长上喷嘴与下腔相连，下腔的下部有扩压作用的下喷嘴与上喷嘴相配合，两者之间有一定的间隙，以利于下油箱补油。

当静液压系统工作时，具有一定压力的工作油经回油管路进入上腔，经磁性滤清器过滤后，由渐缩形的上喷嘴高速喷入渐扩形的下喷嘴（并在上下喷嘴之间形成一定的抽吸真空，吸入部分下油腔中的工作油，进行补油），工作油经下喷嘴扩压后进入液压泵的吸油管，保持一定的系统供油压力，以避免静液压泵自吸时因吸空而形成内部元件的穴蚀破坏，同时也提高了静液压泵的功率输出。

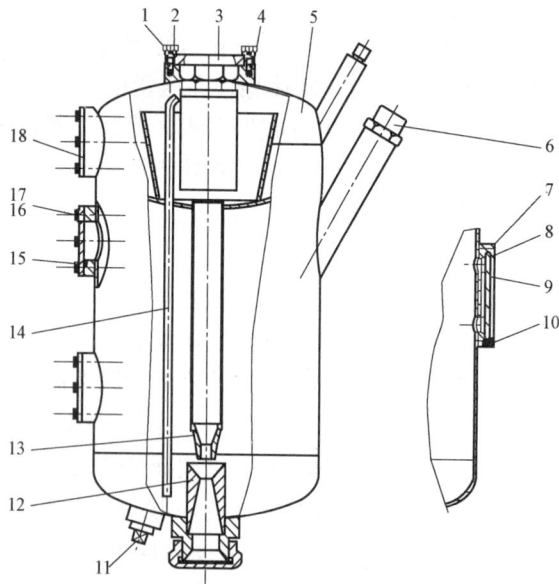

1，16—螺栓；2，17—垫圈；3—磁性滤清器；4，7—垫；5—油箱体；6—盖；8—表盖；9—油表；10—螺钉；11—螺堵；12—下喷嘴；13—上喷嘴；14—排气管；15—密封圈；18—盖板。

图4-15 油箱的结构

5）百叶窗控制油缸

东风 $_{4B}$ 型内燃机车上安装有4个百叶窗控制油缸，分别控制车体两侧的4个上排百叶窗。为了使百叶窗开关与冷却风扇的工作配合适当，即冷却风扇工作时，先开百叶窗；冷却风扇停止工作时，后关百叶窗。为此，在静液压系统的油路中，在高压油路进静液压马达之前，引出一条支路，通百叶窗控制油缸，这样就满足了上述要求。

百叶窗控制油缸由缸体、端盖、活塞、球头螺母及O形密封圈等组成，其结构如图4-16所示。

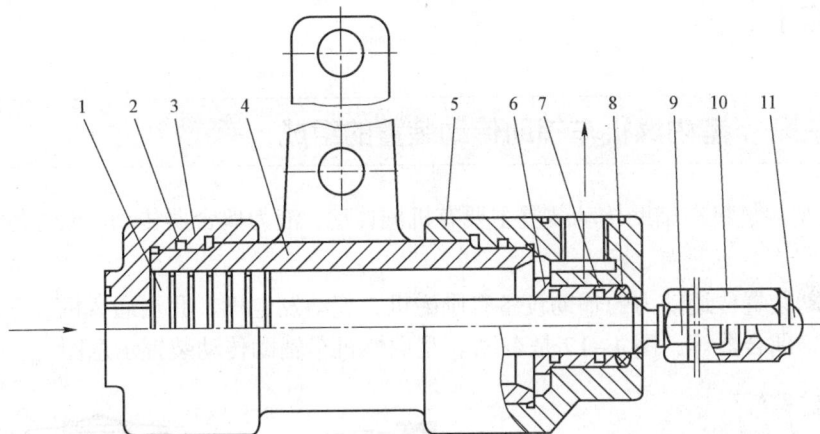

1—活塞；2，7—O形密封圈；3，5—端盖；4—缸体；6—轴套；8—毛毡圈；9—螺母；10—球头螺母；11—钢球。

图4-16　百叶窗控制油缸的结构

球墨铸铁铸造的缸体与两个端盖组成一个空腔，活塞装在缸体内，两个端盖分别与高压管、回油管相通。活塞杆的端部装有球头螺母，拧动球头螺母可以调节活塞杆的长度，从而改变百叶窗的开度。为了防止工作油轴向泄出，活塞杆上设有轴套。

高压油推动油缸中活塞，活塞推开百叶窗，为冷却风扇工作做好准备。反之，当高压油路油压降低时，静液压马达先停止工作，百叶窗靠弹簧的拉力，使油缸活塞复位，百叶窗关闭。

4.2.3　电气传动装置

东风 $_{4B}$ 型内燃机车的电气传动装置用直流电机驱动空气压缩机、起动机油泵、辅助机油泵、燃油输送泵、预热水泵、预热燃油泵、预热通风机等部件。

【思考题】

1. 东风 $_{4B}$ 型内燃机车的辅助传动装置有哪几种传动形式？分别驱动哪些部件？
2. 东风 $_{4B}$ 型内燃机车的机械传动装置是怎样进行传动的？
3. 简述静液压传动系统的作用及组成。
4. 简述静液压传动系统的工作油通路。

任务 4.3　东风 7C 型内燃机车辅助传动装置

【任务目标】

熟悉机械传动装置和偶合器传动装置的基本组成与工作原理。

【任务内容】

4.3.1　东风 7C 型内燃机车辅助传动装置的组成

东风 7C 型内燃机车辅助传动装置主要有机械传动、液力偶合器传动、电气传动三种传动形式。

辅助传动装置传递动力的辅助设备有励磁机、起动发电机、Ⅱ端通风机、Ⅰ端通风机、万向轴和风扇偶合器等。图 4-17 是东风 7C 型内燃机车辅助传动装置示意图。

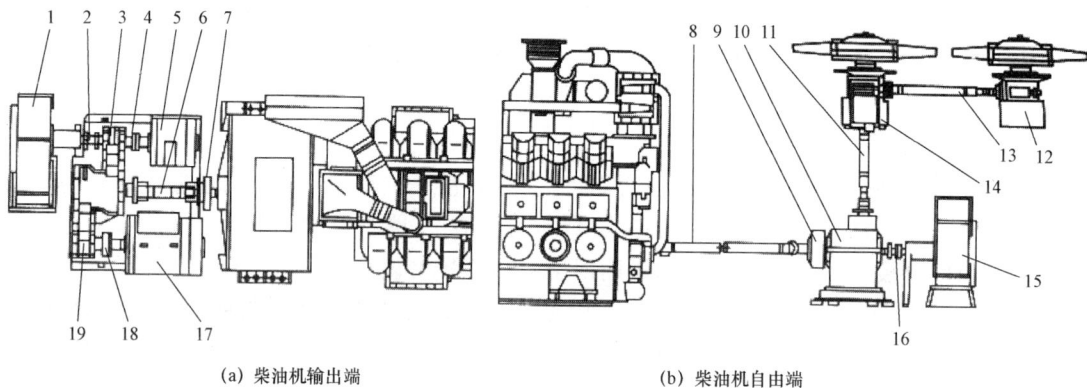

(a) 柴油机输出端　　　　　　　　　　(b) 柴油机自由端

1—Ⅱ端通风机；2，16—尼龙绳联轴器；3—起动变速箱；4，18 弹性圆柱销联轴器；5—励磁机；6—电机万向轴；
7—弹性法兰；8—辅助万向轴；9—弹性联轴节；10—辅助齿轮箱；11—垂直万向轴；12—风扇偶合器（低温）；
13—水平万向轴；14—风扇偶合器（高温）；15—Ⅰ端通风机；17—起动发电机；19—公共底座。

图 4-17　东风 7C 型内燃机车辅助传动装置示意图

辅助传动装置分别由柴油机输出端和自由端驱动。

在柴油机输出端，柴油机曲轴经牵引发电机电枢轴、弹性法兰和万向轴与起动变速箱相连。起动变速箱共有两个输出轴，分成 3 个输出端。一个输出轴的输出端经弹性圆柱销联轴器带动起动发电机；另一个输出轴，一端经弹性圆柱销联轴器带动励磁机，另一端经尼龙绳联轴器带动Ⅱ端通风机。

在柴油机自由端，柴油机曲轴经万向轴和弹性联轴节带动辅助齿轮箱，辅助齿轮箱输入轴通过一对螺旋锥齿轮带动垂直轴，经垂直万向轴带动风扇偶合器的泵轮，旋转的泵轮通过工作油带动偶合器的涡轮，涡轮带动冷却风扇工作。两个风扇偶合器通过水平万向轴相连，同时带动另一风扇偶合器工作。

另外，辅助齿轮箱的输入轴通过一对圆柱斜齿轮带动输出轴，经尼龙绳联轴器，带动Ⅰ端通风机。

4.3.2　东风_{7C}型内燃机车机械传动装置

东风_{7C}型内燃机车机械传动装置主要由起动变速箱、辅助齿轮箱及万向轴、联轴器等组成。

1. 起动变速箱

起动变速箱为5轴单级齿轮变速箱，其结构如图4-18所示。起动变速箱主要由上箱体、下箱体及各轴、齿轮、轴承、法兰等组成。

通过输入轴齿轮 Z62（右）、介轮轴齿轮 Z47、输出轴齿轮 Z23 带动输出轴，再经弹性圆柱销联轴器带动起动发电机。通过输入轴的另一个齿轮 Z62（左）、介轮轴齿轮 Z39、另一输出轴齿轮 Z24，带动输出轴，其一端经弹性圆柱销联轴器带动励磁机，另一端经尼龙绳联轴器带动Ⅰ端通风机。

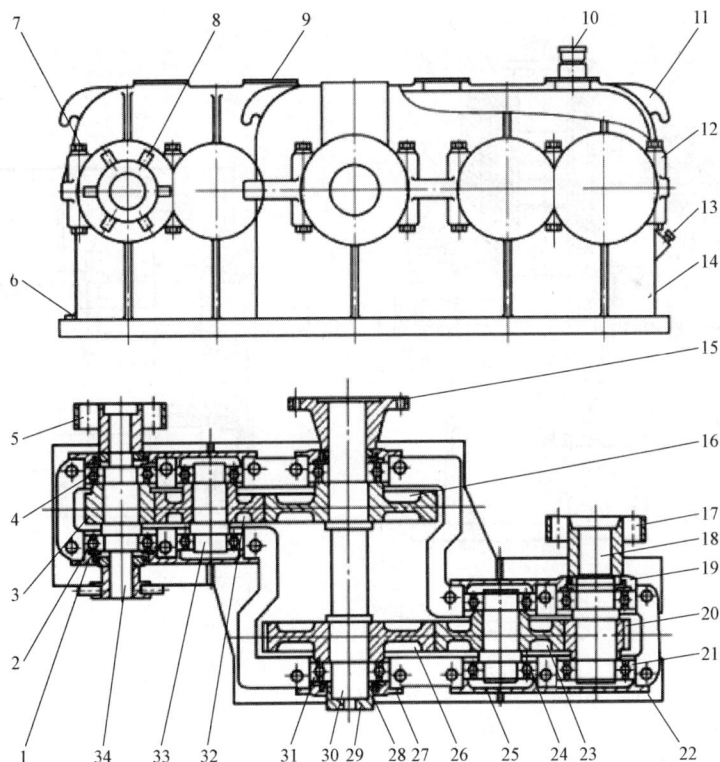

1—轴承盖（五）；2—轴承 46315；3—齿轮 m6z24（左）；4—轴承 42315；5—法兰（一）；6—放油堵；7—分箱面螺栓；8—法兰装配；9—检查孔盖；10—通气帽；11—吊钩；12—上箱体；13—油尺；14—下箱体；15—法兰（二）；16—齿轮 m6z62（左）；17—法兰（三）；18，30，33，34—轴；19—轴承盖；20—齿轮 m6z23（右）；21—轴承 3G317；22—轴承盖；23—齿轮 m6z47（左）；24—轴承 42315；25—轴承盖（四）；26—齿轮 m6z62（右）；27—轴承盖；28—挡圈；29—连接盘；31—轴承 42317；32—齿轮 m6z39（右）。

图 4-18　起动变速箱的结构

起动变速箱、起动发电机和励磁机装在同一公共底座上。当起动柴油机时，起动发电机由蓄电池供电运转，经起动变速箱和万向轴带动柴油机发火起动。柴油机开始运转后，将部分功率由辅助传动装置分配给各辅助设备工作。

起动变速箱的结构特点如下：

① 各轴上的传动齿轮均采用模数 6 的圆柱斜齿轮，齿部经渗碳淬火处理。

② 每根轴的两端各装有一套滚动轴承。每根轴上的两套轴承，都用于承受径向负荷。内圈单挡边圆柱滚子轴承的挡边，可承受小量单向轴向负荷。深沟球轴承可承受一定量的轴向负荷，角接触球轴承可承受单向轴向负荷。

③ 各轴伸处与箱体之间，均以逆转向螺旋式和迷宫式双道油封密封。这种密封结构简单、可靠、体积小、无磨损、寿命长。

④ 起动变速箱上方设有三个检查孔盖和一个通气器，左侧设有油尺。油可通过上箱体的通气器或检查孔注入，油的容量约为 22 L。如果需要放油，可从下箱体的螺堵放出。

2. 辅助齿轮箱

辅助齿轮箱为 3 轴单级齿轮变速箱，其结构如图 4-19 所示。辅助齿轮箱主要由上箱体、下箱体、输入轴、垂直轴、输出轴及各轴齿轮、轴承和法兰等组成。

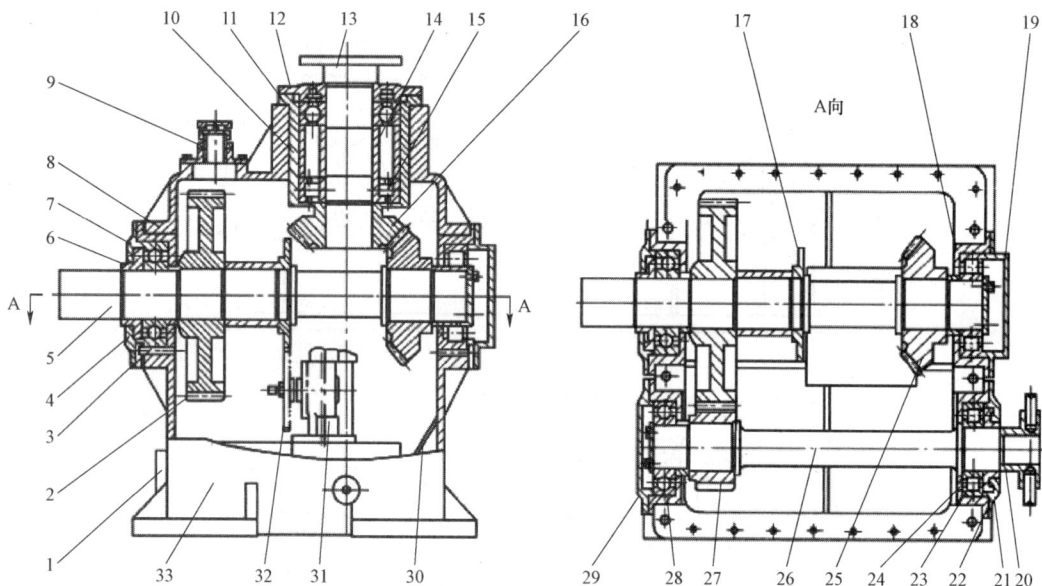

1—滤清器；2—齿轮 m6z57（左）；3，11，18，24—轴承套；4，22—油封盖；5—输入轴；6—套（一）；7—滚动轴承 3G317；8—上箱体；9—通气器；10—垫套（一）；12—轴承盖；13—垂直轴；14—垫套（二）；15—滚动轴承 32317；16—圆锥齿轮 ms6z34（29）（左）；17—齿轮 m3z63；19—端盖（一）；20—法兰装配；21—套（三）；23—滚动轴承 32315；25—圆锥齿轮 ms6z39（右）；26—输出轴；27—齿轮 m6z23（右）；28—滚动轴承 3G315；29—端盖；30—油尺；31—车轴齿轮箱油泵；32—齿轮 m3z45；33—下箱体。

图 4-19　辅助齿轮箱的结构

辅助齿轮箱传动原理如下：

① 输入轴通过一对圆锥齿轮 Z39、Z34（29）带动垂直轴，再经垂直万向轴驱动风扇偶合器的泵轮轴。

② 输入轴另有一对圆柱斜齿轮 Z57、Z23 带动输出轴，再经尼龙绳联轴器驱动Ⅰ端牵引电机通风机。

③ 输入轴还通过一对圆柱直齿轮 Z63、Z45 驱动齿轮油泵。

辅助齿轮箱的结构特点如下：

① 各轴伸处与箱体之间，均采用加甩油盘的迷宫油封。迷宫油封外端沟槽内填有羊毛毡圈。

② 辅助齿轮箱采用压力润滑。在下箱体底部装有车轴齿轮箱油泵，该油泵将箱体底部的存油经滤清器过滤后吸入，并将泵出的压力油经油道或油孔，为轴承和齿轮供给润滑油。在输入轴端下箱体下方装有滤清器。滤清器滤网在辅修或需要时应进行清洗。清洗时，应先将滤清器的塞门从开通位扳到关闭位，然后拆下 4 条螺栓，抽出滤芯，清洗滤网。清洗后，切记把塞门从关闭位扳回开通位。

③ 辅助齿轮箱上设有检查孔盖和通气器，在输出轴端下箱体右边装有油尺。油可通过通气器孔注入，油的容量约为 40 L。若需放油，下箱体底部装有放油塞门。

注意：辅助齿轮箱内应注入与柴油机相同牌号的润滑油。机车每走行 5 000 km 左右应更换新油。

3. 万向轴

东风$_{7C}$型内燃机车共有 4 根万向轴，其结构基本相同，如图 4–20 所示。

万向轴主要由两端叉头法兰、花键轴叉头和万向节总成等零件组成。对于这种长万向轴，花键轴叉头一端是花键轴，另一端是叉头，中间部分是焊接的轴身。万向轴两端的法兰与相连机组的法兰用螺栓紧固联结，用以传递动力。

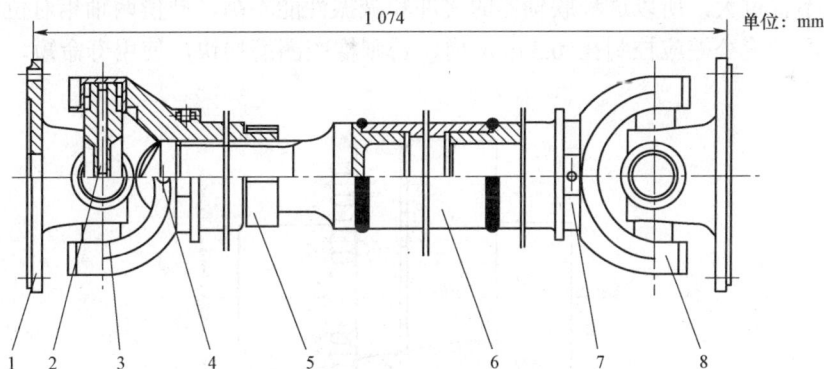

1—叉头法兰；2—万向节总成；3—花键套叉头；4—油环；5—防尘帽；6—花键轴叉头；7—平衡块；8—轴承盖。

图 4–20 万向轴的结构

东风$_{7C}$型内燃机车辅助传动装置的 4 根万向轴分别用于：

① 电机万向轴装于柴油–发电机组和起动变速箱之间，用于将柴油–发电机组的一部分动力传递给起动变速箱，再带动起动发电机、励磁机和Ⅱ端牵引电机通风机。

② 辅助万向轴装于柴油–发电机组和辅助齿轮箱之间，用于将柴油–发电机组的一部分动力传递给辅助齿轮箱，再用于带动风扇偶合器和Ⅰ端牵引电机通风机。

③ 垂直万向轴装于辅助齿轮箱和（高温）风扇偶合器之间。

④ 水平万向轴装于两风扇偶合器之间，用于带动风扇偶合器工作。

组装万向轴时的技术要求及运用中的注意事项如下：

① 组装万向轴时，必须保证两端叉头安装十字轴孔中心线在同一平面内，否则将产生冲击载荷，导致花键副过早损坏。

② 万向轴主要是依靠相连两个法兰之间的摩擦力来传递扭矩，因此，法兰盘的联结螺栓必须按规定的拧紧力矩拧紧，并用防松垫片锁住，防止螺栓松动。

③ 机车在运用前要检查万向轴联结螺栓有无松动，在运用中，如发现异声、振动或轴承部位温度过高，则可能是万向节轴承损坏，应及时拆检处理。

④ 万向轴出厂前做过严格的动平衡试验，平衡块的位置不得随意移动。若需更换十字轴总成或万向节轴承，应重新进行动平衡试验。

4. 联轴器

1）弹性柱销联轴器

东风7C型内燃机车的弹性柱销联轴器的作用有二：一是用于起动变速箱与起动发电机和励磁机的联结；二是用于牵引发电机电枢轴弹性法兰，通过弹性联轴器的橡胶组合件，将柴油–发电机组的动力传递给辅助齿轮箱，利用橡胶的吸振和缓和冲击的作用，将柴油机的扭振与辅助齿轮箱的工作相互隔开，消除临界共振区的影响，保证其传动系统的正常工作。

弹性圆柱销联轴器的结构如图4-21所示，以柱销与两法兰相连，柱销的一端以圆锥面和螺母与一法兰上的锥形销孔形成固定的配合，另一端带有5个橡胶圈，装在另一法兰的柱销孔中。橡胶圈外径略小于销孔直径，工作时受挤压产生的变形量，可以补偿两轴的相对位移。弹性柱销联轴器具有一定的减振性能，但由于橡胶圈的变形量不大，且因橡胶圈与销孔的配合间隙不宜过大，所以这种联轴器的缓冲和减振性能不高，补偿两轴相对位移量较小。因此，两轴同轴度公差应控制在 0.3 mm 内，否则橡胶圈磨损快，使用寿命短，并会由此引起振动。

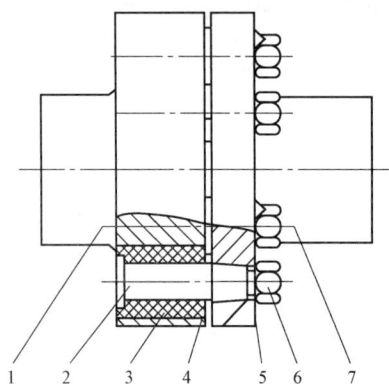

1，7—法兰；2—销；3—橡胶圈；4—垫圈；5—止动垫片；6—螺母。

图 4-21　弹性圆柱销联轴器的结构

2）弹性联轴节

在辅助齿轮箱输入轴的轴伸处装有弹性联轴节。弹性联轴节主要由两个法兰、橡胶组合件、主动套和铜套等组成，其结构如图4-22所示。

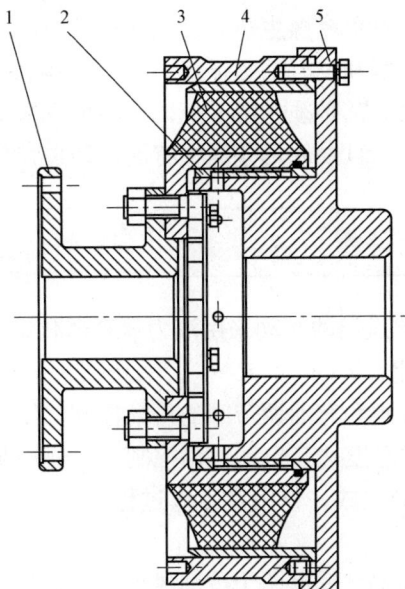

1，5—法兰；2—铜套；3—橡胶组合件；4—主动套。
图 4-22　弹性联轴节的结构

　　橡胶弹性元件与金属外圈的内表面和金属内圈的外表面硫化黏结为一个整体，即橡胶组合件。橡胶组合件和主动套之间的过盈量为 6 mm，利用压装的预紧力，提高橡胶件的承载能力。铜套压装在锥孔法兰的外圆柱面上，在橡胶组合件内圈的内腔涂装润滑脂，润滑铜套的结合面。

　　弹性联轴节的橡胶组合件具有很高的扭转弹性，并有良好的阻尼特性，缓冲消振效果好，可以补偿两轴相对的位移量大。这种结构，工作可靠，几乎没有磨损。

　　3）尼龙绳联轴器

　　起动变速箱输出轴与Ⅱ端通风机的连接，以及辅助齿轮箱输出轴与Ⅰ通风机的连接，均采用尼龙绳联轴器。直径 16 mm 的尼龙绳，采用起重钢丝绳结头联结方式，插扣编结成圆环形，往复挽绕在两个法兰各自的 6 个柱销间，其结构如图 4-23 所示。

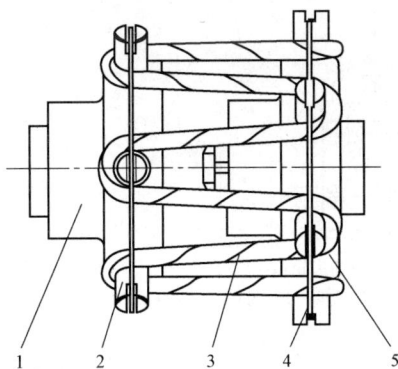

1，5—法兰；2—柱销；3—尼龙绳；4—起重钢丝绳。
图 4-23　尼龙绳联轴器的结构

　　尼龙绳联轴器是靠尼龙绳来传递扭矩的，它能充分调节传动环节的扭振性能，可以补偿相连机械沿轴线的径向、轴向位移和角度位移。但应注意，如果两相连轴线同轴度公差太大，也会导致尼龙绳与联轴器之间严重摩擦生热，使尼龙绳熔断。

尼龙绳具有较高的抗拉强度和良好的吸振能力，但易被利物割断和受热烧断。因此，法兰及柱销与尼龙绳接触的表面，都必须光滑无疵，在与尼龙绳接触的部位，可涂少量润滑油以减轻摩擦，提高使用寿命。一旦发现尼龙绳中有断丝现象，应及时更换新尼龙绳。

4.3.3　液力偶合器传动装置

东风$_{7C}$型内燃机车上冷却风扇的驱动采用液力偶合器传动形式。

1. 液力偶合器传动的作用

液力偶合器通过温度调节阀和充油调节阀的自动控制，使冷却风扇的转速实现自动无级调速，从而使柴油机冷却水的温度达到自动恒温控制，降低冷却风扇的功率消耗。

2. 风扇偶合器驱动系统的组成、作用及工作过程

1）组成

东风$_{7C}$型内燃机车安装有高、低温两个冷却风扇，每个风扇分别具有一套独立的风扇偶合器传动系统，除了系统内的热动元件温度范围不同外，这两个系统基本相同，均由风扇偶合器、温度调节阀、充油调节阀、管路及附件等组成，其结构如图4-24所示。

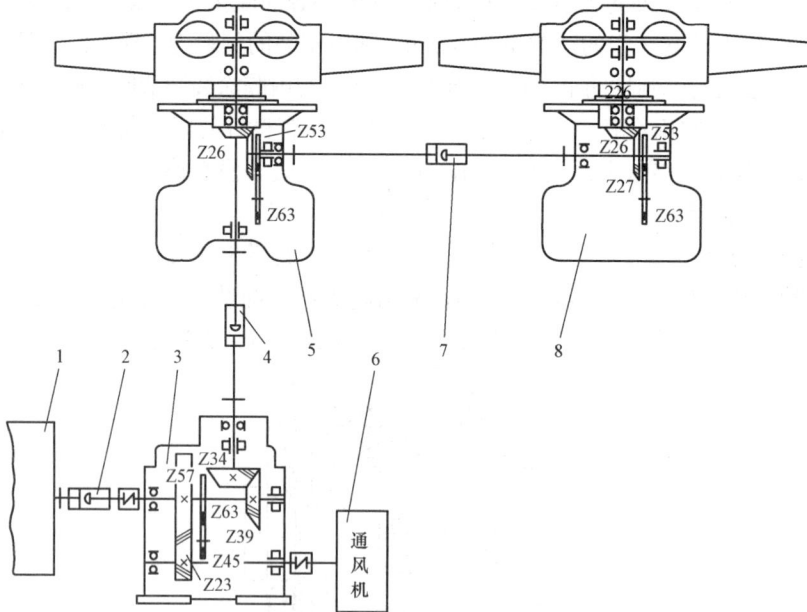

1—柴油机自由端；2，4，7—万向轴；3—辅助齿轮箱；5—风扇偶合器（高温）；6—Ⅰ端通风机；8—风扇偶合器（低温）。

图4-24　风扇偶合器传动系统的结构

2）作用

风扇偶合器传动系统的作用是使高温系统的水温控制在74～82 ℃的范围内，使中冷系统的水温控制到44～55 ℃的范围内。

3）工作过程

风扇偶合器传动系统的工作程序如下：风扇偶合器的工作油和润滑油均由装在箱内的齿

轮油泵供给。齿轮油泵由水平轴上所装的圆柱直齿轮驱动。当柴油机运转时，柴油机曲轴自由端经万向轴、弹性联轴节带动辅助齿轮箱，通过辅助齿轮箱的垂直轴、垂直万向轴，带动风扇偶合器（高温）泵轮轴运转，同时，经一对螺旋锥齿轮、水平轮、水平万向轴，带动风扇偶合器（低温）的水平轴，再经一对螺旋锥齿轮，带动泵轮轴旋转。

风扇偶合器主要由泵轮和涡轮组成。旋转的泵轮通过工作油带动涡轮旋转，因为冷却风扇和风扇偶合器涡轮连接在一起，所以它可带动冷却风扇工作。

3. 风扇偶合器传动系统的主要技术参数

冷却风扇驱动方式	偶合器+万向轴
偶合器型式	固定勺管、变充量、无级调速
泵轮标定转速	1 147 r/min
涡轮标定转速	1 100 r/min（1 300 r/min）
涡轮旋转方向（从顶端着）	顺时针
偶合器循环圆直径	450 mm
控制风压	≥550 kPa
风扇偶合器传动装置净重	约 280 kg

4. 风扇偶合器控制系统的组成、控制原理及控制状态

1）组成

风扇偶合器控制系统主要由温度调节阀、充油调节阀、管路及其附件等组成。风扇偶合器控制系统的控制原理如图 4-25 所示。

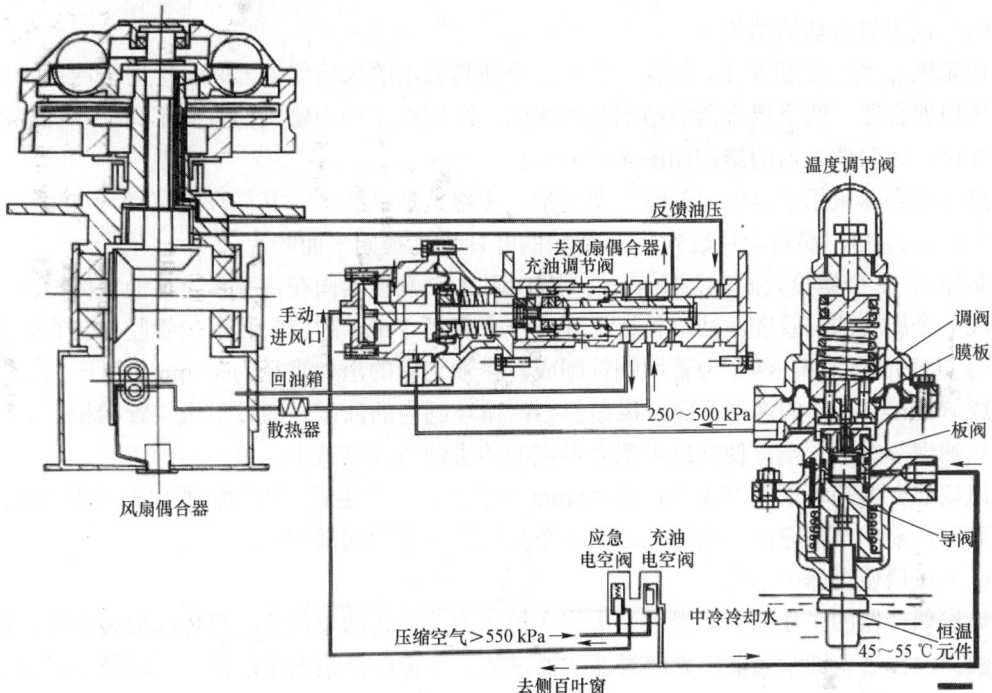

图 4-25　风扇偶合器控制系统的控制原理

147

2）控制原理

温度调节阀内装有蜡质热动元件，用于感受水温的变化，将温度调节阀不小于 550 kPa 的入口风压调节为 250～500 kPa 的出口风压，并作用于充油调节阀的一端，反馈油压作用于阀的另一端，充油调节阀在调节风压和反馈油压的联合作用下，改变风扇偶合器的充油量，从而自动地改变冷却风扇的转速，使水温保持在规定的范围内。

3）控制状态及作用

在司机室操纵台上装有高温风扇转换开关和低温风扇转换开关。转换开关有 4 个位置：零位、自动位、手动位和紧急位。

① 转换开关在零位：充油电空阀无电无风，风扇偶合器不充油，风扇不转。

② 转换开关在自动位：风扇偶合器自动控制系统工作，风扇转速随冷却水温度的变化而自动调节。正常工作时，转换开关应放在自动位。

③ 转换开关在手动位：当温度继电器发生故障，侧百叶窗不开，风扇不转时，将转换开关放在手动位，甩开温度继电器，充油电空阀得电通风，其余作用与自动位相同。风扇转速随冷却水水温的变化而自动调节。

④ 转换开关在紧急位：热动元件失灵、阀卡住等原因，使温度调节阀或充油调节阀发生故障，风扇偶合器不充油，风扇不转。此时，将转换开关放在紧急位，充油电空阀得电通风，向侧百叶窗风缸给风，开启侧百叶窗，紧急电空阀得电通风，直接推动充油调节阀端盖内的活塞，进油口全开，风扇偶合器全充油，风扇全速运转。

5. 风扇偶合器传动系统的主要部件

1）风扇偶合器

（1）风扇偶合器的结构

在东风$_{7C}$型内燃机车上，装有一个用于冷却高温水的风扇偶合器和一个用于冷却中低温水的风扇偶合器。两个偶合器的结构基本相同，区别在于动力输入的方向不同，箱体的结构略有变化。风扇偶合器的结构如图 4–26 所示。

风扇偶合器采用的是固定勺管、变充量、无级调速偶合器，其循环圆直径为 450 mm，泵轮叶片数为 33，涡轮叶片数为 32，两轮的叶片均为径向平面叶片。

泵轮用 12 个螺栓紧固在泵轮轴上，涡轮用 24 个螺栓紧固在油室体上，油室体与油室挡板构成一个旋转的勺管腔。油室挡板上开有一个直径 3 mm 的控制孔，勺管腔内装有固定的排油勺管和引压勺管。两个勺管用钢管制成，排油勺管的出口直径为 6 mm，引压勺管的出口制成 6 mm×2 mm 的矩形截面。风扇偶合器循环圆内的油压，通过引压勺管和相应油路作用于充油调节阀的一端，使向风扇偶合器充油的进油口开度减小。

风扇偶合器箱体上钻有 3 个直径 10 mm 的长孔，一个连通引压勺管通向充油调节阀，另一个通往风扇偶合器充油的进油孔，第 3 个是润滑轴承的润滑油孔。

（2）风扇偶合器的油路

风扇偶合器的工作油和润滑油，由装在箱体内的齿轮油泵供给。箱体底部装有风扇偶合器用油，油在进入油泵之前，先经过滤清器过滤。由齿轮油泵出来的油，一路经一组散热器后进入充油调节阀，再经过箱体上的孔道，由泵轮上的进油孔充入风扇偶合器内；另一路经过箱体上的孔道和节流堵直接向泵轮轴顶端轴承喷油润滑，只要柴油机工作，风扇偶合器的泵轮就转动。润滑油路一直有油，以保证轴承的润滑。

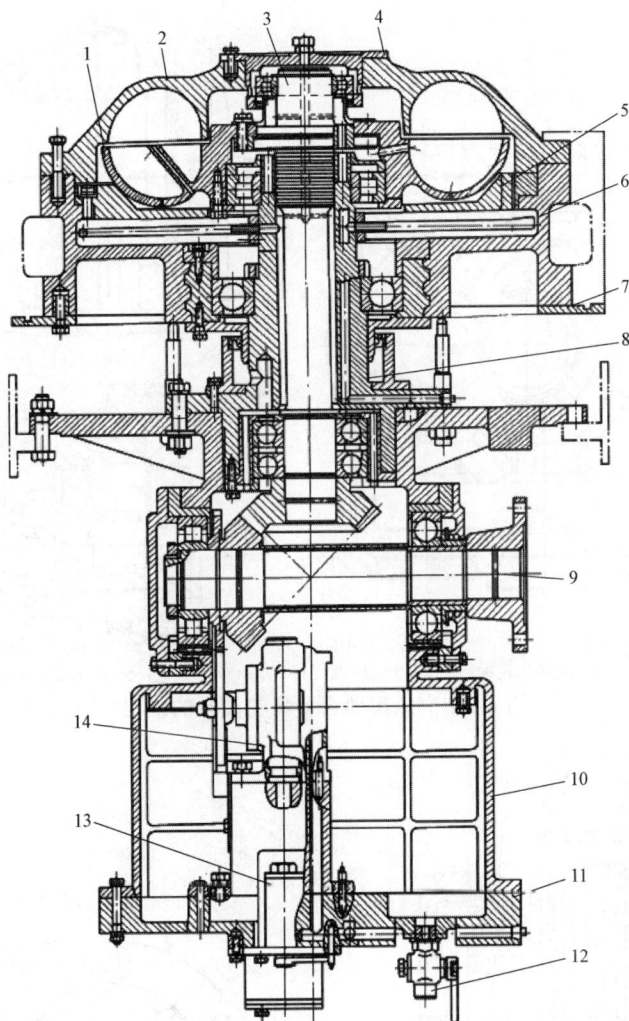

1—泵轮；2—涡轮；3—泵轮轴；4—盖；5—油室挡板；6—油室体；7—风扇托板；8—体；
9—水平轴；10—箱体；11—底盘；12—插接塞门；13—滤清器；14—齿轮油泵。

图 4−26　风扇偶合器的结构

　　风扇偶合器的排油，一路是由排油勺管排油，另一路是由油封处排油。另外，泵轮每两个叶片之间有一个直径 3 mm 的孔，当风扇不转时，把偶合器循环圆内的工作油排净。

　　① 风扇偶合器齿轮油泵。风扇偶合器设有独立的供油系统。在高温风扇偶合器的侧盖上和低温风扇偶合器的底盘上，各装有一个单向齿轮油泵。齿轮油泵为直齿外啮合齿轮油泵，主要由泵体、泵盖、主动齿轮轴、从动齿轮轴、轴套等组成，其结构如图 4−27 所示。

　　② 风扇偶合器滤清器。在高温风扇偶合器侧盖底部和低温风扇偶合器箱体的底盘上，各装有一个滤清器。滤清器主要由滤芯、滤网、塞门芯和壳体等组成，其结构如图 4−28 所示。滤芯外面包有一层孔径 180 μm 的铜丝网。滤清器滤网在每次辅修时应进行清洗。清洗时，应先将滤清器塞门从开通位扳到关闭位，然后拆下 4 条螺栓，即可抽出滤芯清洗滤网。

清洗后，切记把塞门从关闭位扳回开通位。

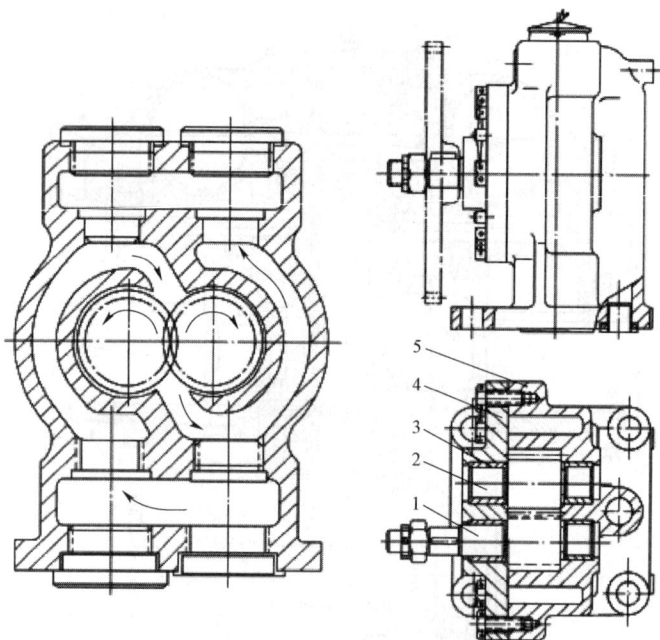

1—主动齿轮轴；2—从动齿轮轴；3—轴套；4—泵盖；5—泵体。
图 4-27 风扇偶合器齿轮油泵的结构

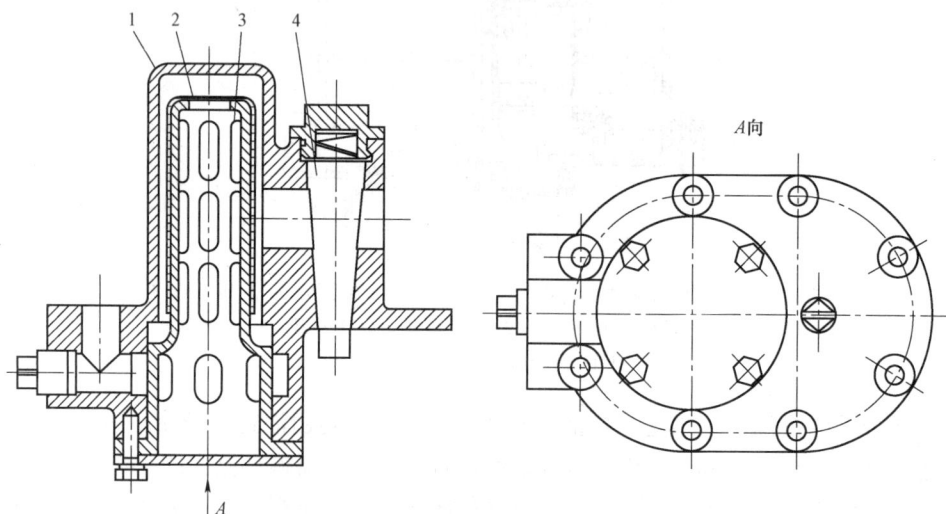

1—壳体；2—滤网；3—滤芯；4—塞门芯。
图 4-28 风扇偶合器滤清器的结构

（3）风扇偶合器的加放油方法及油位显示

① 在风扇偶合器箱体底部装有一个插接塞门，用于放油。

② 在风扇偶合器箱体的上部有一个螺塞，用于加油。

③ 在箱体的侧面设有油位表，油位表玻璃上刻有油位上下限的标记，油位应位于上下限标记之间。箱体上还设有检查孔，用以检查齿轮啮合情况，并用作通气孔。

2）温度调节阀

东风 $_{7C}$ 型内燃机车风扇偶合器控制系统的温度调节阀主要由热动元件、导阀、板阀、调阀、膜板、阀体、上盖和下盖等组成，其结构如图 4-29 所示。

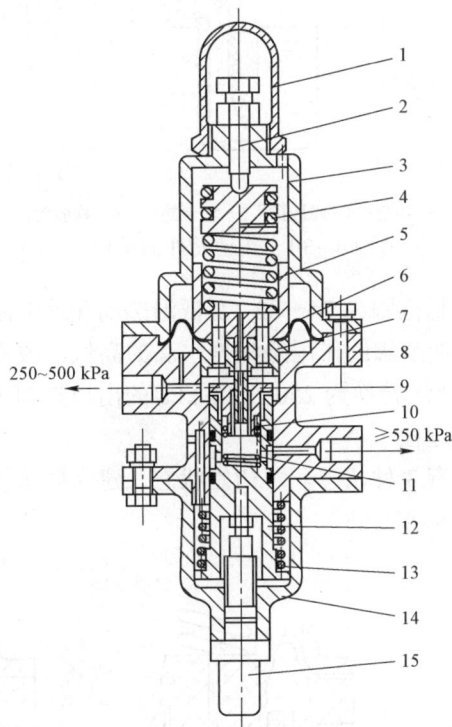

1—阀帽；2—螺栓；3—上盖；4，11，13—弹簧；5—弹簧座；6—膜板；7—调阀；8—阀体；
9—导阀头；10—板阀；12—导阀；14—下盖；15—热动元件。

图 4-29　温度调节阀的结构

温度调节阀的入口通过充油电空阀与控制风源相连，其风源的风压不低于 550 kPa，其出口与充油调节阀的一端相连。

高温温度调节阀装在机车高温水系统的管路中，低温温度调节阀装在机车低温水系统的管路中，热动元件被冷却水所包围。

（1）温度调节阀热动元件的结构及控制范围

热动元件是温度调节阀的关键部件，主要由温包蜡室、膨胀剂、橡胶管、导套和推杆等组成，其结构如图 4-30 所示。热动元件内装的膨胀剂是经严格分馏选择并具有所需熔点范围的石蜡和细铜粉的混合物，并按一定的比例精制而成。铜粉的主要作用是加速石蜡的热传导。热动元件是应用石蜡从固态到液态体积发生膨胀的特点制造的。热动元件的外壳材质是铜，具有很好的传热性。

151

1，3—推杆；2—导套；4—橡胶圈；5—温包蜡室；6—橡胶管；7—膨胀剂。

图 4-30　热动元件的结构

高温热动元件的温度控制范围为 74～82 ℃，低温热动元件的温度控制范围为 44～55 ℃，推杆行程大于 8 mm，温度调节阀的作用是根据水温的高低，改变热动元件的推杆行程，将入口不低于 550 kPa 的控制风压转换为 250～500 kPa 的出口控制风压。

（2）温度调节阀的作用过程

温度调节阀的调节动作有 3 种状态，即初始状态、建立风压状态和平衡状态。温度调节阀的调节过程如图 4-31 所示。

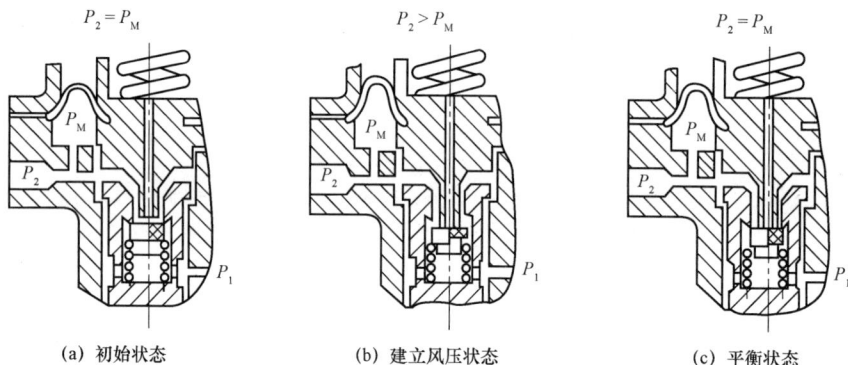

(a) 初始状态　　　　　　(b) 建立风压状态　　　　　　(c) 平衡状态

图 4-31　温度调节阀的调节过程

① 初始状态：当水温低于 74 ℃时，热动元件不作用，导阀紧压在板阀的橡胶板上，风源与出口不连通。此时，$P_2 = P_M = 0$，处于初始状态。

② 建立风压状态：当水温高于 74 ℃，随着水温的升高，达到热动元件内石蜡融化的温度时，石蜡开始从固态逐渐变成液态，同时体积显著膨胀，推杆向上移动，将导阀顶起，板阀上的橡胶板与调阀接触，将调阀上的排气孔堵住，风源经导阀与出口连通。此时，$P_2 > P_M$，板阀上的橡胶板重新堵住调阀上的排气孔，温度调节阀处于建立风压状态。

③ 平衡状态：当导阀、板阀和调阀都被封住，出口风压稳定在一定的数值上，温度调节阀入口风压不低于 550 kPa，出口风压在 250～500 kPa 范围内，最高控制温度为 82 ℃（低

温热动元件为55 ℃）。当水温降低时，石蜡从液态逐渐固化，体积收缩，推杆向下缩回，导阀带着板阀也一起向下移动。当板阀与调阀之间有间隙时，温度调节阀就通过这个间隙和调阀上的排气孔卸压。当压力减小时，膜板和调阀也向下移动，直至导阀紧压在板阀的橡胶板上为止，此时，$P_2 = P_M = 0$，处于平衡状态。

3）充油调节阀

（1）充油调节阀的结构及工作过程

充油调节阀主要由端盖、活塞、活塞杆、橡胶膜板、滑阀杆、滑阀、滑阀套、弹簧等组成，其结构如图4-32所示。橡胶膜板夹装在活塞杆上，活塞杆与滑阀杆连成一体。端盖内装有活塞和活塞杆，端盖的侧面有一个控制风压入口，通过管路与温度调节阀的出口相连。端盖的小盖上还有一个控制风压入口，通过管路经充油电空阀与控制风源相连。

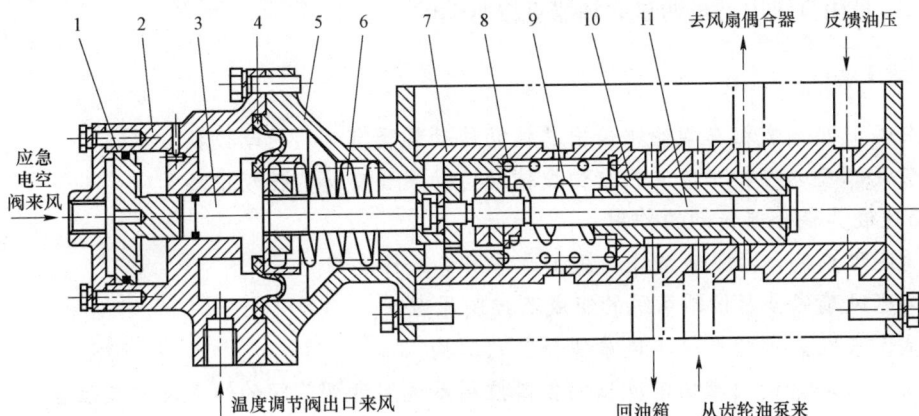

1—活塞；2—端盖；3—活塞杆；4—橡胶膜板；5—体；6，8—弹簧；7—滑阀套；9—反馈弹簧；10—滑阀；11—滑阀杆。

图4-32 充油调节阀的结构

当温度调节阀出口控制风压为零时，充油调节阀的滑阀在左端位，通往风扇偶合器的进油口关闭，由齿轮油泵来的工作油经回油口流回油箱。当控制风压作用在橡胶膜板的左侧时，推动活塞杆和滑阀向右移动，从而关闭回油口，打开进油口，由齿轮油泵来的工作油经进油口充入风扇偶合器内。控制风压越高，进油口的开度就越大，风扇偶合器内的充油量就越多，此时其控制的风扇转速也就越高。随着风扇转速的提高，风扇偶合器内的油压增大，由引压勺管引出的反馈油压作用在滑阀的右端，企图减小进油口的开度，打开回油口。充油调节阀的滑阀就是在控制风压和反馈油压的综合作用下，处于动态平衡，使滑阀稳定在一定的位置上，使进油口的开度与温度相适应。

（2）充油调节阀的控制过程

高温风扇偶合器和低温风扇偶合器的控制过程基本相同，只是控温范围不同。高温风扇偶合器控温范围是74～82 ℃；低温风扇偶合器的控温范围是44～55 ℃。下面以高温风扇偶合器为例，说明风扇偶合器控制系统的工作过程。

将高温风扇转换开关放在自动位，当高温水温度达73 ℃时，温度继电器接通电路，使充油电控阀得电通风，一路向侧百叶窗风缸给风，开启侧百叶窗；另一路向温度调节阀给风，入口控制风压不低于550 kPa。当高温水温度升至74 ℃时，热动元件开始膨胀，推杆向上移动；当温度调节阀出口风压为 250 kPa 时，控制风压推动充油调节阀的滑阀杆，打开进油口，向风扇偶合器充油，风扇转速也随之提高。

当高温水温度升至 82 ℃时，控制风压为 400～500 kPa，风扇偶合器全充油，风扇全速运转。由于风扇的冷却作用，使水温下降。当高温水温度从 82 ℃降至 74 ℃时，控制风压从 400～500 kPa 降至 250 kPa，风扇转速下降。当水温降至 72 ℃时，温度继电器断开电路，使充油电控阀断电断风，侧百叶窗关闭，风扇停止运转。

4.3.4 电气传动装置

东风$_{7C}$型内燃机车的燃油泵、辅助机油泵Ⅰ、辅助机油泵Ⅱ、空气压缩机、车体通风机等部件通常是由直流电动机通过联轴器直接驱动的。

【思考题】

1. 东风$_{7C}$型内燃机车柴油机输出端辅助传动装置有哪些传动设备？
2. 东风$_{7C}$型内燃机车柴油机自由端辅助传动装置有哪些传动设备？
3. 简述液力偶合器传动的作用。
4. 简述风扇偶合器驱动系统的组成、作用及工作过程。
5. 简述风扇偶合器控制系统的组成及控制原理。
6. 试述东风$_{7C}$型内燃机车风扇偶合器的结构。
7. 简述东风$_{7C}$型内燃机车风扇偶合器控制系统温度调节阀的组成及安装位置。
8. 简述东风$_{7C}$型内燃机车温度调节阀热动元件的结构及控制范围。
9. 简述东风$_{7C}$型内燃机车风扇偶合器控制系统充油调节阀的组成结构及作用。
10. 简述东风$_{7C}$型内燃机车风扇控制系统充油调节阀的控制过程。

任务 4.4 HX$_N$3 型内燃机车辅助传动装置

【任务目标】

熟悉 HX$_N$3 型内燃机车辅助传动装置驱动的部件。

【任务内容】

HX$_N$3 型内燃机车辅助传动装置只有电气传动装置，用电机驱动，如 1 号转向架通风机、2 号转向架通风机、电气柜/除尘通风机、牵引发电机通风机、冷却风扇、电阻制动通风机、辅助燃油泵、起动机油泵、空气压缩机、辅助空气压缩机等均以电机驱动。

1. 1 号转向架通风机电机

1 号转向架通风机电机位于清洁空气间盖板面上，为 250 A 熔断器保护的双速三相交流电机。使用电机一个相线上安装的电流互感器（TMBL1A），EM2000 便可监控电流以确认是否正确操作，并检测开路及绕组短路等故障。电机接触器、熔断器和电流互感器位于电气柜内。只要辅助发电机提供输出电流，该电机便会运行，除非有故障发生。电机通常以低速运行，除非机车计算机检测到下列情况之一：① 相模块温度高；② 牵引电机温度高；③ 电阻制动操作。机车计算机检测到任何上述情况时，都会改变电机连接，使之高速运行。

在 FIRE 显示屏上可进行 1 号转向架通风机自检。执行自检时，可观察到慢速和高速接触器状态（打开/关闭），以及电流水平。

2. 2 号转向架通风机电机

2 号转向架通风机电机位于冷却间内，为两根 125 A 熔断器保护的双速三相交流电机。使用电机一个相线上安装的电流互感器（TMBL2 A），EM2000 便可监控电流以检测是否开路，以及是否发生绕组短路故障。电机接触器和熔断器位于电气间内。在 FIRE 显示屏上可进行 2 号转向架通风机自检。进行自检时，可观察到慢速和高速接触器状态（打开/关闭）以及电流水平。

3. 电气柜/除尘通风机电机

电气柜/除尘通风机电机位于清洁空气室的顶部，为 70A 熔断器，保护的双速三相交流电机。使用电机一个相位上安装的变流器（LDBBL A），EM2000 便可监控电流以确认是否正确操作，并检测开路及短接绕组故障。电机接触器、熔断器和逆变器位于电气室内。在 FIRE 显示屏上可进行电气柜/除尘通风机自检。执行自检时，可观察到慢速和高速接触器状态（打开/关闭），以及电流水平。

4. 牵引发电机通风机电机

牵引发电机通风机电机位于电阻制动室内（如图 4-33 所示），为单速三相交流电机。电机受电气室的电路断路器上的 40 A 电路断路器保护。使用电机一个相位上安装的变流器（GENBL A），EM2000 便可监控电流以确认是否正确操作，并检测开路、短接绕组故障。只要在从配对发电机有输出时，发电机/交流发电机通风机便可运行。电机电路上没有接触器或开关。

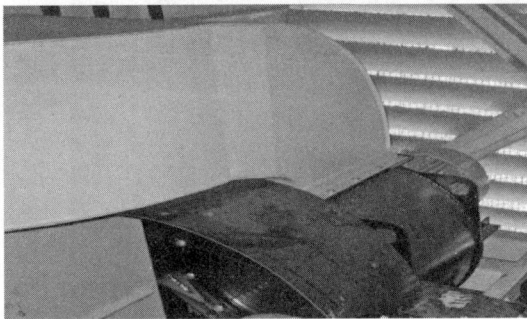

图 4-33 牵引发电机通风机电机

5. 冷却风扇电机

为获得更高的燃油效率，每个冷却风扇由交流发电机供电的双速交流电机驱动。

6. 电阻制动通风机电机

电阻制动通风机电机为 100 HP 系列直流串励电动机，并且在制动电阻组件下直接安装。

7. 起动机油泵电机

起动机油泵电机如图 4-34 所示，布置在主机油滤清器箱体附近，它是一个双向交流电机，机油泵带有一个逆变器，可以将直流电源转换为交流电源供给电机。

电机可以逆时针和顺时针两个方向旋转。在柴油机起动前，电机逆时针旋转，提供油压对柴油机进行预润滑；在柴油机停机瞬间，电机顺时针旋转，提供油压对增压器进行后润滑。起机前运行 15 min，停机后运行 30 min。

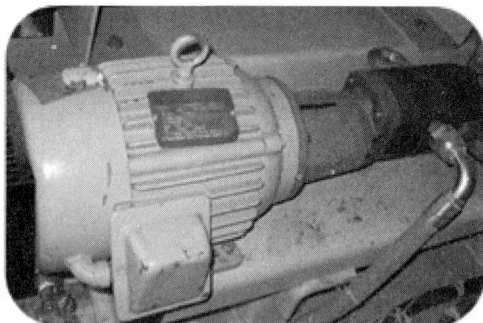

图 4-34 起动机油泵电机

8. 辅助燃油泵电机

辅助燃油泵电机如图 4-35 所示。在柴油机起动前的燃油预热和柴油机起动过程中，由蓄电池供电；当柴油机在怠速运行或以第一手柄位运行时，由辅助电源变流器供电。柴油机起机后，当司控器挡位高于 2 位（包括 2）时，电机停止运行。

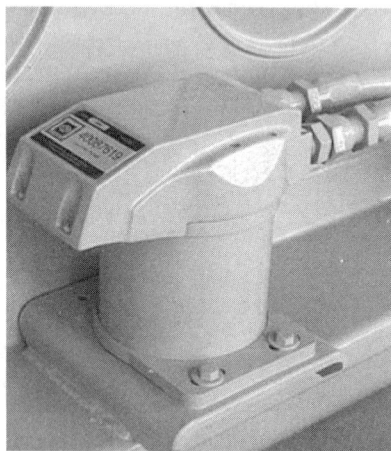

图 4-35 辅助燃油泵电机

9. 空气压缩机电机

空气压缩机电机如图 3-36 所示。两台空气压缩机电机分别由两个逆变器控制运行。空气压缩机电机由单独的逆变器供电，CA9 型辅助发电机给逆变器提供变电压、变频率的电源。

图 4-36　空气压缩机电机

10. 辅助空气压缩机电机

辅助空气压缩机电机如图 4-37 所示。辅助空气压缩机电机由蓄电池驱动，当第三总风缸风压不足时，辅助空气压缩机补充空气给柴油机起动电机（起动马达）。

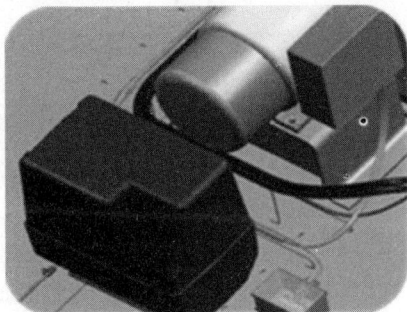

图 4-37　辅助空气压缩机电机

【思考题】

HX_N3 型内燃机车电气传动装置驱动了哪些部件？

任务 4.5　HX_N5 型内燃机车辅助传动装置

【任务目标】

熟悉 HX_N5 型内燃机车辅助电传动装置驱动的部件。

【任务内容】

HX_N5 型内燃机车辅助传动装置只有电气传动装置，用交流辅助电机驱动，例如牵引电机排尘风机、牵引电机通风机、空气压缩机、交流发电机通风机/排风机、制动电阻装置风机、冷却风扇、燃油泵、预润滑油泵等均由交流辅助电机驱动。

由于运用条件和要求的不同，机车对这些电机的驱动方式也有所不同，其中牵引电机排尘风机电机、交流发电机通风机电机的驱动方式为直接驱动，空气压缩机电机的驱动方式为接触器控制驱动，冷却风扇电机和牵引电机通风机电机采用跳波控制器驱动。部分辅助电机的布置示意图如图4-38所示。

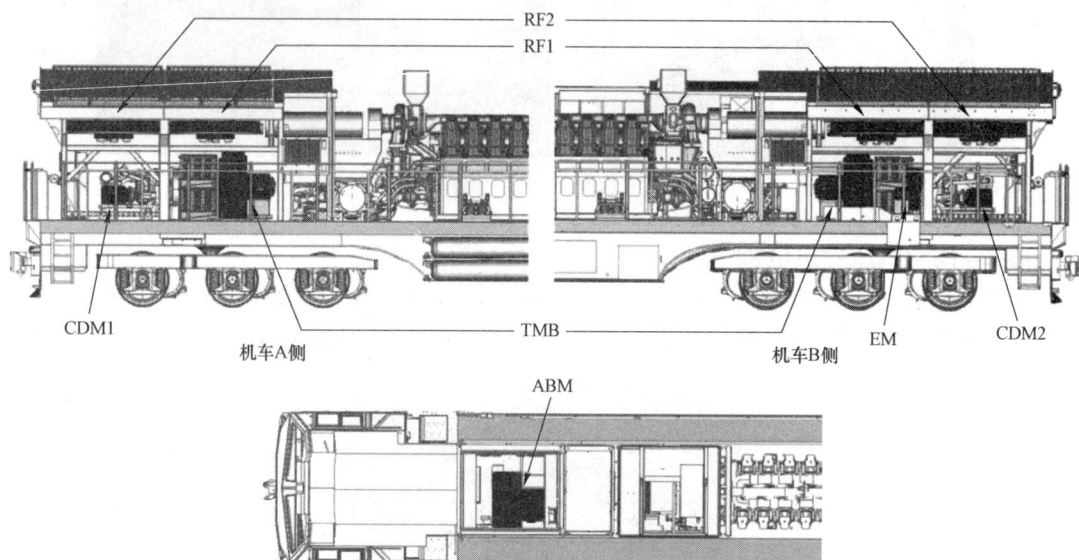

ABM—辅助通风机电机；CDM1，CDM2—空气压缩机电机；EM—牵引电机排尘风机电机；
RF1，RF2—冷却风扇电机；TBM—牵引电机通风机电机。

图4-38　HX$_N$5型内燃机车上部分辅助电机的布置示意图

1. 牵引电机通风机电机

牵引电机通风机组如图4-39所示，位于冷却室内，其电机是一台60 kW的交流电动机。

图4-39　牵引电机通风机组

2. 牵引电机排尘风机电机

牵引电机排尘风机电机从机车的B侧可以接近，是一台6.4 kW的交流电动机。交流电动机通过一个排尘电动机断路器（EMB）电气连接到辅助交流发电机上。只要辅助交流发电机工作，排风风机就工作。排尘风机与柴油机同转速运行。排尘电动机断路器对交流电动机提供过载保护。排尘风机组如图 4-40 所示。

1—排尘风机电机；2—排尘风机。
图 4-40　排尘风机组

3. 交流发电机通风机/排风机电机

交流发电机通风机/排风机电机安装在辅助室的上方，是一台 60 kW 的交流电动机。交流电动机驱动在同一根轴上的通风机和排风机，交流电动机电气连接在辅助交流发电机上。只要辅助交流发电机工作，交流发电机通风机就工作。交流发电机通风机/排风机电机如图 4-41 所示。

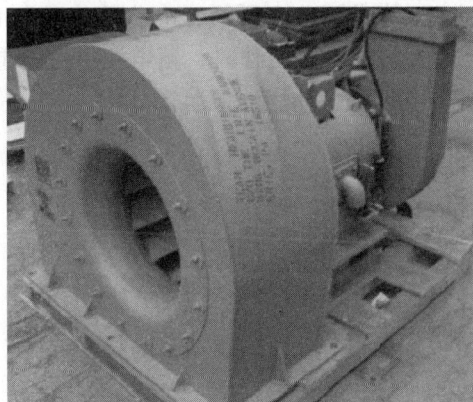

图 4-41　交流发电机通风机/排风机电机

4. 制动电阻装置风机电机

制动电阻装置风机电机为串励直流电机，其引出线为"A""FF"两根电缆，分别接在 945 栅格的两个接线端子上。在原理上，该电机相当于直接并联在制动电阻上。

5. 空气压缩机电机

空气压缩机电机是交流电动机，其布置如图 4-42 所示。

空气压缩机电机是一个大转矩感应电动机，按电动机磁极（或绕组）的不同可以 2 极或 4 极运转。电动机可以以 2 倍柴油机速度或柴油机速度运转。2 倍柴油机速度工作能够在柴油机空转时允许空气压缩机为空气系统输送空气，从而节约燃油。

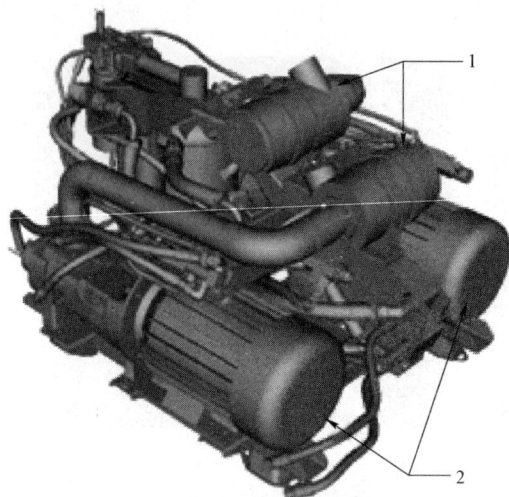

1—空气滤清器；2—交流电动机。
图4-42　空气压缩机电机的布置

6. 冷却风扇电机

冷却风扇用90 kW交流电动机驱动。冷却风扇电机通过内置式调节器控制风扇转速，可将风扇转速控制在0转速、1/4转速、1/2转速或全速。

7. 燃油泵电机

燃油泵电机为交流电动机，如图4-43所示。电动机功率为1.86 kW，采用全封闭、无通风式结构，无须提供外部冷却。燃油泵工作时，蓄电池将直流电供给变流器，变流器把直流电变成交流电供给电动机，电动机带动燃油泵运行。

图4-43　燃油泵电机

8. 预润滑油泵电机

预润滑油泵电机用于起动前预先润滑柴油机。预润滑油泵电机组由一台无刷直流电机通过齿形联轴节直接驱动预润滑油泵。预润滑油泵与电机固定在设备支撑架上，组成预润滑油泵电机组，如图 4-44 所示。预润滑油泵电机组位于机车 A 侧的冷却室内，在润滑油滤清器后面，紧靠燃油输送泵。

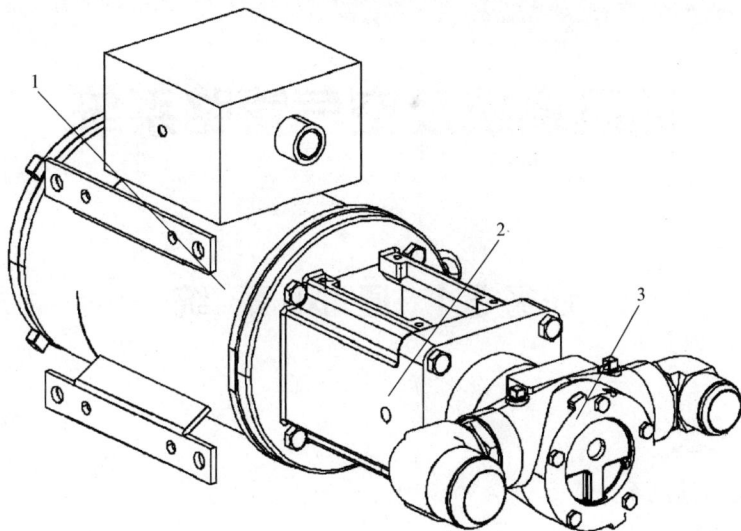

1—预润滑油泵电机；2—联轴机；3—预润滑油泵。
图 4-44　预润滑油泵电机组

【思考题】

HX$_N$5 型内燃机车电气传动装置驱动了哪些部件？

項目 5

通风系统及空气管路系统

任务 5.1　通 风 系 统

【任务目标】

熟悉内燃机车通风系统。

【任务内容】

1. 通风系统概述

通风系统是内燃机车中一个重要的系统。机车上很多设备,在工作中会产生大量的热量,如果不能及时散发出去,会影响电气设备的正常使用,甚至会烧毁设备,但仅凭自然通风远不能满足内燃机车的散热要求,因此必须用通风系统对设备进行强制通风。

机车通风方式通常有以下两种:

① 独立通风:设置专用风道,便于集中去尘。

② 车体通风:风由侧墙吸入车体内,再自选分配进入各风道。

这两种通风方式也可以混合采用。对于分布在车体内不同部位的需要强制冷却的电气设备,通常需要将它们就近分为若干组,根据不同部件及其冷却要求,分别采用合适的通风机和冷却风道,共同构成一个布置合理、适应要求的通风冷却系统。

2. 通风机的类型和特点

1)离心式通风机

离心式通风机又称鼓风机,是工业上广泛使用的一种通风机,其工作原理示意图如图 5-1 所示,其外观如图 5-2 所示,其主要组件分解示意图如图 5-3 所示。

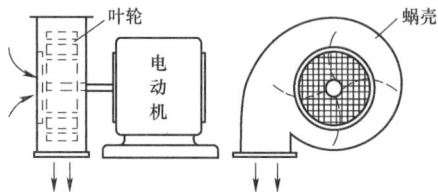

图 5-1　离心式通风机工作原理示意图　　　图 5-2　离心式通风机外观图

离心式通风机有一个蜗壳状的壳体。在壳体内装有叶轮,叶轮轴由电动机驱动。当叶轮在蜗壳内高速旋转时,叶片间的空气也被迫高速旋转,在离心力作用下,空气将以一定的速度沿蜗壳经出风口进入风道。由于叶轮间形成真空,外界空气不断从叶轮轴向进风口被吸入蜗壳内部,而流通截面渐扩的蜗壳通道,把空气的流速转变为压强,使风道的风压得到升高。

离心式通风机具有以下特点:

① 风压较大,风力比较集中,适应于较远距离通风,出风量大。

② 转速较低(受叶轮形状和强度的影响),效率也较低。

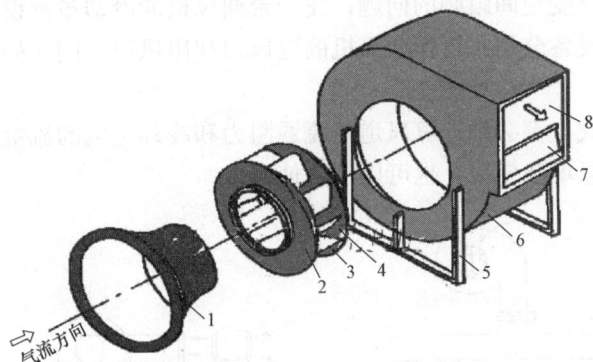

1—进风口;2—叶轮前盘;3—叶片;4—叶轮后盘;5—支架;6—机壳;7—节流板;8—出风口。

图 5-3　离心式通风机主要组件分解示意图

2)轴流式通风机

轴流式通风机通常称风扇,其工作原理示意图如图 5-4 所示,其外观图如图 5-5 所示。轴流式通风机的叶轮轴与风道平行(也可不设风道),叶轮在电动机驱动下高速旋转,由于叶片有一定的斜度,形成空气的轴向流动,叶轮背面形成真空,外界空气不断补入。

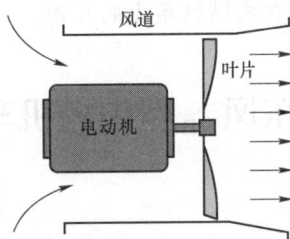

图 5-4　轴流式通风机工作原理示意图

图 5-5　轴流式通风机的外观

轴流式通风机具有以下特点：

① 风压小，风力较分散，因此不适宜远距离送风。

② 体积小，但转速高，效率较高。

3. 通风机在内燃机车上的应用

离心式通风机和轴流式通风机在内燃机车通风系统中均被采用。对于一些距离车体较远的设备，如牵引电机，通常用离心式通风机冷却；对于另外一些设备，如制动电阻柜，因位置局限，通常用轴流式通风机冷却。

为了解决机车车体受空间限制的问题，使一台通风机能冷却多台设备，通常采用通风支路的方式，或将冷却设备分别布置在通风机的进风口和出风口一侧（如图 5-6 所示），可以得到同样的冷却效果。

不论采用何种方式，都必须计算风道的流通阻力和冷却空气的流量，以保证冷却效果。以上两种冷却方式可以单独使用，也可以混合使用。

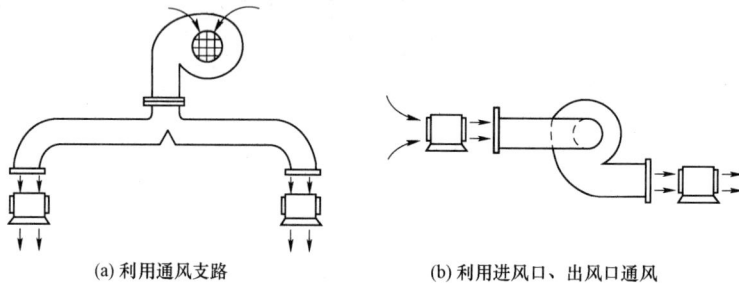

(a) 利用通风支路　　　　　　　　(b) 利用进风口、出风口通风

图 5-6　一台通风机同时冷却多台设备

【思考题】

试述通风机的种类、特点以及在内燃机车上的应用。

任务 5.2　东风 $_{4B}$ 型内燃机车通风系统

【任务目标】

掌握东风 $_{4B}$ 型内燃机车通风系统。

【任务内容】

1. 制动电阻柜通风通路

东风 $_{4B}$ 型内燃机车上装有两台相同型号的电阻制动装置，其外形图如图 5-7 所示。每台电阻制动装置内有 6 个电阻单节，每个电阻单节安装在一个方形框架中，每两个电阻单节串联成为一组制动电阻，这三组制动电阻分别对三台牵引电机进行能耗制动。

制动电阻采取强迫通风冷却。驱动通风机用的直流串励电动机由第 2 位和第 5 位牵引电机经制动电阻分压后供电。这样，不仅能节省驱动冷却通风机所需要的能量，并且通风机的工作状态与冷却要求互相适应。制动电流越大，通风机电机电压越高，其转速越高，风量越大，排热能力越强；反之，当制动电流减小，不需要太多的冷却风量时，通风机电机也因电压降低而减速工作。

通风机风量为 24 700 m^3/h，总风压为 2.19 kPa。

新鲜空气经机车底架下部过滤网，被电阻制动柜下的通风机吸入，通过冷却电阻带后，吹开顶部活动百叶窗排出。

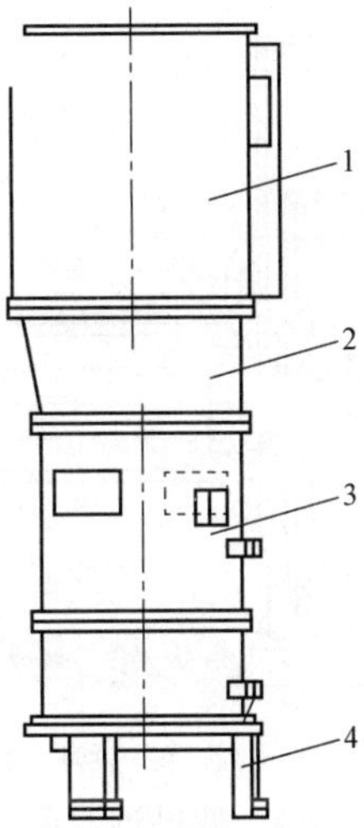

1—电阻制动柜；2—风道；3—通风机组；4—底架。

图 5-7　电阻制动装置

2. 牵引电机通风系统

为了保证牵引电机在适宜的温度条件下正常工作，延长工作寿命，提高工作可靠性，对牵引电机 ZQDR-410 型施行强迫通风冷却。

牵引电机通风系统，根据牵引电机在机车上的布置，以机车每个转向架上的三台牵引电机为一组，设置了两套各自独立的牵引电机通风系统。两套牵引电机通风系统基本一样，即每一套均由一个通风机及相应的风道组成。

前牵引电机通风系统除冷却前转向架上的三台牵引电机外，还冷却硅整流柜。即空气由外界吸入，先通过硅整流柜，再到通风机，从通风机出来后，再分别进入前转向架的三台牵引电机，最后排入大气。

通风道由普通薄钢板焊接而成，并与机车底架组焊在一起，成为底架的一部分。在每个通风机的出风口处，设置有一个空气分配箱，将空气比较均匀地分流到三个牵引电机，使各个牵引电机的冷却效果比较一致。

为适应机车行驶在曲线上时，机车底架与机车转向架之间相互位置的变化，机车底架上风道与牵引电机进风口的连接采用了软管连接。该软管经过阻燃处理，以防机车制动时闸瓦与车轮摩擦产生火星，或其他原因引起软管着火。

后牵引电机通风机，因安装在冷却室下，在雨季容易吸入雨水，这对于牵引电机工作是不利的。所以，为了防止雨水进入牵引电机，在后通风机进风口除有过滤网外，还有防雨水进入装置。

通风机选用前弯叶片离心式通风机，以适应机车要求的体积较小且又能满足牵引电机冷却的特点。

通风机由进风口、蜗壳、叶轮、轴、轴承、轴承箱和后盖等组成，如图 5-8 所示。通风机采用机械传动，由辅助传动装置的起动变速箱和静液压变速箱通过尼龙绳联轴节和尼龙绳传动轴分别带动前、后通风机。

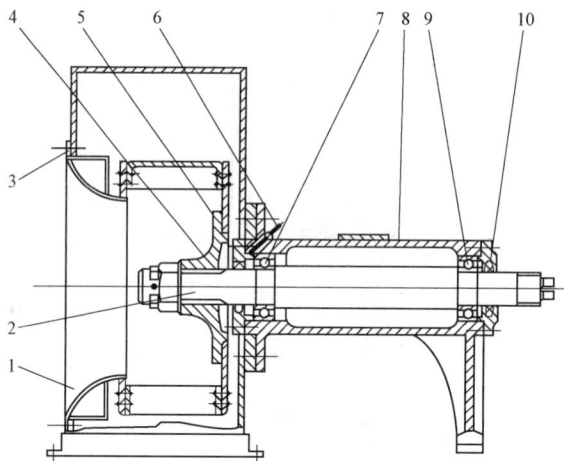

1—进风口；2—轴；3—蜗壳；4—叶轮；5—前盖；6—油环；7，9—轴承；8—轴承箱；10—后盖。

图 5-8　通风机的结构

通风机的轴由 45 号钢制成。进风口用钢板冲压成喇叭形，其外侧有滤网，以防杂物吸进电动机而破坏电动机的正常工作。叶轮由前盘、后盘、轮毂以及 60 个叶片组成。后盘用 8 个 $\phi 10 \, mm$ 的铆钉固定在轮毂上，每个叶片与前、后盘各用两个 $\phi 4 \, mm$ 铆钉紧固。叶片冲压成形后，用专门样板检查其外形。组装时，叶片按重量选配，相同重量的叶片安装在与其轴线相对称的位置上。

铸钢轴承箱用 8 个 M12 螺栓和蜗壳相连接。轴承与轴、轴承箱之间为过渡配合，其轴向分别用轴肩和轴承盖定位。轴承盖用 6 个 M12 螺栓固定在轴承箱上。叶轮、传动法兰均用矩形花键与轴相连，并分别用流线螺母和圆螺母与轴端固定。进风口用 8 个 M10 螺栓紧固在蜗壳上。

通风机组装后，须进行运转、性能及超速试验。

3. 牵引发电机通风系统

牵引发电机的通风，采用的是自通风式。在转子两端面上各装有 18 片风扇叶片，转子转动时，叶片随着转子一起转动，并将冷却空气从输出端盖进风口处吸入。吸入的冷却空气在电机内分别沿着轴向和径向风道流动，对定子和转子进行冷却。冷却电机后的热空气从电机的下排风口排出，并经通风道直接排出车体。

【思考题】

1. 简述电阻制动装置的通风通路。
2. 试述东风$_{4B}$型内燃机车牵引电机的通风通路。

任务 5.3　HX$_N$3 型内燃机车通风系统

【任务目标】

掌握 HX$_N$3 型内燃机车通风系统。

【任务内容】

1. HX$_N$3 型内燃机车通风系统概述

柴油机运行时，涡轮增压器通过清洁空气室的惯性滤清器以及柴油机空气过滤器吸入室外空气。电气室通风机也可以通过惯性滤清器吸入室外空气。所有其他通风机使用未经过滤的空气进行冷却或加压。压缩空气系统的相关设备如图 5-9 所示。

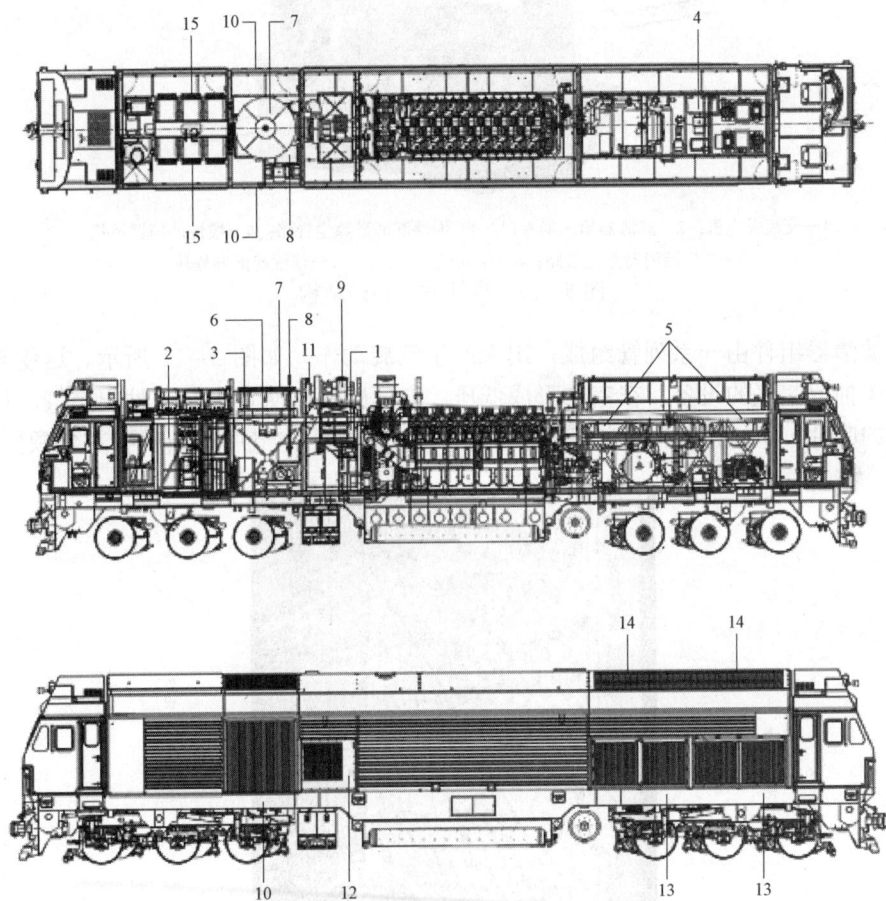

1—柴油机空气过滤器；2—电气室；3—逆变器/1 号牵引电机通风机；4—2 号牵引电机通风机；5—散热器冷却风扇；6—电阻制动冷却风扇；7—电阻制动防护网；8—交流发电机通风机；9—除尘风机；10—电阻制动进风口；11—电气室通风机进风口；12—柴油机空气过滤器进风口；13—散热器进风口；14—散热器出风口；15—逆变器进风口。

图 5-9　压缩空气系统的相关设备

2. 惯性滤清器

清洁空气室配有两组惯性滤清器，机车每侧一个。惯性滤清器的结构如图 5-10 所示。当柴油机正在运行并且各室的门关闭时，惯性滤清器安装在相对室外空气来说气密性较好的室内，空气只能从惯性滤清器进入。清洁空气室的前墙为电气室的后墙。主发电机组件及紧密环绕在其四周的分隔形成了隔墙，将清洁空气室与动力室分离开。惯性滤清器装在清洁空气室两侧的侧墙外面，电气室/除尘通风机组件装在该室的顶部。转向架/设备通风机以及主发电机将该室封闭起来。

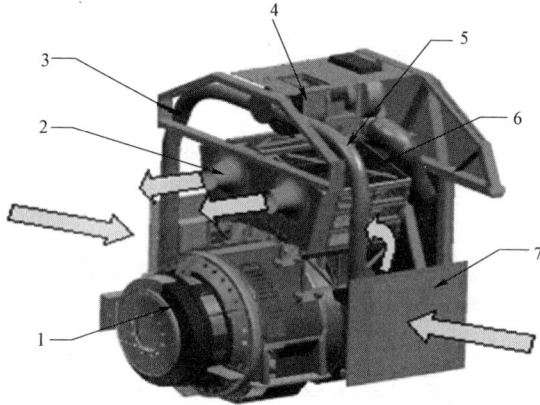

1—交流发电机；2—滤清器增压器入口；3—惯性滤清器除尘管路；4—惯性滤清器风机；
5—惯性滤清器除尘管路；6—柴油机过滤单元；7—惯性滤清器模块。

图 5-10　惯性滤清器的结构

惯性滤清器组件由一系列管组成，用来产生气旋动作，如图 5-11 所示。这便需要从清洁空气室中抽取空气的设备，在室中形成低压，方便柴油机从管中快速抽出空气。每个管中都有专门的叶片，可在所吸入的空气中引发旋转运动。由于空气中的杂质和灰尘颗粒比较重，

图 5-11　惯性滤清器

会被甩到管的外壁并冲到抽气管道。除尘通风机（电气室/除尘通风机组件的一部分）可清除杂质颗粒，并将其从机车车顶排出。这样，空气的主要部分与其携带的杂质分离开来，清洁的空气从管道直径较小端中流出，然后进入第二根管中。在这里，空气再次被管内的叶片引出旋涡，灰尘颗粒被带入抽气管中，清洁后的干净空气进入清洁空气室内。排水管道清除惯性滤清器组件中的雨水。

清洁空气室中的空气也会被电气室通风机吸入（电气室/除尘通风机组件的一部分）。进入电气室之前，空气再次被一组可更换的滤清器过滤。从机车外面可看到电气室惯性滤清器，它位于机车两侧盖上螺栓的后面。这两个电气室惯性滤清器每年都应更换。

注意： 使用新的电气室时，电气组件的冷却尤为重要。冷却不足可能会导致组件发生故障，引起机车性能下降。

3. 电气柜/除尘通风机通风通路

电气柜/除尘通风机组件位于清洁空气室的顶部，由交流电机和两个通风机叶轮构成，如图 5-12 所示。电气柜/除尘通风机具有以下两种功能：

（1）为电气室设备提供冷却/加压。

（2）从惯性滤清器高压室中抽出杂质，然后通过通风机口向上排出。

图 5-12　电气柜/除尘通风机

通风机由受 70 A 熔断器保护的双速三相交流电机驱动。使用其中一个电机相线上安装的变流器（LDBBL A），EM2000 便可监控电流以确认操作是否正确并检测开放电路，以及检测是否短接绕组。电机接触器、熔断器和逆变器位于电气室内。

在 FIRE 显示屏上可进行电气室/除尘通风机自检。执行自检时，可观察到慢速和高速接触器状态（打开/关闭），以及电流水平。

4. 牵引发电机通风通路

牵引发电机通风机为牵引和辅助发电机提供冷却空气，如图 5-13 所示。牵引发电机通风机位于电阻制动室内，并通过过渡管道连接到牵引发电机风箱。牵引发电机通风机通过入口筛网吸入未经过滤的空气，并强制其通过连接到牵引发电机风箱的过渡管道。吸入的空气将在牵引发电机内循环，然后排放到机车车身上，为柴油机室提供正压，这样便可产生轻微的正压，以防止杂质进入柴油机室。

图 5-13　牵引发电机通风机

5. 牵引电机通风通路

1）1 号转向架通风通路

该通风机位于清洁空气间盖板面上，为相位模块、过压保护电阻和牵引电机 1、2 和 3 提供冷却空气。通风机从机车左侧相位模块前面的筛网进气口吸入室外空气。吸入的空气为相位模块和其他设备进行冷却，然后冷却牵引电机，如图 5-14 所示。

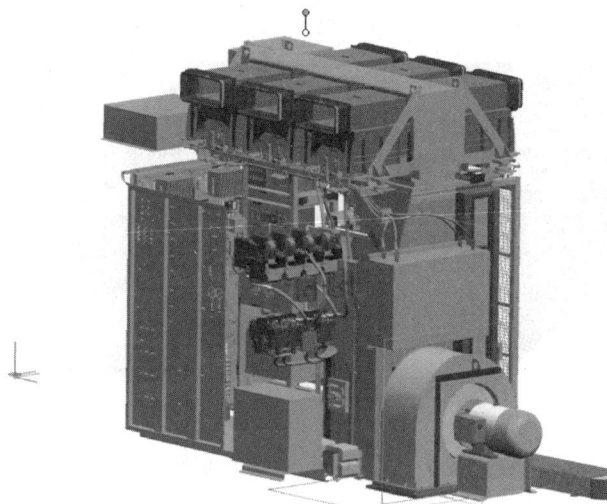

图 5-14　1 号转向架通风机

通风机由受 250 A 熔断器保护的双速三相交流电机驱动。使用其中一个电机相线上安装的电流互感器，EM2000 便可监控电流以确认操作是否正确并检测开路，以及检测绕组短路等故障。电机接触器、熔断器和电流互感器位于电气柜内。只要辅助发电机提供输出电流，电机便会运行，除非有故障发生。发电机会以低速运行，除非机车计算机检测到下列情况之一：

① 相模块温度高；

② 牵引电机温度高；

③ 电阻制动操作。

机车计算机检测到任何上述情况时，则会改变电机连接，使之高速运行。

在 FIRE 显示屏上可进行转向架#1/设备通风机自检。执行自检时，可观察到慢速和高速接触器状态（打开/关闭），以及电流水平。

2）2 号转向架通风通路

该通风机位于冷却间内，在两台螺杆式空气压缩机旁，为牵引电机 4、5 和 6 提供冷却空气，如图 5-15 所示。通风机由受两根 125 A 熔断器保护的双速三相交流电机驱动。使用其中一个电机相线上安装的电流互感器（TMBL2 A），EM2000 便可监控电流以检测开路，并检测绕组是否短路。电机接触器和熔断器位于电气间内。

在 FIRE 显示屏上可进行 2 号转向架通风机自检。进行自检时，可观察到慢速和高速接触器状态（打开/关闭），以及电流水平。

图 5-15　2 号转向架通风机

6. 电阻制动通风通路

制动电阻在动态制动和自负载过程中温度会升高。为了防止热量对电阻造成损坏，只要电流从制动电阻（RE GRID 2）通过，制动电阻通风机就会运行。制动电阻通风机电机为直流串励电机，并且在制动电阻组件下直接安装。制动电阻组件冷却空气通过电阻制动间两侧的进气滤网，从机车外部进入。电流在制动电阻通路循环时，制动电阻通风机也被通电，送入的冷却空气向上穿过制动电阻。电阻制动格栅送风机如图5-16所示。电阻制动盖如图5-17所示，电阻制动格栅电缆位置如图5-18所示。

图 5-16　电阻制动格栅送风机

图 5-17　电阻制动盖

图 5-18　电阻制动格栅电缆位置

电阻制动通风通路如下：

大气—电阻制动间侧墙的进气滤网—电阻制动间—电阻制动通风机—制动电阻组件—车顶排出。

【思考题】

1. 简述 HX_N3 型内燃机车电气柜/除尘通风机通风通路。
2. 简述 HX_N3 型内燃机车牵引发电机通风通路。
3. 简述 HX_N3 型内燃机车 1 号转向架通风通路。
4. 简述 HX_N3 型内燃机车 2 号转向架通风通路。
5. 简述 HX_N3 型内燃机车电阻制动通风通路。

任务 5.4　HX_N5 型内燃机车通风系统

【任务目标】

掌握 HX_N5 型内燃机车通风系统。

【任务内容】

5.4.1　HX$_N$5 型内燃机车通风系统的作用及组成

1. 作用

由于机车运行时会引起工作温度升高，所以一些关键部件需要冷却才能使机车正常工作。在某些区域，热是机车的"大敌"。因此，设备通风系统的第一个作用是为一些关键部件提供冷却空气，如交流发电机、逆变器和牵引电机等。第二个作用是给机车的关键区域增压，使污染物不能进入。

2. 组成

HX$_N$5 型内燃机车通风系统由牵引电机冷却系统和辅助/交流发电机冷却系统组成。系统的布置如图 5-19 所示。

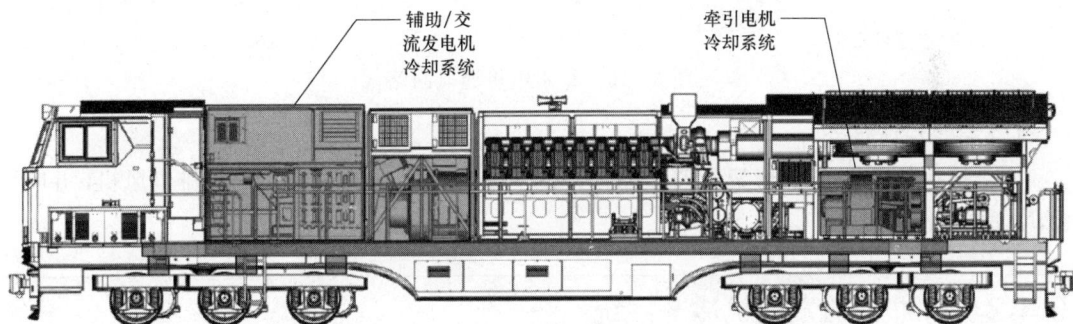

图 5-19　设备通风系统的布置

牵引电机冷却系统由牵引电机通风回路和 2 号端排尘回路组成；辅助/交流发电机冷却系统由逆变器/交流发电机通风回路、辅助/电气室通风回路及 1 号端排尘回路组成。

5.4.2　牵引电机冷却系统

1. 牵引电机通风回路

该系统的通风机安装在机车冷却室，其进风口 V 形架两侧共安装 12 个惯性滤清器；排尘通风机安装在牵引电机通风机边上，对柴油机进气系统及牵引电机通风机惯性滤清器进行抽尘，然后向机车一侧排出。

牵引电机通风机通过冷却室两侧的 V 形滤网从车外以及冷却室内吸进空气。V 形滤网可阻止大尺寸的杂物（如树叶、植物纤维、羽毛等）进入系统。与牵引电机通风机进口相连的空气滤清器箱内的 12 个惯性滤清器先滤清空气，经过滤清的空气再进入牵引电机通风机。牵引电机通风机把空气吹入压力风道。压力风道设在主车架内，沿机车长度方向全程延伸。6 台牵引电机的每一台与机车主车架间都连有挠性空气管道，用来引导空气流过牵引电机。空气为牵引电机内部零件提供冷却，通过设在每台牵引电机端部的通气口排出。在牵引电机（TM1～

TM6）回路中，也通过橡胶软管为空气压缩机提供空气，牵引电机通风回路如图 5-20 所示。

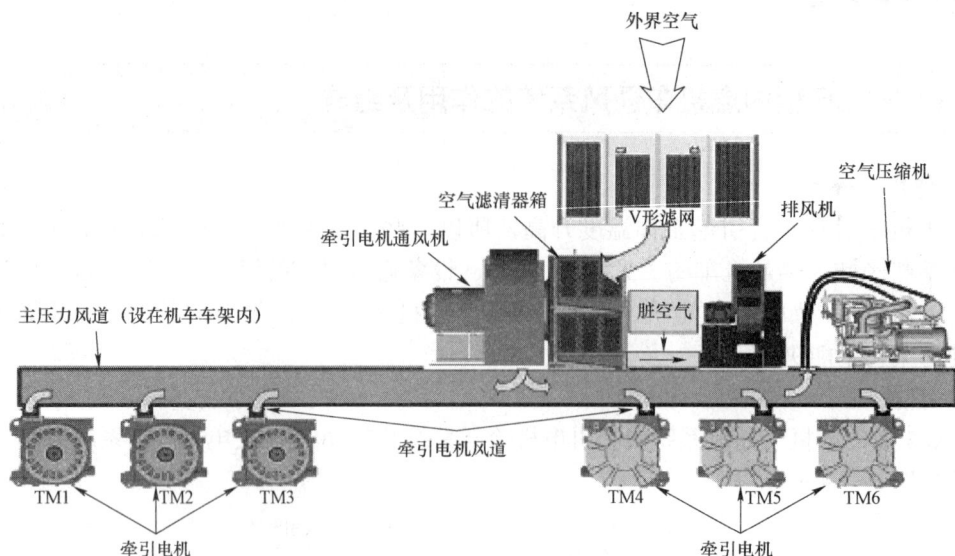

图 5-20　牵引电机通风回路

2. 2 号端排尘回路

被冷却室通风机前 V 形架上安装的惯性滤清器分离出去的灰尘被抽到排尘风机，并吹到冷却器室的外面。

5.4.3　辅助/交流发电机冷却系统

该系统通风机及排尘风机共用一个电机，其结构如图 5-21 所示。二者安装于密封的风机室，风机室两侧共布置有 8 个惯性滤清器（机车 A 侧 6 个，B 侧 2 个），保证进风空气的清洁度。排尘风机出风口朝上，通过机车顶盖向外排尘。

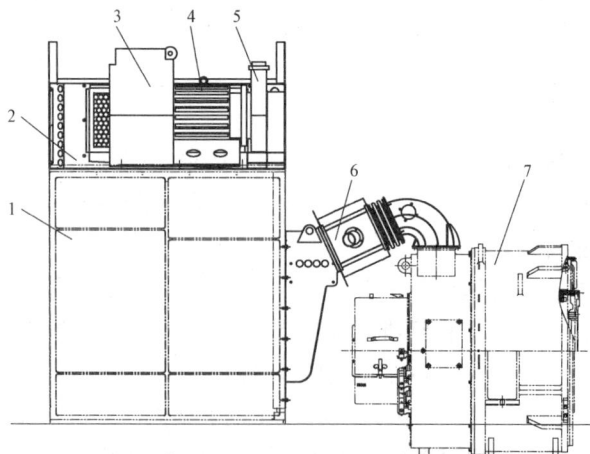

1—主变压器柜；2—风机室；3—主发电机通风机；4—通风机电机；5—排尘风机；6—主发电机风道；7—主发电机。

图 5-21　辅助/交流发电机冷却系统的结构

　　辅助/交流发电机冷却系统由逆变器/交流发电机通风回路、辅助/电气室通风回路及 1 号端排尘回路组成。

　　交流发电机及辅助室通风机通过上辅助室每侧的 V 形滤网把空气吸入系统。V 形滤网能防止大的杂物（如树叶、植物纤维和羽毛等）进入系统。接下来，空气流过两侧的 8 个惯性滤清器。惯性滤清器能滤除空气中细小的污物颗粒。经过滤清的洁净空气进入风机室。图 5－22 为辅助室左侧（A 侧）的惯性滤清器。

图 5－22　辅助室左侧（即 A 侧）的惯性滤清器

　　交流发电机风机接收清洁空气后，把它分成两路，分别进入逆变器组及辅助室，如图 5－23 所示。

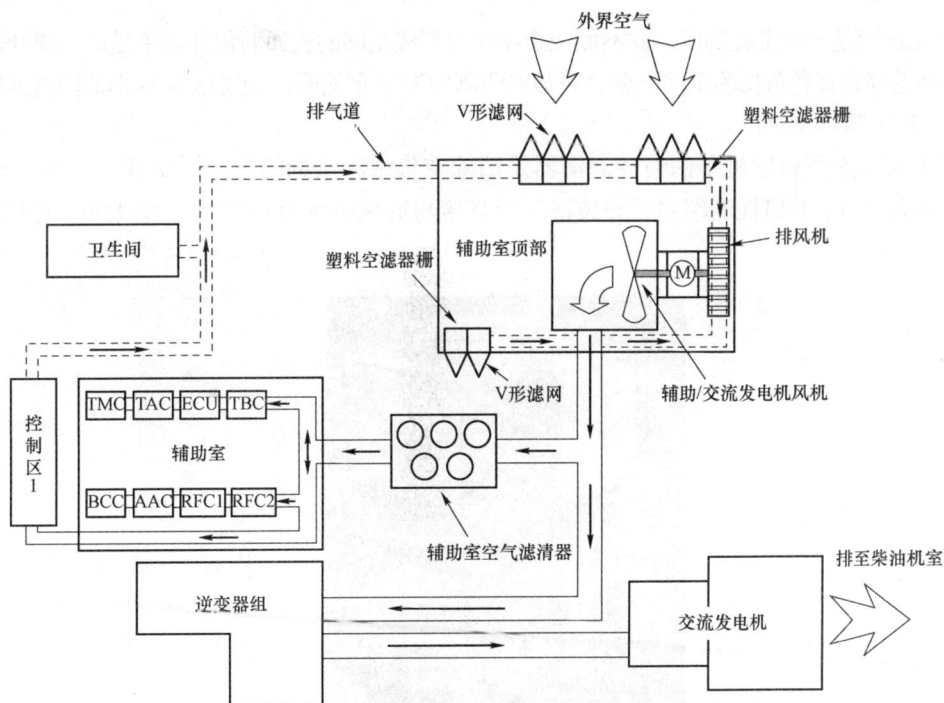

TMC—牵引电动机控制器；TAC—牵引发电机励磁控制器；ECU—柴油机控制单元；TBC—牵引电机通风机控制器；
BCC—蓄电池充电控制器；AAC—辅助发电机励磁控制器；RFC1，RFC2—散热器风扇控制器。
图 5－23　辅助/电气室通风回路

1. 逆变器/交流发电机通风回路

来自通风机经滤清的洁净空气穿过风道进入逆变器，经过牵引逆变器背面和整流装置背面的散热片。当空气经过时热量就从散热片传给了空气。空气从逆变器后面流出，经过另一个空气管道进入交流发电机。空气从交流发电机流出后进入柴油机室并加压，把污物排出。

2. 辅助/电气室通风回路

来自通风机经滤清的另一股洁净空气穿过辅助室 5 个罐状纸质空气滤清器进入辅助室。这些滤清元件能滤掉粒径大于 $6\,\mu m$ 的颗粒。从空气滤清器出来的清洁空气在辅助室又分成两路。一路进入控制区 1（CA1），该控制区包含一个称为集成式输入输出（CIO）板的计算机模块，使该计算机模块得到最充分的冷却。计算机模块下面设有一组通风孔，用于提供冷却空气。另一路经过辅助室内进入电子设备，从电子设备流出的空气入辅助室，给辅助室加压，使污物排出去，并提供冷却。

3. 1 号端排尘回路

由辅助通风机轴头驱动的排风机从惯性滤清器吸入脏空气，从电气室棚顶排出。排风机也从控制区 1（CA1）顶部吸气，从棚顶排出。

5.4.4　设备通风系统主要部件

1. 牵引电机通风回路

1）V 形滤网

V 形滤网是一种多孔筛网。滤网做成折褶状以形成足够的流通面积并能承受诸如树叶、植物纤维和羽毛等大直径杂物的阻塞。整个冷却室两侧均为 V 形滤网，利用这些 V 形滤网过滤空气。

2）滤清器箱装配

用于 HX_N5 型内燃机车的惯性滤清器是清除空气中污染物的第二道防线。牵引电机通风回路上采用了 12 个惯性滤清器，安装在一个直接与通风机本身相连的 V 形架里，如图 5-24 所示。

1—V 形架；2—惯性滤清器。

图 5-24　V 形架中的惯性滤清器

该安装架为钢材焊接结构，呈 V 形，主要为惯性滤清器提供安装空间，每侧各布置 6 个惯性滤清器，同时还为惯性滤清器提供了集尘、水的空腔。安装时，钢结构的圆形接口与通风机的进风口连接在一起。

惯性滤清器的工作原理如图 5-25 所示。气流经过 12 个惯性滤清器，每一个惯性滤清器包含 54 个独立的旋流管，这些旋流管都有螺旋叶片，当空气流经管旋流时，它能使空气产生旋流，旋流作用迫使较重的尘粒处于气流的外侧。"脏"空气在旋流管的出口处被分离出来，排放到脏空气风道中。空气排污管上连接着排污通风机，以提供必要的抽吸力，帮助旋风筒产生旋风作用。排污通风机将"脏"空气送入散热器室。气流中间部分的清洁空气进入各自的管中，流向袋式空滤器。

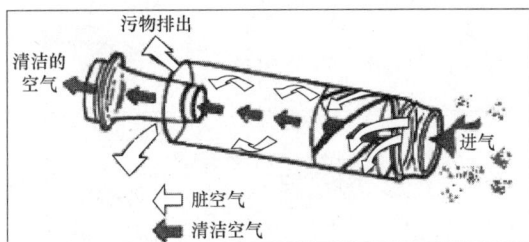

图 5-25　惯性滤清器的工作原理

3）牵引电机通风机

牵引电机通风机型号为 5GDY91A6，由一台 60 kW 交流电动机驱动，如图 5-26 所示。它为机车上全部牵引电机提供冷却空气。有部分冷却空气也流过牵引电机通风机上的交流电动机以用于自身冷却。当柴油机在运转和辅助交流发电机在工作时，牵引电机通风机能使牵引电机内保持正压，防止脏物和湿气污染牵引电机。牵引电机通风机控制器（TBC）根据牵引电机的周围条件控制通风机以两种转速运行。牵引电机通风机位于散热器室内。

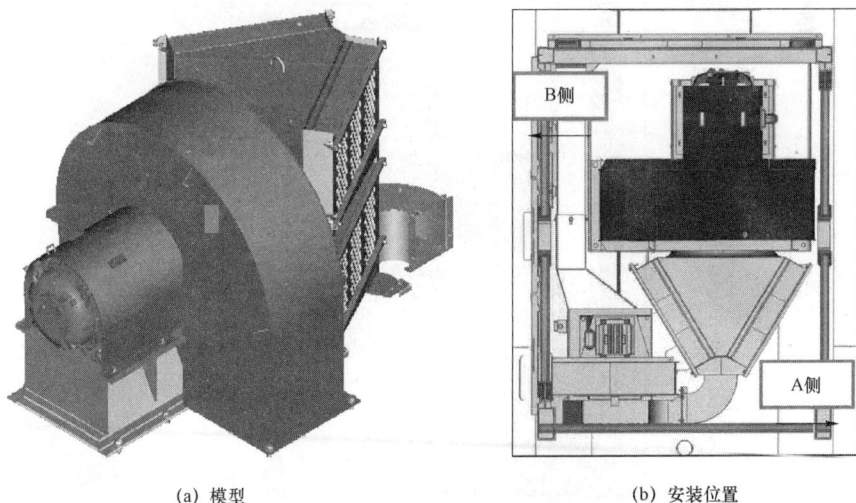

(a) 模型　　　　　　　　　　　　　　(b) 安装位置

图 5-26　牵引电机通风机

177

4）排尘回路中主要部件

排尘风机的型号为 5GDY90D1，是一个由 6.4 kW 交流电动机驱动的排风机（如图 5-27 所示），它把从惯性滤清器排出的"脏"空气经散热器室的侧面排出车外。交流电动机通过一个排尘电动机断路器（EMB）电气连接到辅助交流发电机上。只要辅助交流发电机工作，排风机就工作。辅助交流发电机与柴油机空气滤清系统共用一个排风机。排风机位于散热器室内，从机车 B 侧可以接近排风机，如图 5-28 所示。

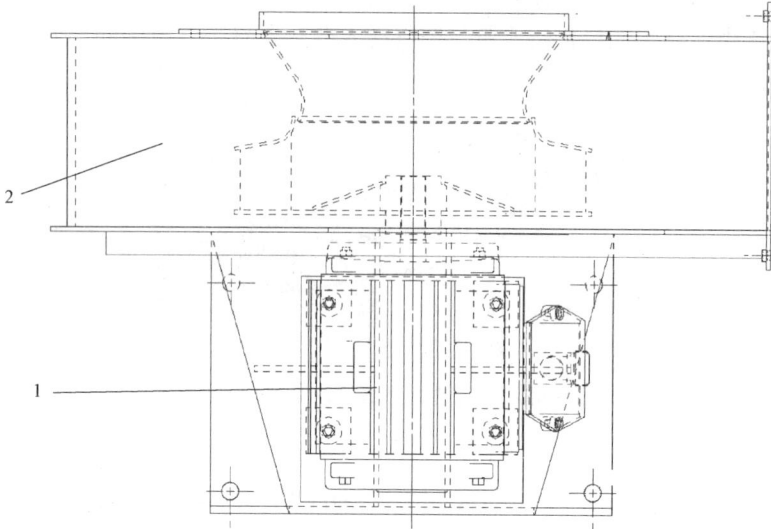

1—交流电动机；2—排风机。

图 5-27　排尘风机及其驱动电动机

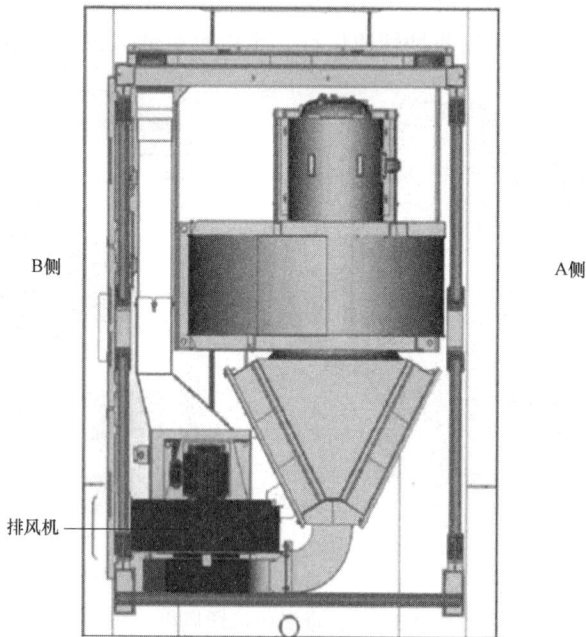

图 5-28　排风机的位置

2. 逆变器/交流发电机及辅助室通风回路

1）V 形滤网

V 形滤网是一种多孔筛网，如图 5-29 所示。滤网做成折褶状以形成足够的流通面积并能承受诸如树叶、植物纤维和羽毛等大直径杂物的阻塞。在上辅助室有三个 V 形滤网（机车 A 侧两个，B 侧一个）。逆变器/交流发电机通风回路和辅助室通风回路利用这些 V 形滤网对空气进行过滤。

图 5-29 V 形滤网

2）惯性滤清器

空气经过 V 形滤网后，直接被抽进惯性滤清器，如图 5-30 所示。交流发电机和辅助冷却空气系统采用 8 个惯性滤清器，6 个位于辅助室上部的通风机室的 A 侧，2 个位于 B 侧。惯性滤清器就安装在 V 形滤网的后面。

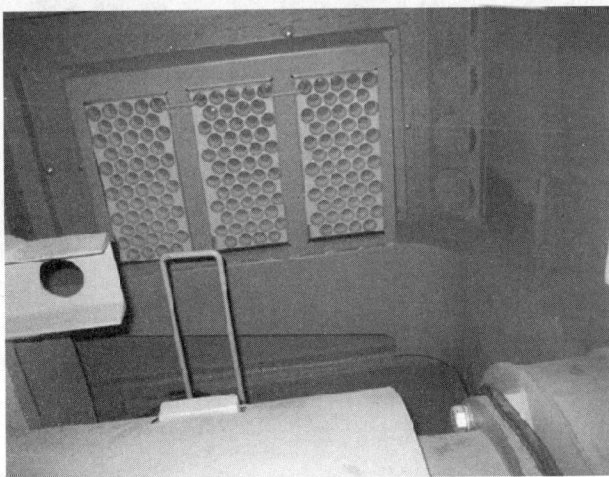

图 5-30 惯性滤清器

3）交流发电机风机

HX_N5 型内燃机车的交流发电机风机型号为 5GDY89A2（如图 5-31 所示），其主要作用是为交流发电机和下列区域的设备提供冷却空气：辅助室、牵引交流发电机/逆变器和控制区

1（CA1）。由于自带排尘风机，所以交流发电机风机的另一个作用是从惯性滤清器中抽取脏空气，并把它排至卫生间和控制区 1（CA1）。交流发电机风机由一台交流电动机、一台通风机和一台排风机组成。交流电动机驱动与其安装在同一轴上的通风机和排风机。交流电动机电连接在辅助交流发电机上。只要辅助交流发电机工作，交流发电机风机就工作。交流发电机风机安装辅助室的上方。

图 5-31 交流发电机风机

4）辅助室纸质空气滤清器

辅助室空气滤清器是纸质滤清器（如图 5-32 所示），其作用是去除冷却辅助室设备的空气中的污染物。HX_N5 型内燃机车辅助室一共有 5 个空气滤清器，它们位于辅助室控制 2 区（CA2）司机室后面的隔间里。

(a) 实物 (b) 位置

图 5-32 辅助室纸质空气滤清器

【思考题】

1. 简述 HX_N5 型内燃机车设备通风系统的作用。
2. 简述 HX_N5 型内燃机车设备通风系统由哪些系统组成。
3. 试述 HX_N5 型内燃机车设备通风系统主要部件的名称及作用。

任务 5.5   东风 $_{4B}$ 型内燃机车空气管路系统

【任务目标】

掌握东风 $_{4B}$ 型内燃机车空气管路系统。

【任务内容】

东风 $_{4B}$ 型内燃机车空气管路系统由风源系统、制动机用风系统、电气用风系统、辅助用风系统等部分组成。

5.5.1   风源系统

1. 风源系统的组成及作用

风源系统为机车的制动系统及辅助供风设备提供清洁、干燥的压缩空气。风源系统由两个空气压缩机组、高压安全阀、止回阀、调压阀、油水分离器、总风缸等组成，如图 5−33 所示。

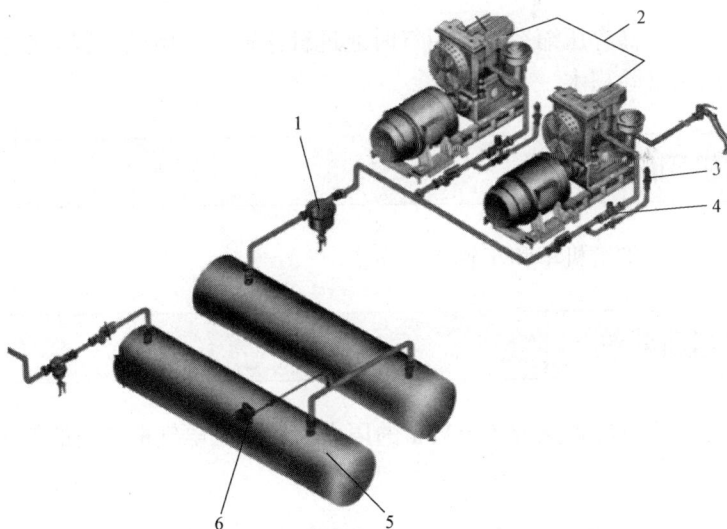

1—油水分离器；2—空气压缩机组；3—高压安全阀；4—止回阀；5—总风缸；6—调压阀。

图 5−33   风源系统的组成

2. 风源系统主要部件

1）空气压缩机

空气压缩机的作用是产生压缩空气，并将其送入总风缸储存，供机车空气系统各部使用。东风 $_{4B}$ 型内燃机车的空气压缩机由独立的直流电动机单独驱动，电动机由起动发电机供给电源，电压为 11 V，只要柴油机工作，空气压缩机按照调压阀调定的空气（750～900 kPa）自动地进行工作，也具有手动功能。

2）高压安全阀

在调压器失灵，总风缸的空气压力达到（950±20）kPa 时，空气压缩机仍不能停止运转的情况下，高压安全阀开启，以保护空气压缩机和总风缸的安全，并借其喷气的声音，提醒司机注意。东风 $_{4B}$ 型内燃机车使用的是 NT_2 型高压安全阀。

3）止回阀

当空气压缩机停止工作时，止回阀可防止总风缸的压缩空气向空气压缩机逆流，以减少压缩空气的泄漏。

4）油水分离器

油水分离器的作用是：将空气压缩机送来的压缩空气中所含油、水及杂质进行分离净化，然后再将较清洁的压缩空气送入总风缸，以提高空气质量，减少制动机部件故障。

5）调压阀

调压阀的作用是：将总风缸空气压力信号转为电信号，控制空气压缩机电机电源回路的闭合或断开，使空气压缩机运转或停止运转，以保证总风缸内的空气压力在规定的范围内。当总风缸压力降至 750 kPa 时，直流电动机驱动空气压缩机运转，总风缸开始增压；当总风缸压力达到 900 kPa 时，切断直流电动机接触器线圈电路，空气压缩机停止运转，总风缸停止增压。东风 $_{4B}$ 型内燃机车使用的是 704 型调压阀。

6）总风缸

总风缸的作用是：储存压缩空气，用气时通过管路输往各用风装置。在总风缸的一端，装有排水塞门，用以排除积水。

5.5.2 制动机用风系统

总风缸的压力空气供给机车和车辆制动所需。

5.5.3 电气用风系统

总风缸内的压力空气经调压成 500 kPa 的压力，储存在电气柜旁边的低压风缸，供电气系统使用。

5.5.4 辅助用风系统

辅助用风系统包括刮雨器、喇叭、撒砂系统的供风。

【思考题】

1. 简述空气管路系统由哪些部分组成。

2. 空气压缩机有什么功用？它以什么为动力？

3. 止回阀有什么功用？

4. 简述油水分离器的功用。

5. NT$_2$ 型高压安全阀的作用是什么？

6. 简述 704 型调压阀的功用。

任务 5.6　HX$_N$3 型内燃机车空气管路系统

【任务目标】

掌握 HX$_N$3 型内燃机车空气管路系统。

【任务内容】

HX$_N$3 型内燃机车空气管路系统由风源系统、电空制动系统、辅助用风系统等部分组成。风源系统向机车的用风设备提供清洁、干燥的压缩空气；电空制动系统向机车发送制动与缓解指令，实施机车和车辆的制动与缓解；辅助用风系统按操作人员的有关指令，利用风源系统的压缩空气实现辅助用风系统有关设备的功能。下面重点介绍风源系统和辅助用风系统。

5.6.1　风源系统

1. 风源系统作用原理

HX$_N$3 型内燃机车安装有两台由同步交流发电机输出进行驱动的螺杆式空气压缩机，空气压缩机的动作主要由 EM2000 根据压力传感器的反馈进行控制。控制计算机依次控制 2 个（每台空气压缩机 1 个）辅助电源逆变器，辅助电源逆变器通过其内部电路转换同步交流发电机的输出，把达到规定的交流电提供给空气压缩机的电机。

注意：当不需要压缩空气的时候，空气压缩机不允许操作。总风缸的压力应控制在 750～900 kPa。

空气压缩机将空气压缩到三个总风缸中，并且由设定值为 956 kPa 的总风缸安全阀进行保护。总风缸中的压缩空气用于机车空气制动，以及辅助设备工作，如空气起动、撒砂、鸣笛、百叶窗开闭等。

另外，HX$_N$3 型内燃机车还安装了一台由蓄电池驱动的辅助空气压缩机。该空气压缩机的作用是补充空气给柴油机起动电机，在需要的时候由司机手动控制，并且它与机车的控制系统是分开的。

注意：压缩空气系统必须小心操作。在维修压缩空气系统的任何设备前，必须关闭相应的截断阀以分离设备。在断开连接或密封前，应排掉该设备及与之相连的管路中的压缩空气。

2. 风源系统的组成

风源系统主要由螺杆式空气压缩机组、空气干燥器、总风缸、止回阀、安全阀、总风缸排水阀及空气过滤器等组成，如图 5-34 所示。

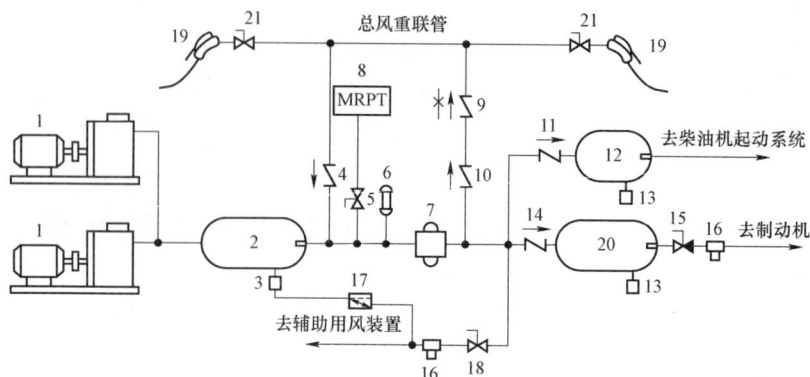

1—螺杆式空气压缩机组；2—第一总风缸（600 L）；3—自动排水阀；4，10，11，14—止回阀；5，15，18—塞门；6—安全阀；
7—空气干燥器；8—总风压力传感器；9—逆流止回阀；12—第三总风缸（735 L）；13—手动排水阀；16—空气过滤器；
17—总风缸排水电磁阀；19—折角塞门；20—第二总风缸（600 L）；21—防撞塞门。

图 5-34　风源系统的组成

3. 风源系统的主要组成部件

1）螺杆式空气压缩机组

螺杆式空气压缩机由 2 台电机驱动，每台空气压缩机的排气量为 2 400 L/min。空气压缩机安装在靠近机车Ⅱ端的冷却间内，位于底架的上平面，柴油机冷却水系统的下方。螺杆式空气压缩机组如图 5-35 所示。这 2 台空气压缩机是机车和列车的空气制动控制系统及所有其他辅助用风装置的供风设备，设置两台空气压缩机的意义在于提供冗余。空气压缩机组中包括集成、高效的压缩空气后冷却器与油冷却器。空气压缩机电机由单独的逆变器供电，而逆变器的变电压、变频率的电源由 EMD 的 CA9 型辅助发电机提供。

图 5-35　螺杆式空气压缩机组

空气压缩机的动作主要由 EM2000 根据压力传感器的反馈进行控制。当得到 EM2000 的指令后，逆变器将交流发电机的交流电整流成直流电，然后产生稳定的 240 V/50 Hz 的交流电输出，使空气压缩机稳定地以 2 600 r/min 的转速运行。

2）总风缸

第一、二总风缸位于车体燃油箱外部两侧，如图 5-36 所示。第三总风缸位于车体燃油箱外部与后台转向架间的燃油箱侧，如图 5-37 所示。空气压缩机生产的压缩空气将被储存在这三个安装在底架下面的总风缸中。

1—第一总风缸空气入口（来自空气压缩机）；2—第一总风缸；3—第一总风缸空气出口；4—空气干燥器；
5—第二总风缸空气入口；6—第二总风缸。

图 5-36　第一、二总风缸的安装位置

图 5-37　第三总风缸的安装位置

总风缸的缸体上均匀分布有深 2.39 mm、ϕ5 mm 的盲孔，当总风缸锈蚀到一定程度时，这些小孔就会漏气，表明总风缸已经不能再使用了。

第一总风缸为辅助总风缸，其容积为 600 L，如图 5-38 所示。第一总风缸在系统中还起着把压缩空气中的液态冷凝物通过安装在总风缸上的自动排水阀排出风缸的作用。

图 5-38　带出风口管的第一总风缸

第二总风缸是空气制动控制的专用风缸，其容积为 600 L，并且由位于风缸入口处的止回阀进行保护。若由于某种原因第一总风缸的空气压力流失，此阀可防止第二总风缸中的压缩空气逆流。第二总风缸的压缩空气通过最后一个空气过滤器后到达由 CCBⅡ微处理器控制的空气制动系统。

第三总风缸是柴油机专用风缸，其容积为 735 L。第三总风缸在其入口处也设有止回阀，用来防止当第一总风缸的压缩空气由于某种原因流失时，第三总风缸中的压缩空气逆流。第三总风缸为两个空气驱动的气动马达提供压缩空气。

压缩空气系统的压力由两个压力传感器调节。第一个压力传感器监视第一总风缸出口到干燥器之前的压力，并将压力信号传至 EMD 的 EM2000 计算机，由 EM2000 计算机控制系统来监控。另外一个压力传感器监视第三总风缸的空气压力，并给 EMD 的 EM2000 计算机提供反馈信号。

3）空气干燥器

（1）空气干燥器的作用

空气干燥器位于第一总风缸的出口处，用于提供清洁、干燥空气。经过空气干燥器过滤、干燥后的压缩空气有 3 个流向：第二总风缸、第三总风缸及辅助用风系统。辅助用风系统包括机车之间的总风重联（平均）及柴油机曲轴箱通风喷射器、撒砂器、风喇叭、雷达接收器面板清洁器、风动刮雨器、柴油机冷却水系统的百叶窗、燃油箱油位检测器和其他任何被认为是辅助用风的气动装置。

注意：由于空气干燥器提供的是第一层次的空气过滤，所以它能将风源系统的压缩空气的露点降低，使将在空气干燥器之后出现的液体凝结概率降到最低。

（2）空气干燥器的组成

HX$_N$3 型内燃机车使用的空气干燥器主要由一个预过滤装置、两个盛放干燥剂的干燥塔、一个包括计时器与继电器的电子控制电路组成，主要部件包括顶部的集气管组件、干燥器控制组件、水分离器排放阀、变流器排气阀、吹扫单向阀、自动吹扫阀、空气干燥塔、湿度指示器，如图 5-39 所示。

1—集气管组件；2—干燥器控制组件；3—水分离器排放阀；4—变流器排气阀；5—吹扫单向阀；
6—自动吹扫阀；7—空气干燥塔；8—湿度指示器。

图 5-39　空气干燥器

注意：在压缩空气系统中，所有的自动排水阀均设有加热装置，用来避免机车在寒冷季节运用中出现的冻结问题。

（3）空气干燥器的工作

当空气干燥器工作时，空气压缩机运转，总风缸压力大于 723.9 kPa。在工作过程中，一个干燥塔起干燥作用，而另一个干燥塔再生（抑制、收集杂质，并排出干燥剂中凝结的水分）。二者的转换周期大约为 1 min。

空气干燥器的湿度指示器，蓝色表示干燥空气；黄色和白色表示湿的或脏的空气；浅紫色表示湿度水平介于蓝色和黄/白色之间。

4）总风缸排水阀

三个总风缸均安装有排水阀，排水阀有自动操作和手动操作两种，如图 5-40 所示。

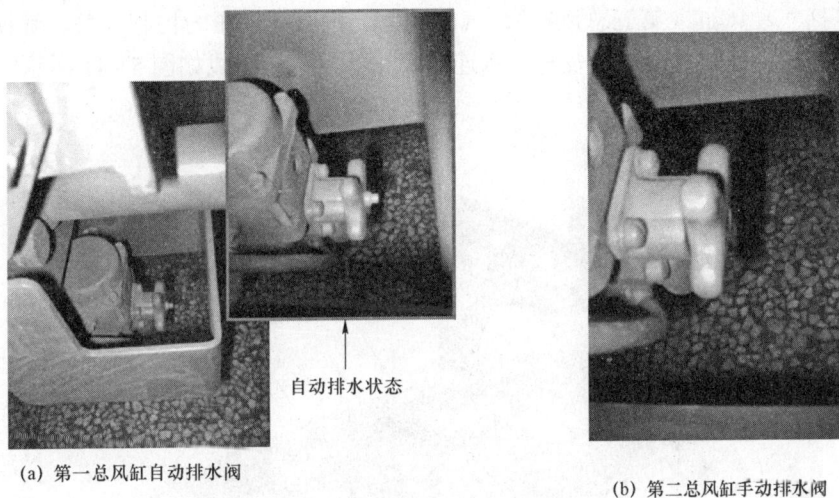

自动排水状态

(a) 第一总风缸自动排水阀   (b) 第二总风缸手动排水阀

图 5-40 排水阀

（1）手动排水阀

逆时针旋转阀的手柄，在总风缸的底部排出冷凝物。当冷凝物从总风缸中排出后，顺时针旋转阀的手柄，直至排水阀关闭。

（2）自动排水阀

自动排水阀是以空气为动力的，也可以手动操作。在排水阀的表面安装有说明板，介绍如何手动打开该阀，如何设置阀才能自动操作。

（3）自动排水阀的电子吹扫计时器

在计算机 DIO 模块信号的控制下，电子吹扫计时器（EBT）控制自动排水阀每次吹扫的时间间隔。电子吹扫计时器由一个带金属片的温度开关、一个加热器和一个继电器组成。继电器连接到导引电磁阀的线圈上操作排水阀，当电池开关和自动排水计时电路都闭合时，继电器线圈得电，温度开关上的加热器得电，并加热金属圆盘。当金属圆盘达到一个预先设定的温度（由 DIO 设定）时，温度开关断开，关闭加热器并关闭到电磁阀的电路，排水阀进行短暂的排水。当温度开关上的金属圆盘温度降低时，它就闭合与温度开关的连接电路，开始加热，然后使继电器得电，排水阀再次动作，产生了一个长时间的吹扫。

5.6.2 辅助用风系统

HX$_N$3 型内燃机车辅助用风系统包括柴油机气动系统、燃油箱油位检测系统、撒砂控制系统、刮雨器控制系统、鸣笛控制系统、雷达空气吹扫系统、百叶窗控制系统、柴油机油气分离器辅助控制系统等。

1. 柴油机气动系统

1）系统组成

HX$_N$3 型内燃机车使用的是 16V265H 型柴油机，该柴油机用 2 个气动马达起动。柴油机气动系统包括气动风缸（第三总风缸）、气动马达、电磁阀、压力控制开关、继动阀、滤尘器、气动控制阀、截断塞门，以及与之相连的管路等，系统组成如图 5-41 所示。

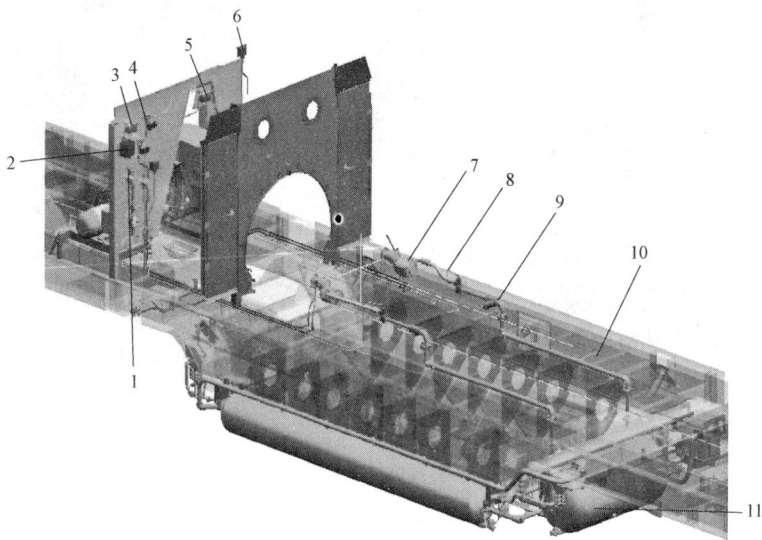

1，6—压力控制开关；2—气动控制阀；3，4，5—电磁阀；7—气动马达；8—继动阀；9—滤尘器；
10—去第三总风缸管路；11—第三总风缸。

图 5-41　柴油机气动系统的组成

柴油机气动管路中包含完全相同的两套装置，还有一个蓄电池供电的辅助空气压缩机。当第三总风缸的压力为 0 时，在 30 min 内，辅助空气压缩机可以使第三总风缸的压力达到 634 kPa。第三总风缸上接有一个压力传感器，通过该传感器给 EM2000 提供气动压力反馈。当柴油机气动系统需要维修的时候，关闭安装在第三总风缸后的截断塞门，如图 5-42 所示。

气动马达是专门为长曲轴大负荷应用设计的，如图 5-43 所示。在一般操作条件下，它不需要维护，但如果气动马达重复啮合失败，则需要更换小齿轮。

图 5-42　典型的启动控制电磁阀和切除塞门

图 5-43　气动马达

2）工作原理

在柴油机气动系统管路中，有一个电磁阀，通过该电磁阀来使气动马达的小齿轮与安装在柴油机牵引主发电机联轴器上的环形大齿轮啮合。由总风中继阀为气动马达提供动力，并起动柴油机。

柴油机气动系统由 EM2000 计算机控制系统控制。气动压力传感器将第三总风缸内的压力实时传输到 EMD 的 EM2000。如果第三总风缸内的空气压力高于最小气动压力，司机按动柴油机起动按钮时，起动按钮给 EM2000 发出柴油机起动信号。EM2000 首先控制 MVASEL（1 号气动控制）、MVASER（2 号气动控制）电磁阀动作，使得小齿轮与大齿轮可靠啮合，这时压力开关会给 EM2000 一个反馈信号。EM2000 在收到压力开关的反馈信号后，控制 MVASAL（3 号气动控制）、MVASAR（4 号气动控制）电磁阀动作，将第三总风缸的压缩空气充入作用阀的控制气室，使第三总风缸的压缩空气经作用阀充入气动马达，驱动气动马达运转，使柴油机起动。柴油机气动系统工作原理如图 5-44 所示。

当起动序列初始化完成后，EM2000 打开两个 DIO 输出通道，使电磁阀 MVASER 和 MVASEL（1 号、2 号电磁阀）得电。MVASER 和 MVASEL 得电后，来自第三总风缸的压缩空气通过滤尘器流向气动马达，使得小齿轮啮合。一旦啮合，流向气动马达的压缩空气被分出一部分给压力传感器（压力控制开关），给 EM2000 提供气动马达已接合的反馈。

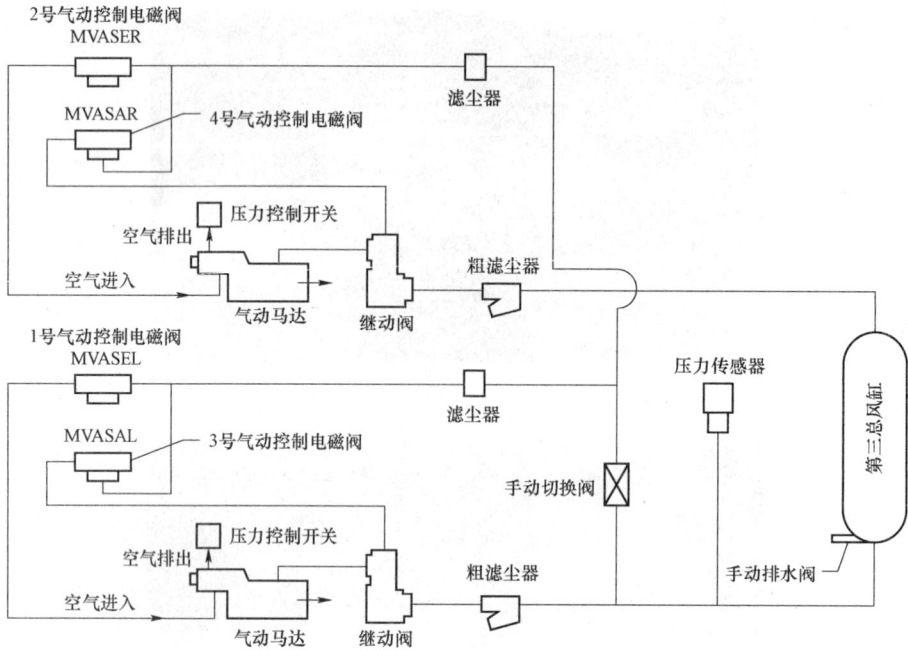

图5-44 柴油机气动系统工作原理

EM2000 确认气动马达已啮合，DIO 输出通道将给另外两个气动控制电磁阀，MVASAR 和 MVASAL（3 号、4 号电磁阀）得电。接下来打开继动阀，使大流量的压缩空气经过滤尘器流向气动马达，盘动曲轴起动柴油机。当盘车时，多余的空气在气动马达的下方排出。

2. 燃油箱油位检测系统

燃油控制箱安装在机车车体下面右侧，其压缩空气来自第一总风缸。在燃油控制箱的空气入口处，设有过滤装置，经过过滤的空气进入安装在燃油控制箱上的传感器通道。燃油控制箱如图 5-45 所示。

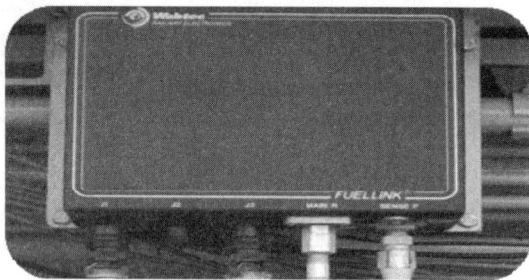

图5-45 燃油控制箱

HX$_N$3 型电力机车上安装有一个微处理器控制的燃油箱油位监测系统，该系统采用"冒泡方法"测量机车燃油箱中燃油的位置，燃油箱油位传感器根据燃油箱内部的空气压力动作，如果屏幕上显示一个正常的读数，说明机车已经充满了压缩空气并且塞堵已拧紧。燃油箱油位监测系统的工作原理是：迫使受控的空气通过安装在燃油箱内部的管子，然后测量背压，并与燃油箱的形状和燃油密度进行比较，计算出燃油位，并将其提供给 2 位数字的油位显示单元，该显示单元安装在燃油漏斗的旁边。燃油箱油位检测原理如图 5-46 所示。

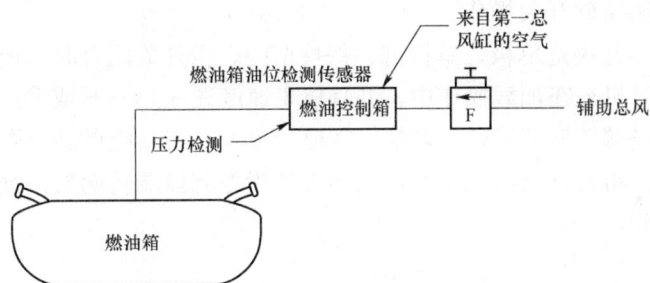

图 5-46　燃油箱油位检测原理

3. 撒砂控制系统

撒砂空气系统管路如图 5-47 所示。砂子靠重力从砂箱流到撒砂阀，撒砂电磁阀得电，输送压缩空气到一对撒砂阀。撒砂阀中的空气吹动砂子，空气和砂子的混合物通过撒砂软管撒到轨道上。撒砂控制系统的低速控制由司机完成，高速控制由 EM2000 计算机完成。在紧急制动时，撒砂操作可以由制动系统直接控制，计算机不予干涉。

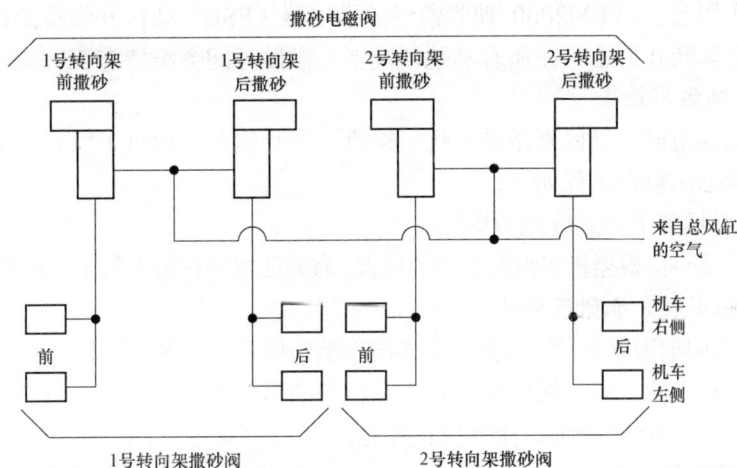

图 5-47　撒砂空气系统管路

1）手动撒砂

司机操纵台上有两个手动撒砂开关，一个用于请求机车计算机使两个转向架的前端撒砂（根据机车运动的方向），另一个用于请求机车计算机只使前端转向架的前部撒砂。司机通过操纵任何一个撒砂开关，均可触发撒砂功能。

（1）手动撒砂开关操作。

手动撒砂开关是单投掷、双极瞬时开关。按下手动撒砂开关，发出撒砂信号，通过机车电缆 23T 传送给机车计算机。当机车计算机收到这个信号后，检查撒砂条件，若所有的条件都满足，便会使撒砂电磁阀得电。如果换向手柄在前进位，则砂子作用在第一和第二转向架前面的钢轨上；如果换向手柄在后退位，则砂子作用在第一和第二转向架后面的钢轨上。在动力制动工况和牵引工况时，如果超级序列（蠕滑控制）功能失败，当机车计算机得到 MNS

191

SW 输入时，便开始撒砂，并且忽略机车速度。

（2）前端转向架撒砂开关操作

前端转向架撒砂开关是单极、单投掷、保持型的。当开关闭合时，把撒砂信号提供给机车计算机。如果此时机车在加载操作中，并且机车速度在 6.5 km/h 或更高（超级序列失效和动力制动启动"前进端转向架撒砂"功能，忽略速度），将暂缓撒砂，否则当机车计算机得到这个输入信号后，将打开撒砂电磁阀，输出撒砂指令到前端转向架，继电器接通前端转向架的前端撒砂电磁阀。

2）自动撒砂

当机车检查到需要撒砂以维持或提高轮对和铁轨之间的黏着时，机车计算机就会触发撒砂功能。在正常的超级序列（蠕滑控制）操作中，会发生这种撒砂。如果机车从静止起动时发生空转，或如果正常的超级序列操作失效，轮对产生空转，计算机也会启动自动撒砂功能。另外，在动力制动过程中，机车计算机会利用自动撒砂克服轮对滑行。如果撒砂开关在可操作状态，当需要自动撒砂时，机车计算机根据机车运行的方向自动使撒砂电磁阀得电。如果主发电机励磁接触器失电，则自动撒砂功能失效。

3）紧急撒砂

紧急制动作用会引起 EM2000 使紧急撒砂继电器（ESR）动作并维持撒砂一段时间，或者直到机车速度降到 0 为止。在所有其他情况下，撒砂时间会维持在 35～40 s。

4）撒砂系统运用检查

在机车每次运用前，须检查撒砂系统。检查工作开始前，把机车设置成牵引工况，使柴油机处于惰转状态。检查过程如下：

① 将换向手柄置于前进位或后退位。

② 按住撒砂开关。根据机车换向手柄的位置，撒砂应发生在机车每个转向架的前面或后面。

③ 松开撒砂开关，撒砂应停止。

④ 按前端转向架撒砂开关。根据机车换向手柄的位置，应该只在前端转向架的前面撒砂。将换向手柄扳到相反的方向，撒砂应该发生在机车的另一端。

⑤ 按前端转向架撒砂开关，撒砂应该停止。

4. 刮雨器控制系统

在司机室正副司机前面的挡风玻璃处，分别有一个刮雨器。刮雨器是由气动马达驱动的，由单独的手动操作空气阀控制。机车后面每个窗户上的刮雨器，也由一个单独的气动马达驱动。刮雨器气动马达如图 5-48 所示。

图 5-48　刮雨器气动马达

5. 鸣笛控制系统

HX$_N$3 型内燃机车在机车的每端都分别装有一个高音喇叭和一个低音喇叭，共 4 个风喇叭。风喇叭由安装在司机操纵台和副司机面板上的两位（高和低）开关控制，也可以由司机室的脚踏开关控制。这些开关控制的是喇叭电磁阀，喇叭电磁阀如图 5-49 所示。

图 5-49   喇叭电磁阀

6. 雷达空气吹扫系统

冬天，为了防止冰和雪在雷达接收器面板上堆积，雷达空气吹扫系统周期性地向雷达接收器面板吹压缩空气。雷达空气吹扫系统由来自总风缸的风路、雷达吹扫电磁阀（MV-RB）和吹扫雷达表面的管路组成。吹扫雷达表面的管路端部装配的空气喷嘴如图 5-50 所示。

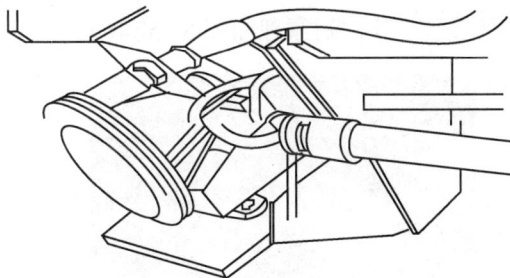

图 5-50   吹扫雷达表面的管路端部装配的空气喷嘴

当满足以下条件时，机车计算机使雷达吹扫电磁阀通电，引导压缩空气到雷达接收器面板，每间隔 30 s 大约吹扫 2 s。

① 柴油机：运转。

② 换向手柄：向前或后退（不在中间位）。

③ 本机控制断路器：闭合。

④ 机车计算机：得电。

⑤ 电池闸刀开关和计算机控制断路器：闭合。

在紧急制动时，紧急撒砂继电器（ESR）得电，阻止雷达吹扫电磁阀得电，这样可防止通向撒砂电磁阀的风压降低。

7. 百叶窗控制系统

柴油机冷却水系统的水温，需要保持一定的温度，其散热器百叶窗的作用就是帮忙控制水温。

空气/弹簧作用的风缸连接到百叶窗控制电磁阀（MV-SH）上，用于在 EM2000 的控制下打开和关闭散热器百叶窗。EM2000 的输出通道控制 MV-SH，EM2000 通过柴油机温度传感器的反馈来监测柴油机温度，当柴油机冷却水入口温度过高时，EM2000 控制百叶窗控制电磁阀。

得电，允许空气到达风缸。当百叶窗控制电磁阀失电后，流向风缸的空气排到大气，允许弹簧作用风缸，使得百叶窗返回到正常的关闭位置。百叶窗控制电磁阀如图 5-51 所示。

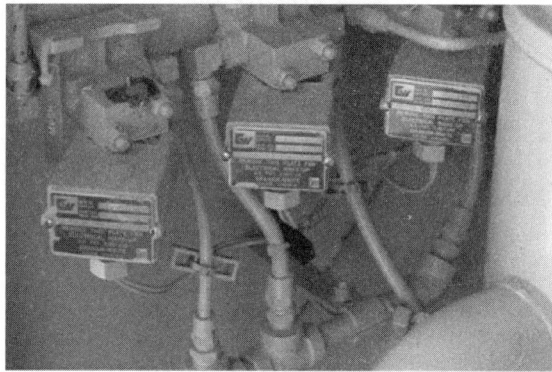

图 5-51　百叶窗控制电磁阀

8. 柴油机油气分离器辅助控制系统

柴油机油气分离器辅助控制系统由 EM2000 控制，在柴油机转速较低的情况下，帮助增压涡轮，使曲轴箱建立真空状态，其控制原理如图 5-52 所示。

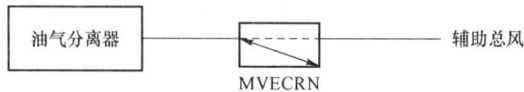

图 5-52　柴油机油气分离器辅助控制原理

【思考题】

1. HX_N3 型内燃机车辅助控制用风系统包括哪些？
2. 简述 HX_N3 型内燃机车柴油机起动系统的工作原理。

任务 5.7　HX$_N$5 型内燃机车空气管路系统

掌握 HX$_N$5 型内燃机车空气管路系统的组成、风源系统的组成和工作原理、辅助用风系统的工作原理。

5.7.1　HX$_N$5 型内燃机车空气管路系统的组成及作用

空气管路系统由风源系统、电空制动系统、辅助用风系统等组成。风源系统向机车的用风设备提供清洁、干燥的压缩空气；电空制动系统向机车发送制动与缓解指令，实施机车和车辆的制动与缓解；辅助用风系统则按操作人员的有关指令，利用风源系统的压缩空气实现辅助用风系统有关设备的功能。这里只重点介绍风源系统及辅助用风系统。

5.7.2　风源系统

风源系统由空气压缩机、压力传感器、后冷却系统、总风缸、自动排水阀、安全阀、空气干燥器、单向阀及空气滤清器等组成，如图 5-53 所示。

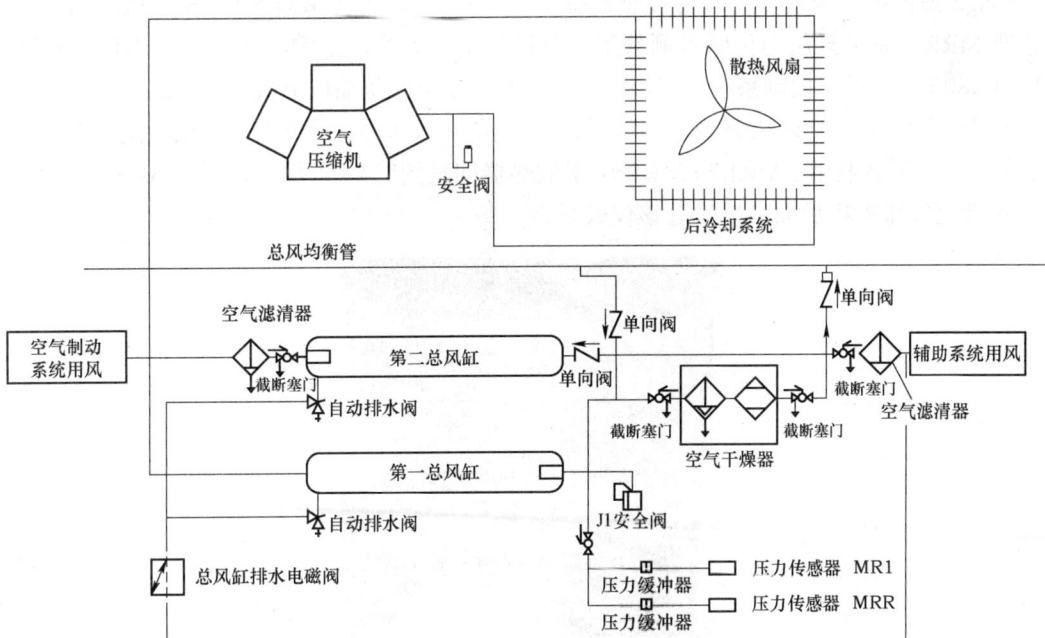

图 5-53　风源系统的组成

1. 空气压缩机

空气压缩机是全列车制动系统和机车其他气动装置的压力空气源，它的作用是把压缩空气提供给第一总风缸。空气压缩机由两个空气压缩机电机、两个空气滤清器，以及机油盒、机油采样阀、机油检查孔等组成，其结构如图 5-54 所示。

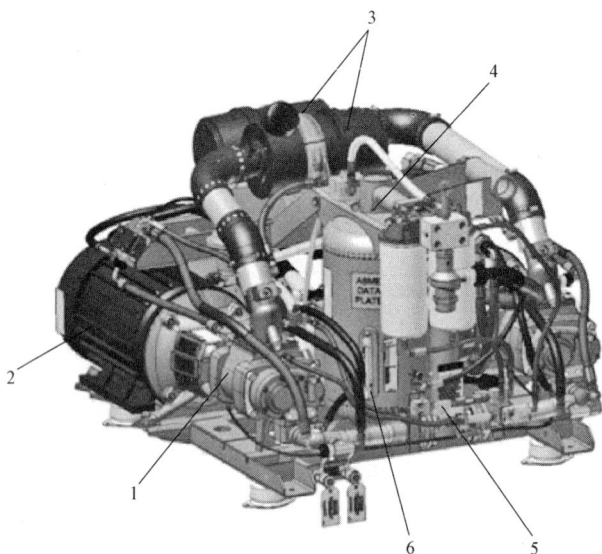

1—空气压缩机前端；2—空气压缩机电机；3—空气滤清器；4—机油盒；5—机油采样阀；6—机油检查孔。

图 5-54　空气压缩机的结构

2. 压力传感器

HX_N5 型内燃机车使用的压力传感器有 2 个：主风缸压力传感器 MR1 和主风缸冗余压力传感器 MRR，总风缸压力传感器测量第一总风缸出口处的压缩空气压力，工作压力范围为 $101 \sim 1\,480$ kPa。机车控制系统利用该压力信息来开闭空气压缩机电机，同时准备对空气压缩机加载或卸载时进行控制。最终结果是调节系统内的空气压力。该压力信号也会出现在灵敏的显示屏上供操纵者利用。MR1 和 MRR 位于散热器间里的 CA9 内墙上，如图 5-55 所示。从机车 A 端空气压缩机后面可以接近该仪表板。

图 5-55　HX_N5 型内燃机车使用的压力传感器

3. 后冷却系统

在风源系统中，有一个独立的后冷却系统，它的作用是冷却空气压缩机产出的压缩空气，其结构如图 5−56 所示。后冷却系统由下列部件组成：后冷却器和安全阀（如图 5−57 所示）、翅片管（如图 5−58 所示）、风缸和排污阀（如图 5−59 所示）。翅片管（1 676.4 mm×1 371.6 mm 的矩形结构）布置在机车冷却室内冷却风扇正下方。排污阀用来排除风缸中所收集的水气。当来自排水阀电磁阀的压缩空气流经排污阀时，水气会被排出。排水阀电磁阀由计算机控制。当机车起动后，通过冷却风扇吸风来冷却后冷却器。

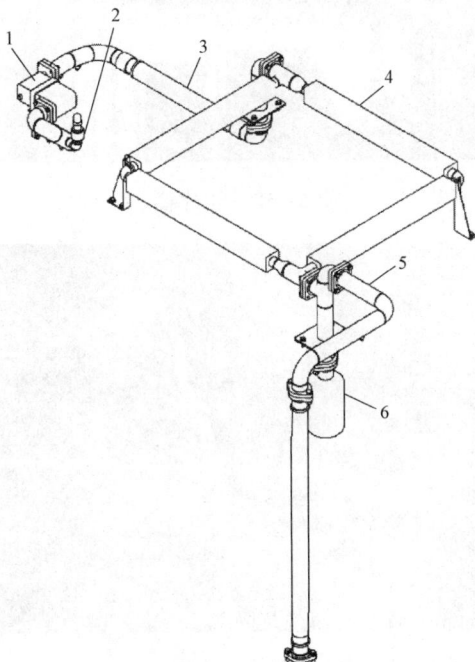

1—后冷却器；2—低压安全阀；3—进气软管；4—翅片管（4 根）；5—出气管；6—风缸。

图 5−56　后冷却系统的结构

1—后冷却器；2—安全阀。

图 5−57　后冷却器和安全阀

197

图 5-58　翅片管

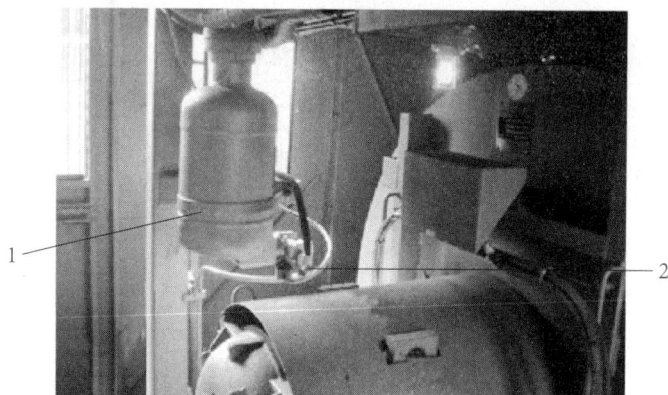

1—风缸；2—排污阀。

图 5-59　风缸和排污阀

4. 总风缸与自动排水阀

总风缸的作用是储存压缩空气。HX_N5 型内燃机车有两个直径为 406.50 mm、长度为 3 952.50 mm 的总风缸。第 1 总风缸（称为总风缸 1）装在机车底架的左侧下方。第 2 总风缸（称为总风缸 2）装在第 1 总风缸上方，如图 5-60、图 5-61 所示。两个总风缸总容积为 965.58 L。

图 5-60　HX_N5 型内燃机车总风缸

　　由于当压缩空气冷却时湿气会冷凝在风缸内，为防止水气引起总风缸锈蚀，安装总风缸时均稍微使其倾斜，并在较低端安装一个自动排水阀，以使水气集聚在总风缸的自动排水阀端，并通过自动排水阀排出。

　　提示： 自动排水阀是一个具有加热、消声、过滤功能的装置。

1—第二总风缸；2—自动排水阀；3—第一总风缸。

图 5-61　总风缸及自动排水阀

　　总风缸外表面上有预先钻好的深度为 1.60 mm 的故障警示孔，每个总风缸有 70 个这样的故障警示孔，如图 5-62 所示。如果总风缸锈蚀或有破裂的趋势，警示孔首先发生泄漏，防止风缸爆裂。

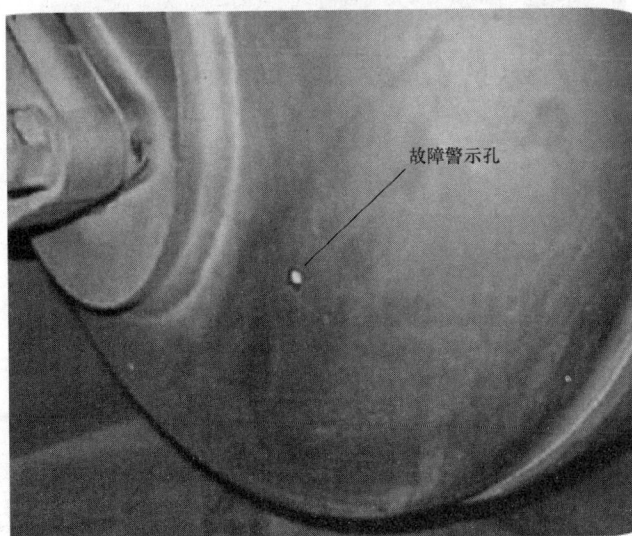

故障警示孔

图 5-62　总风缸上的故障警示孔

5. 安全阀

HX$_N$5 型内燃机车风源管路系统采用 J1 安全阀，安全阀安装在第一总风缸和空气干燥器之间的管路上，是防止总风缸空气超压的安全装置，如图 5-63 所示。当第一总风缸的空气压力达到（950±20）kPa 时，安全阀将会开启，使空气压力降至规定值。在 J1 安全阀的下方管路上，还安装有一截止阀，当 J1 安全阀故障，不能及时排出压力过高的空气时，可通过打开此截止阀将其排出。

1—截止阀；2—安全阀。

图 5-63　HX$_N$5 型内燃机车风源管路系统的 J1 安全阀

6. 空气干燥器

空气干燥器主要用于清除压缩空气中的水分，以避免机车车辆的后续空气部件及空气管系发生冻结和锈蚀。HX$_N$5 型内燃机车采用 GW994 型空气干燥器，它的位置如图 5-64 所示。

1—截止阀；2—安全阀；3—空气干燥器。

图 5-64　GW994 型空气干燥器的位置

GW994 型空气干燥器采用模块化设计，主要由一个聚结式滤清器、一个遥控液体排放的自动调节排污阀、一个进口分流/排气阀、一个出口往复/排污单向阀排放阀、一个控制箱和一对干燥塔、一个湿度指示器组成，其结构如图 5-65 所示。

1—进口分流/排气阀；2—聚结式滤清器排放阀；3—控制箱；4—顶部集气管组件；5—湿度指示器；

6—干燥塔；7—自动调节排污阀；8—出口往复/排污单向阀。

图 5-65 GW994 型空气干燥器的结构

空气干燥器上的湿度指示器，用于指示空气干燥器的运行状况，蓝色表示干燥器工作正常，其他颜色，如淡紫色、白色、黄色或棕色，表示干燥器需要检查。

空气干燥器并不直接与空气管路连接，而是安装在一个固定支架上，由固定支架与机车车架下的空气管连接在一起。这种布置方式可使空气干燥器在维修时容易拆卸而无须变动空气主管路的连接。

7. 空气滤清器

空气滤清器位于空气干燥器与总风缸之间，如图 5-66 所示。

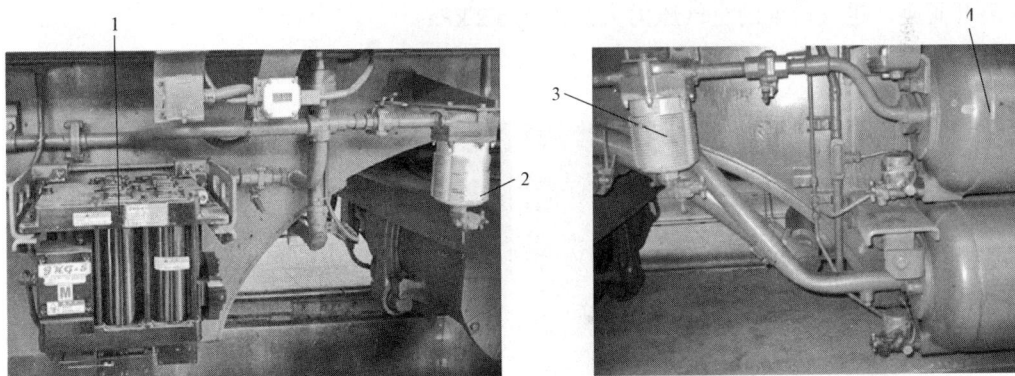

1—空气干燥器；2—辅助系统用风空气滤清器；3—制动系统空气滤清器；4—第二总风缸。

图 5-66 空气滤清器的安装位置

空气滤清器的主要作用是去除压缩空气中的油雾、尘埃及水分。IIX$_N$5 型内燃机车装用的是 SALEM975-075 型空气滤清器。空气滤清器主要由安装座、滤芯、底盖、座圈、适配器及排放阀组件等组成，其结构如图 5-67 所示。

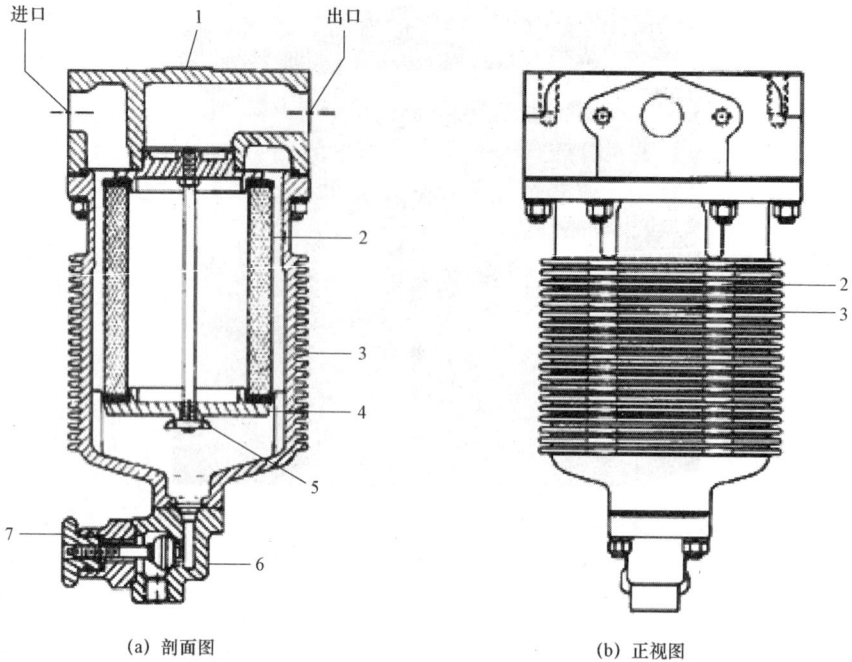

(a) 剖面图　　　　　　　(b) 正视图

1—安装座；2—滤芯；3—底盖；4—座圈；5—翼形螺母；6—适配器；7—排放阀组件。

图 5-67　空气滤清器的结构

8. 单向阀

单向阀又称单向止回阀或逆止阀，是只允许空气朝一个方向流通的阀。单向阀的结构如图 5-68 所示，空气从入口端进入，使滑阀克服弹簧力从而压缩弹簧，再从出口端出来，反向空气流则被滑阀阻止。不论单向阀的安装位置如何，弹簧均可保证滑阀顶住入口端。要使滑阀离开阀座，进气口处的空气压力大约需要 5.2 kPa。

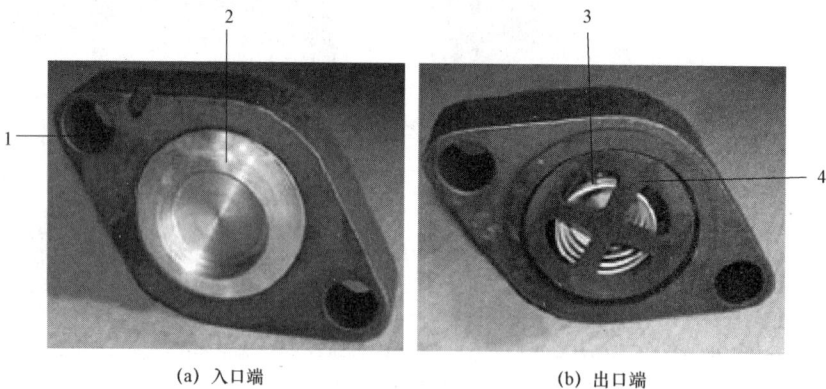

(a) 入口端　　　　　　　(b) 出口端

1—安装孔；2—滑阀；3—弹簧；4—阀座。

图 5-68　单向阀的结构

在风源系统中装有三个单向阀。第一个安装在第二总风缸出风口至机车总风均衡管的管路上；第二个安装在空气干燥器出风口至机车总风均衡管的管路上；第三个安装在第二总风缸的进风口处。三个单向阀的作用分别为：

① 第一个单向阀：如果本机的空气压缩机发生故障，则列车编组中的其他机车的总风均衡管内的压缩空气可以流经该单向阀进入本机的空气系统。

② 第二个单向阀：通过该单向阀，本机的压缩空气向机车总风均衡管充风。因为该阀安装于空气干燥器之后，所以可保证压缩空气经机车总风均衡管供给其他机车之前经过干燥。

③ 第三个单向阀：压缩空气通过该单向阀进入第二总风缸，可阻止压缩空气倒回第一总风缸。因此，第一总风缸因故障排气后，第二总风缸仍可保持空气压力，为空气系统提供压缩空气。

5.7.3　辅助用风系统

辅助用风系统由撒砂系统、风喇叭系统、风动百叶窗系统及其他辅助用风系统组成。

1. 撒砂系统

撒砂系统的作用是给机车提供符合规定的用砂，以提高机车黏着力，防止机车轮对空转及紧急制动时轮对滑行。但撒砂不当和大量而频繁地撒砂会直接影响轨道信号的传递，并且会增加后部车辆的运行阻力，特别是比较潮湿的砂子，容易黏附于轨面，其副作用更为显著。因此，乘务人员应正确地运用撒砂系统。

撒砂系统由撒砂控制电磁阀、撒砂控制器及砂箱等组成。撒砂控制器位于司机室，由司机操纵。一端和二端撒砂原理相同。撒砂系统的结构如图 5-69（a）所示，撒砂控制电磁阀、撒砂控制器与总风的关系如图 5-69（b）所示。

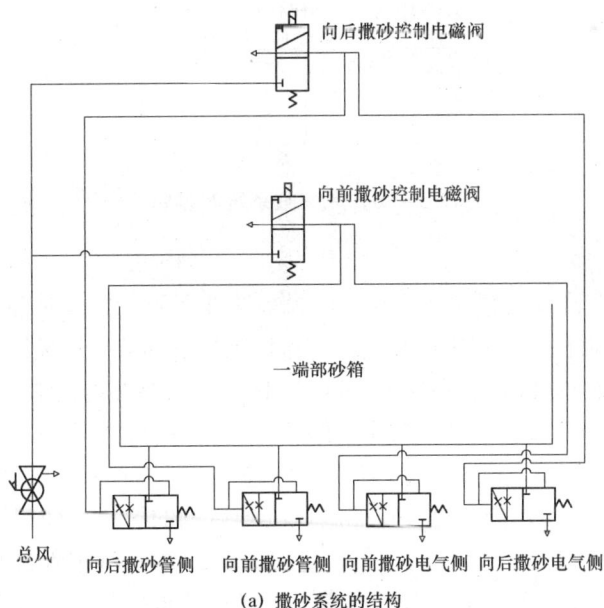

向后撒砂控制电磁阀

向前撒砂控制电磁阀

一端部砂箱

总风　向后撒砂管侧　向前撒砂管侧　向前撒砂电气侧　向后撒砂电气侧

(a) 撒砂系统的结构

图 5-69　撒砂系统

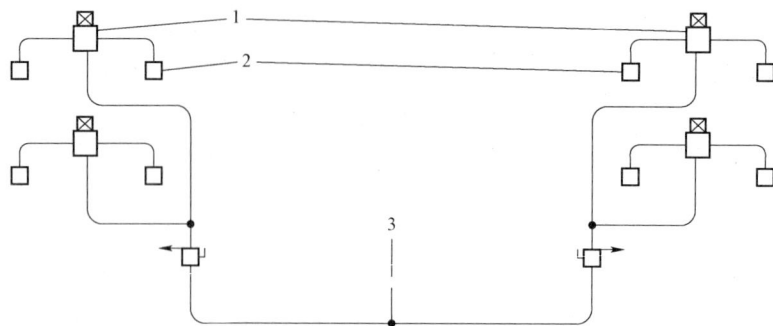

1—撒砂控制电磁阀；2—撒砂控制器；3—总风。

(b) 撒砂控制电磁阀、撒砂控制器与总风的关系

图 5-69 撒砂系统（续）

2. 风喇叭系统

HX$_N$5 型内燃机车采用以压缩空气为动力的喇叭，其系统组成如图 5-70 所示。风喇叭位于机车中部的顶盖上，共有 5 个，集中安装在一个喇叭安装架上。喇叭开关安装在司机操纵台上。当需要鸣喇叭时，操纵喇叭开关，即可根据两个风喇叭电磁阀（HMV1，HMV2）的不同得电方式，使压缩空气进入风喇叭，产生低高音的鸣响。喇叭开关向前推，电磁阀 HMV1 得电，总风经电磁阀 HMV1 和阻尼塞，通过 HMV2 进入喇叭，风喇叭发低音；喇叭开关向后推，电磁阀 HMV1 和 HMV2 同时得电，总风经两个电磁阀进入喇叭，风喇叭发高音。

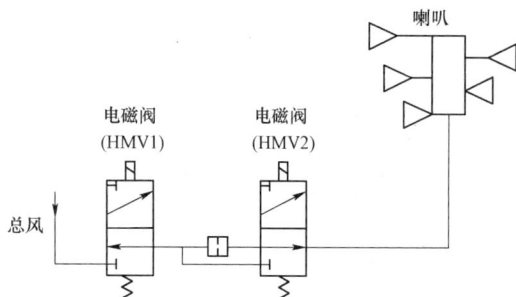

图 5-70 风喇叭系统的组成

3. 风动百叶窗系统

HX$_N$5 型内燃机车冷却装置有 4 个顶百叶窗，这 4 个百叶窗同时开启或关闭。百叶窗的开启及关闭均由百叶窗控制风缸来控制。百叶窗控制风缸为双作用风缸，有两个进气口，分别由百叶窗控制电磁阀 SMV1 及 SMV2 控制。SMV1 和 SMV2 均为常闭型电磁阀，所不同的是二者的进气口、出气口及排气口在常态下的相互连通不同。如图 5-71 所示，在电磁阀失电时，SMV2 进气口 1 与出气口 3 连通，压缩空气进入百叶窗控制风缸的关闭侧；此时 SMV1 出气口 3 与排气口 1 连通，排出百叶窗控制风缸开启侧的背压，使得百叶窗呈关闭状态。当电磁阀得电时，SMV1 进气口 2 与出气口 3 连通，压缩空气进入百叶窗控制风缸的开启侧；而此时 SMV2 出气口 3 与排气口 2 连通，排出百叶窗控制风缸关闭侧的压力，使百叶窗开启。

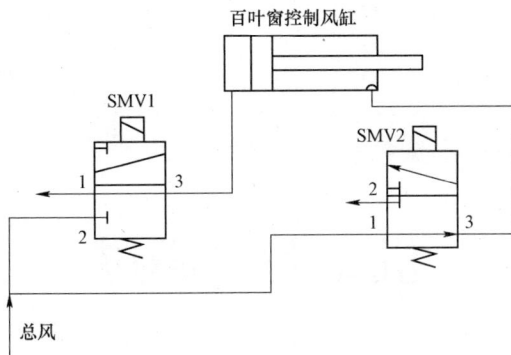

图 5-71　风动百叶窗系统的组成

4. 其他辅助用风设备

HX$_N$5 型内燃机车刮雨器及道口警铃均为风动设备，它们以总风缸的压缩空气为动力源。司机操纵台上设有控制按钮。

HX$_N$5 型内燃机车空气系统还为机车停放制动、机车供氧设备、轨道除雪装置提供所需的不同压力的压缩空气。

【思考题】

1. 简述 HX$_N$5 型内燃机车空气管路系统的组成和作用。
2. 简述 HX$_N$5 型内燃机车风源系统的组成及作用。
3. 试述 HX$_N$5 型内燃机车压力传感器的作用。
4. 试述 HX$_N$5 型内燃机车 J1 安全阀的安装位置及作用。
5. 简述 HX$_N$5 型内燃机车空气干燥器的组成及作用。
6. 简述 HX$_N$5 型内燃机车空气干燥器的湿度指示器的作用。
7. 试述 HX$_N$5 型内燃机车风源系统中的单向阀的安装位置及作用。
8. 简述 HX$_N$5 型内燃机车辅助用风系统的组成。
9. 简述 HX$_N$5 型内燃机车撒砂系统的作用。

项目6

机车曲线通过

任务 6.1　机车曲线通过概述

【任务目标】

了解机车曲线通过的研究意义及研究内容。

【任务内容】

1. 研究意义

机车车辆通过曲线一般是依靠轮缘引导的。由于机车重量大、轴距长、通过曲线时轮轨间产生的横向作用力大，所以机车通过曲线远比车辆困难。大的轮轨横向作用力能引起大的钢轨应力、大的轮缘磨耗和钢轨磨耗、展宽轨距，严重时还可能使机车脱轨。

在我国，三分之一的铁路线是曲线，而且其中半径≤600 m 的曲线约占半数。单就轮轨磨损而言，情况严重的区段，机车走行数万 km 轮缘就磨耗到限，钢轨每二三年就需要更新。因此，设法改善机车曲线通过条件，对于我国铁路具有特殊意义。

2. 研究内容

曲线通过有两个相互联系的研究内容：几何曲线通过和动力曲线通过。

1）几何曲线通过

研究机车与线路的几何关系和机车自身有关部分在曲线上的相互几何关系。研究机车的几何曲线通过，主要解决以下问题：

① 确定机车所能通过的曲线的最小半径和为此目的所需的轮对横动量。

② 给出机车转向架通过曲线时的转心位置。

③ 确定在曲线上机车转向架对于车体的偏转角，以及车体与建筑限界的关系等。

④ 为研究动力曲线通过提供有关数据。

2）动力曲线通过

研究机车以不同速度通过曲线时与线路的相互作用力，探讨机车安全通过曲线的条件和措施，并为机车和线路的强度计算，以及轮缘磨耗提供有关数据。

1. 几何曲线通过主要解决哪些问题？
2. 动力曲线通过主要研究哪些问题？

任务 6.2　机车几何曲线通过

【任务目标】

了解有利于机车几何曲线通过的措施，熟悉用图示法、分析法研究几何曲线通过的方法。

【任务内容】

6.2.1　有利于几何曲线通过的措施

从几何关系出发，有利于机车通过曲线采取的措施主要是：一是加宽曲线上的轨距；二是给轮对适当横动量。

1. 曲线轨距

为保证机车在直线上顺利行驶，钢轨内侧与轮缘外侧之间应有一定的间隙 σ（如图 6-1 所示）：

$$\sigma = A - (B + 2t) \tag{6-1}$$

式中：A——直线上的轨距，$A = 1\,435^{+6}_{-2}$ mm（以线路速度等级 $v \leqslant 120$ km/h 为例）；

　　　B——轮对的轮缘内侧距离，$B = (1\,353 \pm 3)$ mm；

　　　t——（锥形踏面）距踏面基线 11.25 mm 处的轮缘厚度，$t = 33^{0}_{-10}$ mm；

　　　σ——直线上钢轨内侧与轮缘外侧的全间隙，mm。

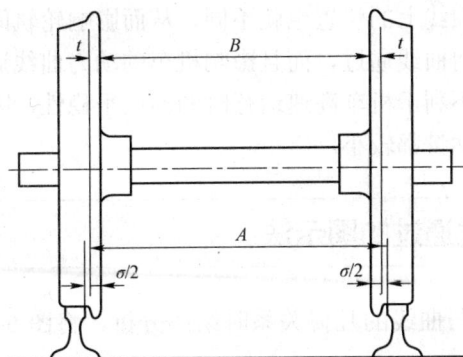

图 6-1　钢轨与轮缘的间隙

σ 的名义尺寸是 16 mm，每侧 8 mm。如果 σ 过大，将使机车在直线上运行时蛇行运动的幅度加大。随着机车运行速度提高，势必加大蛇行运动的频率，降低机车运行品质，加重轮缘对钢轨的打击作用。

在曲线上，σ 能帮助机车顺利通过曲线。为了使机车更好地通过几何曲线，可将内轨适当内移。内轨的内移量 Δ 称为曲线加宽值。根据《铁路技术管理规程》，曲线加宽值与曲线半径的关系如表 6-1 所示。由此可得出在不同半径的曲线上的轮轨全间隙（$\sigma+\Delta$），如表 6-2 所示。

表 6-1 曲线加宽值与曲线半径的关系

曲线半径 R/m	曲线加宽值 Δ/mm
$R \geqslant 295$	0
$295 > R \geqslant 245$	5
$245 > R \geqslant 195$	10
$R < 195$	15

表 6-2 轮轨全间隙与曲线半径的关系

曲线半径 R/m	轮轨全间隙（$\sigma+\Delta$）/mm
$R \geqslant 295$	16
$295 > R \geqslant 245$	21
$245 > R \geqslant 195$	26
$R < 195$	31

2. 轮对横动量

为便于将轴距较长的转向架纳入曲线，除了增大轮缘与钢轨的间隙外，还给轮对以一定的机动横动量，即允许轮对相对于轴箱、轴箱相对于转向架构架有适当的横向移动量。轮对的横动量不同，转向架在曲线上的位置也就不同，从而影响轮轨间的作用力。所以，轮对的横动量不仅影响机车的几何曲线通过，而且影响机车的动力曲线通过。

较大的轮对横动量，不利于机车高速运行时的横向平稳性，因此在速度等级较高的线路上运行的机车一般轮对横动量都较小。

6.2.2 机车几何曲线通过的图示法

为便于在研究转向架与曲线的几何关系时绘图分析，将图 6-1 中的左右两轮缘外侧距离 $B+2t$ 缩为零（如图 6-2 所示），以半径为 $R_外 = R + \dfrac{\sigma}{2}$ 的圆弧表示外轨的内侧面，以 $R_内 =$

$R-\left(\dfrac{\sigma}{2}+\varDelta\right)$ 的圆弧表示内轨的外侧面，也就是用轮缘与钢轨在曲线上的全间隙（$\sigma+\varDelta$）来表示轨距，而这时的转向架构架就相应地以纵轴线表示，轮对则由其上的点表示。

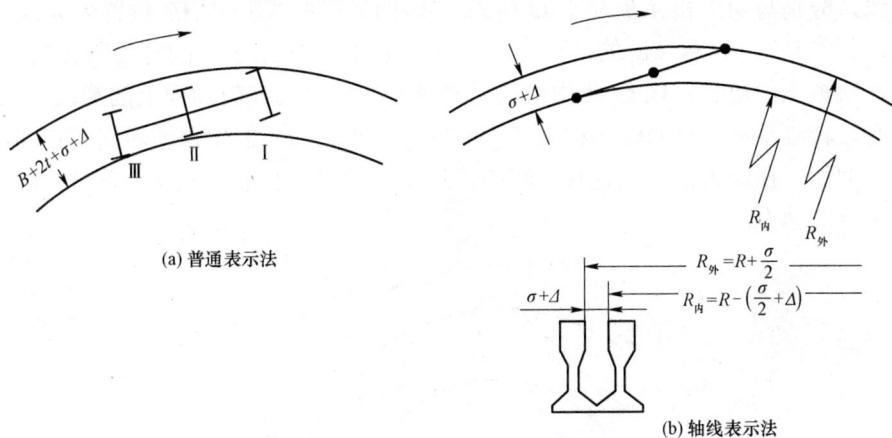

(a) 普通表示法

$$R_{外}=R+\dfrac{\sigma}{2}$$

$$R_{内}=R-\left(\dfrac{\sigma}{2}+\varDelta\right)$$

(b) 轴线表示法

Ⅰ、Ⅱ、Ⅲ—分别为第一、第二、三轴轮对

图 6-2   几何曲线通过的图示法

图 6-2（a）是普通表示法，图 6-2（b）是轴线表示法，两图等价。在图中，第一轴轮对的外轮贴靠外轨；第二轴轮对的外轮不贴靠外轨，内轮不贴靠内轨；第三轴轮对的内轮贴靠内轨。同样是表达转向架在曲线上轮轨间的相对位置，轴线表示法既简单又明了，是研究机车与曲线的几何关系时常用的方法。

另外，我们还可以从轴线表示法中看出，若表示轮对的点在两圆弧之间，则该点与外圆弧的距离即为外轮轮缘与外轨内侧的距离。该点与内圆弧的距离即为内轮轮缘与内轨外侧的距离。若表示轮对的点不在两圆弧之间，则转向架不能纳入该曲线；或者，为使转向架通过该曲线，这一轮对所需的横动量应等于该点至邻弧的距离。

1. 转向架在曲线上的位置

无论机车以何种速度通过曲线，其转向架第一轴轮对的外轮总是贴靠外轨的，而后轴轮对的位置则视速度大小而异。低速时，后轴轮对的内轮贴靠内轨，此时转向架的位置称为最大偏斜位置。速度稍高时，因离心力的作用，后轴轮对内轮离开内轨，但外轮也不贴靠外轨，此时转向架的位置称为自由位置。当速度高到一定值时，即离心力增加到一定值时，后轴轮对的外轮就贴靠外轨，此时转向架的位置称为最大外移位置。此后即使速度再高，转向架位置也不再变化（如图 6-3 所示）。若前后轴轮对均有横动量 δ，则转向架在曲线上的最大偏斜位置和最大外移位置如图 6-4 所示。

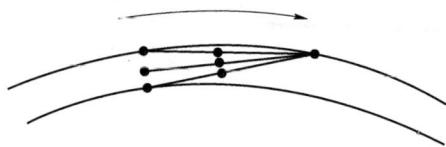

图 6-3   转向架通过曲线时的位置

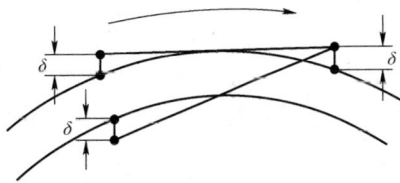

图 6-4   前后轴有横动量的转向架在曲线上的位置

2. 转向架在曲线上的转心

设机车转向架在一定半径的曲线上做稳态运动。在某一瞬时 t，转向架在曲线上处于 AB 位置；在 Δt 后处于 A_2B_2 位置（如图6-5所示）。从曲线中心 O 分别向转向架 AB 位置和 A_2B_2 位置作垂线，分别与 AB 和 A_2B_2 交于 Ω 和 Ω_1。转向架在曲线上由 AB 位置至 A_2B_2 位置的运动过程可以看作是由 AB 和 A_1B_1 的平移以及由 A_1B_1 至 A_2B_2 的围绕 Ω_1 的转动所合成。平移就是车轮踏面在轨道上的滚动，以 Ω_1 为中心的转动就是车轮踏面在轨顶面上的滑动。Ω_1 称为转向架的转心。转心至某轮对的距离称为该轮对的转心距。转心的位置随转向架在曲线上所处位置而异。例如，在最大偏斜位置时，转心接近于后轮对；在最大外移位置时，转心基本上在转向架中点的地方。

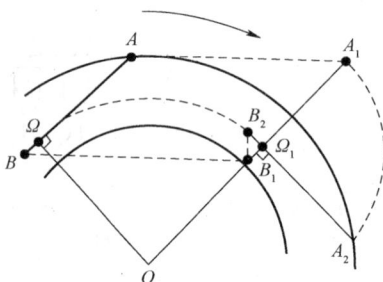

图6-5　转向架通过曲线时的运动分析

6.2.3　机车几何曲线通过的分析法

研究几何曲线通过的方法有分析法和图解法。分析法比较准确，但易出错；用图示法所得结果一目了然，但有一定的误差。为了准确而又便于核对，往往两法并用。下面研究怎样用分析法求取转向架的转心距、轮对所需的横动量、转向架相对于车体的偏转角、机车能纳入的最小曲线半径，以及车体与建筑限界的关系等。

1. 转向架的转心矩

如图6-6所示，第一轴轮对贴靠外轨，并向外横动 Y_1，第三轴轮对贴靠内轨。这样转向架在曲线上位置一定，转心位置 Ω 也就一定。

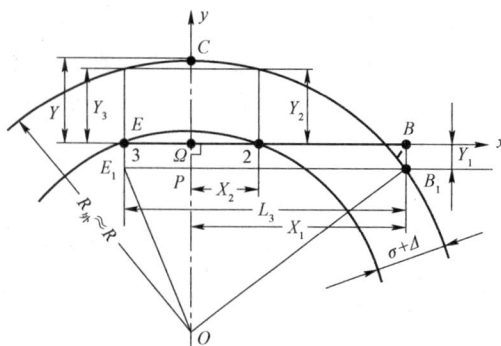

图6-6　三轴转向架的几何曲线通过（分析法）

以转向架纵轴线为横轴，以曲线中心引向转向架纵轴线的垂线为纵轴，两线之交点 Ω（转心）为坐标中心，并取坐标中心之右、之上为正。依照图 6-6 中的几何关系，则第一轮对至转心的距离——第一轴轮对的转心距 X_1 可由以下各式求得：

$$X_1^2 = B_1O^2 - OP^2 \text{（在直角三角形 } OPB_1 \text{ 中）}$$

$$OP^2 = OE_1^2 - PE_1^2 \text{（在直角三角形 } OPE_1 \text{ 中）}$$

$$B_1O = R_{外} \approx R$$

$$OE_1 \approx R - (Y_3 - Y_1)$$

式中：R——曲线半径，mm；

Y_1——第一轴轮对对于外轨的偏倚量，为负值，mm；

Y_3——决定转向架位置的另一轴轮对对于外轨的偏倚量（图中第三轴轮对贴靠内轨），mm。

又因为

$$PE_1 = BE - B\Omega = L_3 - X_1$$

式中：L_3——转向架总轴距，mm。

于是

$$X_1^2 = R^2 - [R - (Y_3 - Y_1)]^2 + (L_3 - X_1)^2$$

从而得

$$X_1 = \frac{L_3}{2} + \frac{R(Y_3 - Y_1)}{L_3} - \frac{(Y_3 - Y_1)^2}{2L_3}$$

略去微值 $\frac{(Y_3 - Y_1)^2}{2L_3}$，得

$$X_1 = \frac{L_3}{2} + \frac{R(Y_3 - Y_1)}{L_3} \tag{6-2}$$

求得第一轮对的转心距 X_1，也就求得了转心在纵轴上的位置。由此不难求得其他轮对的转心距。

2. 轮对对外轨的偏倚量

我们先来求解弦长为 $2x$ 的弦 AB 的矢高 y（如图 6-7 所示）。依据几何定理，矢高与弦长有如下关系：

$$AC^2 = CE \cdot CD$$

即

$$x^2 = y(2R - y) = 2Ry - y^2$$

若 $y \ll R$，则可略去微值 y^2，得

$$y = \frac{x^2}{2R} \tag{6-3}$$

这样，在图 6-6 中同样利用矢高与弦长的关系，求出转向架转心对于外轨的偏倚量：

$$Y = PC - P\Omega = \frac{X_1^2}{2R} + Y_1 \tag{6-4}$$

式中：Y_1——第一轴轮对对于外轨的偏倚量，为负值且（$+Y_1$）＝（$-P\Omega$），mm；

X_1——第一轴轮对的转心距，mm；

R——曲线半径，mm。

据此可求出任意轮对（即第 i 轴轮对）对于外轨的偏倚量：

$$Y_i = Y - \frac{X_i^2}{2R} \qquad (6-5)$$

式中：X_i——任意轮对的转心距，mm。

将 R_{min} 代入式（6-5），若计算得出 $Y_i > (\sigma + \Delta)$，则通过半径为 R_{min} 的曲线时，轮对所需的横动量 $\delta = Y_i - (\sigma + \Delta)$，其中 $\sigma + \Delta$ 为轮缘与钢轨的全间隙，mm。若给定横动量 δ，则可验算每轴横动量在该曲线上是否足够。

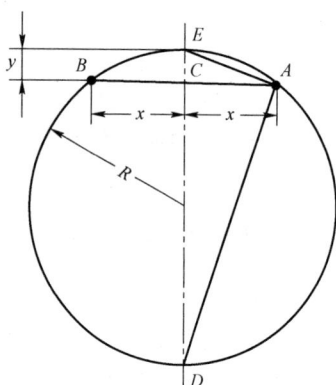

图 6-7　矢高与弦长的关系

3. 转向架对车体的偏转角及转向架对外轨的冲角

已知转向架在曲线上的位置以及转向架相对车体回转中心的位置，就不难求得转向架相对车体的偏转角 θ——转向架纵轴线与车体纵轴线的夹角，和转向架与轨道的冲角 α——轮缘与钢轨接触点处曲线的切线与车轮平面的夹角。

当前后转向架都处于最大外移位置时，两转向架对车体的偏转角相等（如图 6-8 所示）：

$$\theta = \arcsin \frac{L_k}{2R}$$

式中：L_k——两转向架中心距，mm；

R——曲线半径，mm。

因为 θ 角很小，2° 左右，故

$$\theta \approx \frac{L_k}{2R} \qquad (6-6)$$

式中：θ——两转向架构造上允许的最大偏转角，rad。

当前后转向架均处于最大偏斜位置时，后转向架对车体的偏转角 $\theta_{后}$ 达最大，前转向架的偏转角 $\theta_{前}$ 为最小，如图 6-9 所示。

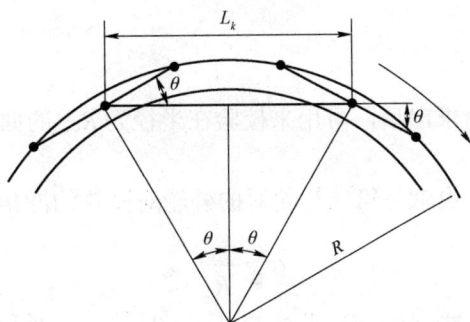

图 6-8 转向架处于最大外移位置时对车体的偏转角

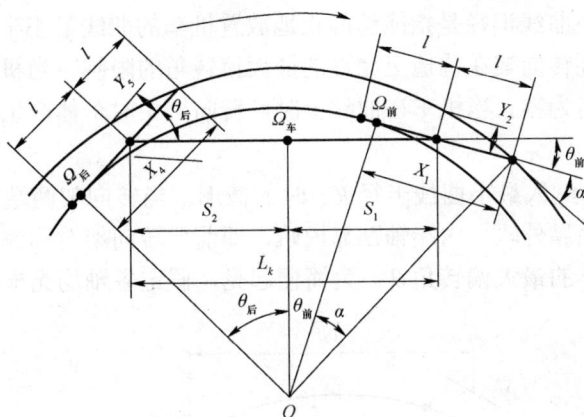

图 6-9 转向架处于最大偏斜位置时对车体的偏转角

设三轴转向架的轴距为 l，前后转向架的转心分别为 $\Omega_{前}$ 和 $\Omega_{后}$。由图 6-9 的几何关系近似地求得转向架对车体的偏转角为

$$\theta_{前} \approx \frac{S_1 + l - X_1}{R} \qquad (6-7)$$

后转向架对车体的偏转角为

$$\theta_{后} \approx \frac{S_2 - l + X_4}{R} \qquad (6-8)$$

式中：　l——转矩，mm；

　　X_1，X_4——第一轴、第四轴的转心距，mm；

　　S_1，S_4——前后转向架中心至车体转心 $\Omega_{车}$ 的距离，mm。

仿照式（6-2），得

$$S_1 = \frac{L_k}{2} + \frac{R(Y_5 - Y_2)}{L_k}$$

式中：Y_2，Y_5——前后转向架中心对于外轨的偏倚量，可用式（6-5）求得；

　　　　L_k——两转向架中心距。

求得 S_1 后，根据 $S_1 + S_2 = L_k$ 求得 S_2。当前后转向架均处于最大偏斜位时，$Y_5 = Y_2$，

213

$$S_1 = S_2 = \frac{L_k}{2} \; 。$$

转向架对车体的偏转角求出后，可用来校验在半径为 R_{min} 的曲线上车体下部是否与转向架相抵触。

转向架与轨道的冲角，也就是第一轴轮对的外轮对外轨的冲角，由图 6-9 得

$$\alpha \approx \frac{X_1}{R} \qquad (6-9)$$

由式（6-7）、式（6-8）、式（6-9）求得的 $\theta_前$、$\theta_后$、α，单位均为 rad。

4. 机车能纳入的最小曲线半径

机车能纳入的最小曲线半径是指能够静止地放置机车的曲线最小半径，因而也称几何学最小曲线半径。它受到转向架在构造上允许的最大偏转角的限制。当机车在直线上时，转向架与车体共轴，偏转角为零。当机车在曲线上时，转向架相对车体产生偏转角。曲线半径越小，偏转角越大。

图 6-10 表示机车纳入最小曲线半径 R_{min} 时的情形。当转向架两端轴在用尽了横动量之后，各轴以外端轴来贴靠外轨，内端轴贴靠内轨，即前后转向架对称偏斜。这样的位置充分利用了转向架相对车体的最大偏转角 θ。为简便起见，假定各轴均无横动量。

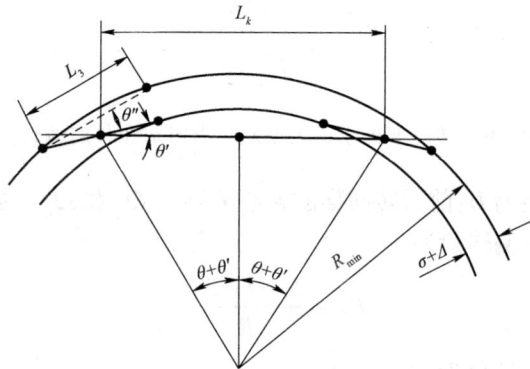

图 6-10　机车纳入最小曲线半径 R_{min} 时的情形

根据几何关系得最小曲线半径：

$$R_{min} = \frac{L_k}{2\sin(\theta + \theta')} \qquad (6-10)$$

式中：L_k——两转向架中心距离，mm；

θ——两转向架构造上允许的最大偏转角，rad；

θ'——后转向架最大偏斜位置和最大外移位置之间的夹角，rad；其计算公示为

$$\theta' = \arcsin\frac{\sigma + \Delta}{L_3}$$

式中：$\sigma + \Delta$——轮缘与钢轨的全间隙，mm；

L_3——转向架总轴距，mm。

214

应该指出，实际上是不允许机车经常通过这种曲线的。即使机车以很低的速度通过这种曲线，轮缘与钢轨之间也势必引起很大的作用力。而且，机车能通过的最小曲线半径除与转向架中心距、转向架总轴距、轮对横动量、转向架最大偏转角有关外，还与车体外伸部与建筑限界的抵触、车钩偏转角等有关。所以，铁路部门规定了一个大于机车能纳入的最小曲线半径 R_{min} 的实用最小曲线半径（通常为145 m），允许机车以某一较低速度经常通过。

5. 机车车体通过曲线的校验

当车体较长的机车在半径为 R_{min} 的曲线上时，必须校验机车车体的中部在曲线内侧以及机车端部在曲线外侧是否与建筑限界相抵触。校验方法是：将两转向架皆置于最大偏斜位置，以检验机车中部是否通过限界（如图6-11所示）。将两转向架皆置于最大外移位置，以检验机车端部是否能通过限界（如图6-12所示）。

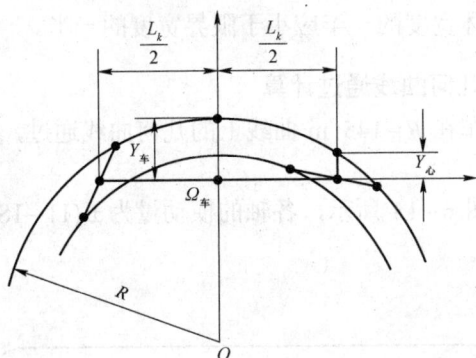

图6-11 车体中部在曲线内侧的偏倚量图

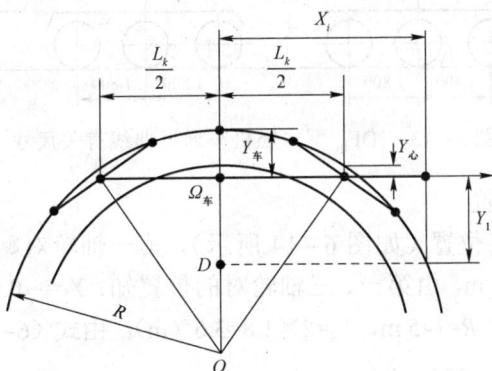

图6-12 车体端部在曲线外侧的偏倚量图

无论是图6-11还是图6-12，车体转心均在车体中部，即转向架中心至车体转心 $\Omega_{车}$ 的距离为 $X_{心}=L_k/2$。当转向架在曲线上的位置一定时，转向架中心对外轨的偏倚量 $Y_{心}$ 也一定（当为三轴转向架且相邻轴轴距相等时，$Y_{心}=Y_2=Y_5$）。因此，车体转心 $\Omega_{车}$ 对外轨的偏倚量 Y 为

$$Y = \frac{X_{心}^2}{2R} + Y_{心} \qquad (6-11)$$

用式（6-11）检验车体中部在曲线内侧是否通过限界的方法是检验 $Y-\dfrac{\sigma}{2}$ 再加上车体宽度的一半是否小于限界宽度的一半。

按图 6-12 校验机车端部 i 点是否能通过限界。i 点对于外轨的偏倚量为

$$Y_i = Y - \frac{X_i^2}{2R} \qquad （6-12）$$

式中：Y——车体转心 $\Omega_{车}$ 对外轨的偏倚量，mm；

$\quad\quad X_i$——i 点至车体转心 $\Omega_{车}$ 的距离，mm。

计算所得 Y_i 为负值，表示 Y_i 在车体纵轴下方，即车体上的 i 点向外轨外侧偏倚。Y_i 的大小应满足 $|Y_i|+\dfrac{\sigma}{2}$ 再加上车体宽度的一半应小于限界宽度的一半。

6. 东风$_{4B}$型内燃机车几何曲线通过计算

计算东风$_{4B}$型内燃机车在 R=145 m 曲线上的几何曲线通过，并求机车能纳入的最小曲线半径 R_{min}。

已知机车有关尺寸如图 6-13 所示，各轴的横动量为 $\pm$(11-18-11) mm，转向架相对于车体的最大偏转角 θ=3°8′。

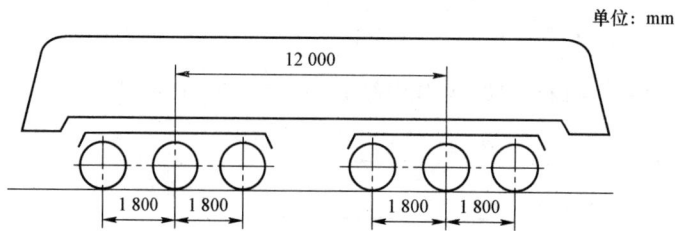

图 6-13　DF$_{4B}$型内燃机车通过曲线有关尺寸

（1）求转向架转心位置

设转向架在最大偏斜位置（如图 6-14 所示），第一轴轮对贴靠外轨，第三轴轮对贴靠内轨，此时 $\sigma+\Delta$=0.031 m，由第一、三轴轮对的位置知：Y_1=-0.011 m，$Y_3=\sigma+\Delta+0.011$=0.042（m）。由图 6-14 知，R=145 m，L_3=2×1.8=3.6（m），由式（6-2）求第一轴的转心距为

$$X_1 = \frac{L_3}{2} + \frac{R(Y_3-Y_1)}{L_3}$$

$$= \frac{3.6}{2} + \frac{145\times(0.042+0.011)}{3.6} \approx 1.8+2.135=3.935（m）$$

即 $X_1 > L_3$，说明转向架在最大偏斜位置时，其转心 Ω 在第三轴之后。

另外，可求得第二轴的转心距为

$$X_2 = X_1 - \frac{L_3}{2} = 3.935 - \frac{3.6}{2} = 2.135 （m）$$

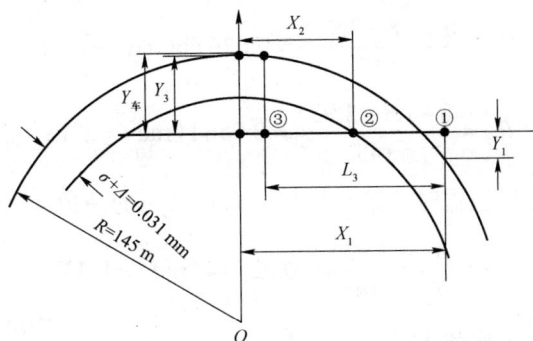

图 6-14　DF$_{4B}$ 型内燃机车转向架在 145 m 曲线上的位置

（2）第二轴对外轨的偏倚量

先由式（6-4）求转向架转心 Ω 对外轨的偏倚量：

$$Y = \frac{X_1^2}{2R} + Y_1 = \frac{3.935^2}{2 \times 145} - 0.011 \approx 0.053\,4 - 0.011 = 0.042\,4 \text{（m）}$$

再由式（6-5）求得第二轴对外轨的偏倚量：

$$Y_2 = Y - \frac{X_2^2}{2R} = 0.042\,4 - \frac{2.135^2}{2 \times 145} \approx 0.042\,4 - 0.015\,7 = 0.026\,7 \text{（m）}$$

由 $Y_2 < \sigma + \Delta$（$= 0.031$ m）知，转向架在最大偏斜位置时，第二轴既不贴靠外轨，也不贴靠内轨，也就是说转向架第二轴不使用横动量，也能以最在偏斜位置容纳在半径为 145 m 的曲线上。

（3）转向架对车体的偏转角和转向架对外轨的冲角

当前后转向架均处于最大外移位置时，两转向架对于车体的偏转角相等。由图 6-13 知，L_k=12 000 mm=12 m。由式（6-6）得

$$\theta \approx \frac{L_k}{2R} = \frac{12}{2 \times 145} \approx 0.041\,4(\text{rad}) \approx 2°22'$$

当前后转向架均处于最大偏斜位置时，由式（6-7）及式（6-8）求得 $\theta_{前}$、$\theta_{后}$：

$$\theta_{前} = \frac{S_1 + l - X_1}{R}$$

$$\theta_{后} = \frac{S_2 - l + X_4}{R}$$

由图 6-13 知，$l = 1.8$ m；由图 6-9 知 $X_4 = X_1$。下面分析如何确定 S_1 及 S_2，以得到车体转心 $\Omega_{车}$ 的位置。因前面已经求得 Y_2，即 $Y_2 = 0.026\,7$ m，又因 $Y_5 = Y_2$，所以 $Y_5 = 0.026\,7$ m，由此得

$$S_1 = \frac{L_k}{2} + \frac{R(Y_5 - Y_2)}{L_k} = \frac{12}{2} = 6 \text{（m）}$$

$$S_2 = L_k - S_1 = 12 - 6 = 6 \text{（m）}$$

故
$$\theta_{前} = \frac{6+1.8-3.935}{145} \approx 0.026\,66\,(\mathrm{rad}) = 1°31'$$

$$\theta_{后} = \frac{6-1.8+3.935}{145} \approx 0.056\,1\,(\mathrm{rad}) = 3°13'$$

当转向架处于最大偏斜位置时，第一轴外轮对对外轨的冲角为

$$\alpha = \frac{X_1}{R} = \frac{3.935}{145} \approx 0.027\,14\,(\mathrm{rad}) = 1°33'$$

（4）机车能纳入的最下曲线半径

由式（6-10）知：

$$R_{\min} = \frac{L_k}{2\sin(\theta+\theta')}$$

而 $\theta = 3°8'$，$\theta' = \arcsin\frac{\sigma+\varDelta}{L_3} = \frac{0.031}{3.6} \approx 0.008\,6\,(\mathrm{rad}) = 30'$

故
$$R_{\min} = \frac{12}{2\sin(3°8'+30')} = \frac{6}{\sin(3°38')} = \frac{6}{0.063\,37} \approx 94.7\,(\mathrm{m})$$

这里我们虽然在理论上得出东风$_{4B}$型内燃机车能纳入半径为 94.7 m 的曲线，但实际运用时我们规定曲线半径应在 145 m 以上。

【思考题】

1. 有利于几何曲线通过的措施有哪些？并加以说明。
2. 机车通过曲线时转向架有哪些特征位置？变化规律如何？
3. 什么叫机车能纳入的最小曲线半径？它受机车哪些结构因素的限制？

任务 6.3　机车动力曲线通过

【任务目标】

熟悉机车动力曲线通过的分析与计算，掌握机车曲线运行的安全条件与改善曲线通过的措施。

【任务内容】

机车动力曲线通过研究的是机车以不同速度通过曲线时与线路在水平面内的相互作用。机车通过曲线时，发生的现象是非常复杂的，影响这些现象的因素很多。为便于计算，可在基本反映实际结果的条件下做以下假定：

① 不考虑轨道横向变形。

② 所有的水平力都作用在轨顶平面内。

③ 不考虑左右轮荷重的变化。

④ 不计牵引力的影响。

⑤ 轮箍踏面为圆柱形，即不计轮箍踏面斜率的影响。

⑥ 轮箍踏面与轨顶面间的摩擦系数 μ 各轮相同，取 $\mu = 0.25$。

⑦ 机车稳态通过曲线，即机车与曲线的相对位置不变。

6.3.1　机车通过曲线时的受力情况

1. 未平衡的离心力

为了平衡机车通过曲线时的离心力，在曲线上外轨都要高出内轨，称为外轨超高。外轨超高引起机车内倾力（如图 6–15 所示）：

$$H = G \sin \alpha = \frac{Gh}{2S} \tag{6–13}$$

式中：H——外轨超高引起的机车内倾力，kN；

　　h——外轨超高度，mm；

　　G——机车重量，kN；

　　$2S$——左右轮滚动圆间的距离（公称尺寸 $2S = 1\,499$ mm $\approx 1\,500$ mm）；

　　α——轨面倾斜角，rad。

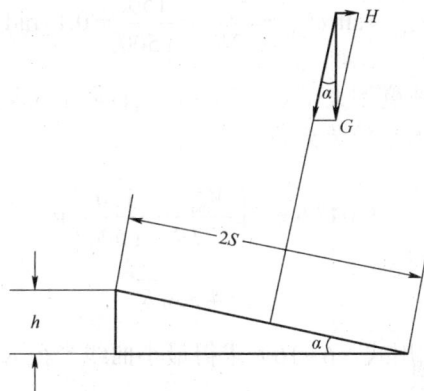

图 6–15　机车通过曲线时产生的离心力及外轨超高引起的内倾力

机车通过曲线时产生的离心力为

$$C' = \frac{Mv^2}{R} = \frac{\dfrac{G}{g}\left(\dfrac{V}{3.6}\right)^2}{R} = \frac{GV^2}{127R} \tag{6–14}$$

式中：C'——离心力，kN；

　　M——机车质量，t；

G——机车重量，kN；

v——机车速度，m/s；

V——机车速度，km/h；

g——重力加速度，$g = 9.81 \, \text{m/s}^2$；

R——曲线半径，m。

对有两个转向架的机车，作用于一个转向架的未平衡离心力可通过式（6-15）计算：

$$C = \frac{C' - H}{2} = \frac{\dfrac{GV^2}{127R} - G\dfrac{h}{2S}}{2} = \frac{G}{2}\left(\frac{V^2}{127R} - \frac{h}{2S}\right) \qquad (6-15)$$

未平衡离心力作用于转向架中央，单位为 kN。

我国的铁路线路一般是速度较高的旅客列车与速度较低的货物列车混流的线路，因此线路超高度的选取必须兼顾不同车速的列车。如果超高不足，则外轨超高引起的机车内倾力小于离心力，产生机车未平衡加速度，即机车未平衡离心力与机车质量之比值，算式如下：

$$\frac{C' - H}{G/g} = \left(\frac{V^2}{127R} - \frac{h}{2S}\right)g$$

如果超高偏大，则易使列车上人员感觉不适，使轮轨间的横向力显著增加，甚至影响机车车辆的横向安定性。所以，多取曲线最大超高度（双线地段）$h_{\max} = 150 \, \text{mm}$，即最大轨面倾斜角 $\alpha_{\max}$ 为

$$\alpha_{\max} \approx \sin\alpha_{\max} = \frac{h_{\max}}{2S} = \frac{150}{1500} = 0.1 \, (\text{rad})$$

我国铁路规定未平衡加速度不大于 0.047 6 g，这样我们可以得出从舒适角度出发，机车通过曲线时最高速度与曲线半径的关系为

$$0.047\,6\,g = \left(\frac{V_{\max}^2}{127R} - \frac{150}{1\,500}\right)g$$

即
$$V_{\max} = 4.33\sqrt{R} \qquad (6-16)$$

若 $V_{\max} = 120 \, \text{km/h}$，则利用式（6-16）求得最小曲线半径为 768 m。若 $V_{\max} = 160 \, \text{km/h}$，则求得最小曲线半径为 1 365 m。

2. 车轮踏面与钢轨顶面间的摩擦力

转向架通过曲线的运动，可以看作沿转向架纵轴（X 轴）的前进和绕转心 Ω 的回转。其中沿 X 轴的前进运动是轮对的滚动，回转运动是轮对在钢轨顶面上的滑动。车轮踏面与钢轨顶面间产生滑动摩擦力，摩擦力的方向与滑动方向相反，与自转心引向各轮轨接触点的射线相垂直（如图 6-16 所示）。摩擦力的大小为 μP，μ 为轮轨间的摩擦系数，取值 0.25，P 为轮荷重。

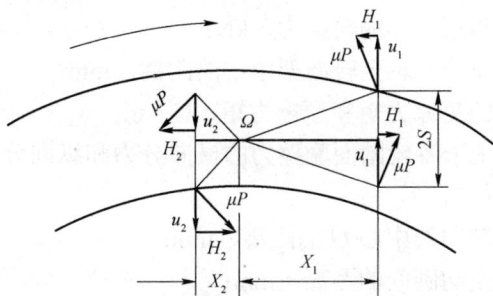

图 6－16　转向架通过曲线时钢轨作用于车轮的摩擦力

各轮摩擦力的横向力和纵向力分别为

$$u_i = \mu P \frac{X_i}{\sqrt{X_i^2 + S^2}}$$

$$H_i = \mu P \frac{S}{\sqrt{X_i^2 + S^2}}$$

（6－17）

式中：$2S$——左右轮滚动圆间的距离；

　　　X_i——第 i 轴的转心距。

3. 转向架与车体间的复原力矩和摩擦力矩

有些机车在转向架与车体间设有复原装置。在曲线上，转向架由于相对车体回转而产生了与回转方向相反的复原力矩，对于前转向架，复原力矩 $M_复$ 阻碍转向架回转，对于后转向架，复原力矩帮助转向架回转。在计算时，要注意前后转向架复原力矩的方向。

在理论上，只有当转向架进入或走出曲线时，旁承才产生摩擦力矩。但考虑到曲线不是标准圆弧，在曲线上转向架与车体之间实际存在着相对运动，所以在计算时，要考虑摩擦力矩 $M_摩$ 所起的阻碍作用。

4. 轮缘力

轮缘力是轨头侧面作用于轮缘的力，它克服一切阻碍转向架回转的力矩，并且平衡部分离心力，引导转向架沿曲线运行。

6.3.2　机车动力曲线通过的计算

1. 转向架平衡方程式

以三轴转向架为例。先设机车以某一速度通过指定半径曲线，转向架占最大偏斜位置（是否占偏斜位置，计算后即可判断）。此时作用在转向架上的力和力矩如图 6－17 所示。其中只有轮缘力 F_1 和 F_3 是未知数。

转向架的平衡方程式如下：

$$\left.\begin{array}{l}\sum F_Y = F_3 - F_1 + C + 2\sum u_i = 0 \\ \sum M_O = F_1 l_1 + F_3 l_3 - M_复 - M_摩 - 2S\sum H_i - 2\sum u_i l_i = 0\end{array}\right\}$$

（6－18）

式中：F_1，F_3——第一轴和第三轴的轮缘力，kN；

$\quad\quad$ l_1，l_3——第一轴和第三轴至转向架中心的距离，mm；

$\quad$ $M_复$，$M_摩$——转向架的复原力矩和摩擦力矩，N·m；

$\quad\quad$ u_i，H_i——钢轨作用于各轮踏面摩擦力的横向分力和纵向分力，kN，可按式（6-17）计算，i=1，2，3；

$\quad\quad\quad$ l_i——各轴至转向架中心 O 的距离，mm；

$\quad\quad$ 2S——左右轮滚动圆间的距离，mm；

$\quad\quad\quad$ C——作用于一个转向架的未平衡离心力，可按式（6-15）计算，对应某一速度求得 C［C 可能是正值（向外），也可能是负值（向里），作用点为转向架中心］。

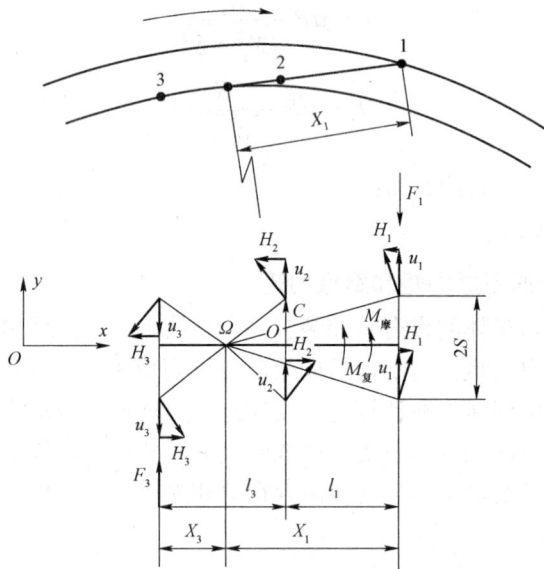

图 6-17　三轴转向架通过曲线时的受力分析

利用式（6-18）可以求得转向架处于最大偏斜位置时的两个未知力 F_1 和 F_3。若在所设机车速度下求得的 F_3 为负值，则说明转向架在该速度下，不可能以最大偏斜位置通过曲线。此时就须假定转向架在该曲线上处于自由位置或最大外移位置，要重新列平衡方程进行计算。

随着机车速度增大，未平衡离心力 C 增大，则 F_1 增大，F_3 减小。若令 F_3=0，而此时转向架仍处在最大偏斜位置，那么在式（6-18）中，以 C 和 F_1 为未知数求解，再由求得的 C 用式（6-15）算出对应的车速 V_1，即为转向架即将离开最大偏斜位置时所对应的速度。当 $V > V_1$ 时，转向架即进入自由位置。

当转向架在自由位置时，第三轴既不贴靠内轨也不贴靠外轨，F_3=0。转向架在自由位置有着一系列与速度相对应的转心，因此计算时可先假定转心位置（应处于最大偏斜位和最大外移位置时的转心位值之间），再由式（6-18）求得 F_1 和 C，即可求得对应该位置时的机车速度 V。

当转向架在最大外移位置时，转心位置一定，这时，F_3 为外轨作用于第三轴外轮轮缘的轮缘力。当 $F_3=0$ 时，意味着转向架第三轴刚刚贴靠外轨，也就是转向架刚从自由位置进入最大外移位置，可以通过式（6-18）求出 F_1 和 C，再由 C 得到 $F_3=0$ 时的机车速度 V_2。随着机车速度 $V>V_2$，未平衡离心力 C 增大，F_1 和 F_3 也都逐渐增大。

将以上计算结果，即轮缘力与速度的关系绘成曲线，即得到机车在给定半径曲线的水平动力特性曲线，如图6-18所示。其中，横轴以上的 F 值为作用于外轮的轮缘力；横轴以下的 F 值为作用于内轮的轮缘力。从图6-18可以看出：

① 当速度 $V<V_1$ 时，转向架处于最大偏斜位置，第三轴贴靠内轨，F_3 与 F_1 方向相反，但随 V 增大而减小，到 V_1 时，$F_3=0$，此时转向架即将离开最大偏斜位置，第三轴轮缘与轨侧处于将离未离之际，并已不传递轮缘力。

② 当速度 $V>V_2$ 时，转向架处于最大外移位置，第三轴外轮贴靠外轨，F_3 与 F_1 同方向，但 $F_3<F_1$，随 V 增大而增大。

③ 当速度介于 V_1 和 V_2 之间时，转向架处于一系列自由位置，第三轴两轮轮缘与轨侧不接触或不传递轮缘力，$F_3=0$。

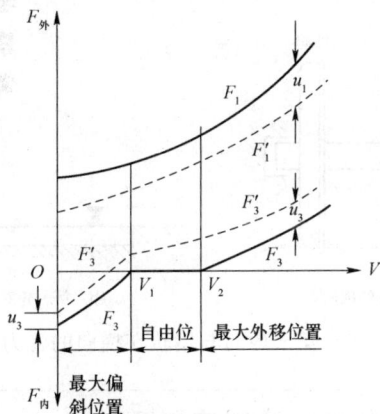

图6-18 机车在给定半径曲线的水平动力特性曲线

2. 侧压力

轮轨之间除有轮缘力 F 作用外，在踏面上还作用有摩擦力，其横向分力为 u_i。我们把这轮轨间横向作用力的合力称为侧压力（又称导向力）F'，其值为

$$F'=F\pm|u| \tag{6-19}$$

式中的正负号取决于轮对相对于转心的位置。侧压力与轮缘力的关系如表6-3所示。

表6-3 侧压力与轮缘力的关系

轮对贴靠的钢轨	轮对在转心前	轮对在转心后
外轨	$F'=F-|u|$	$F'=F+|u|$
内轨	$F'=F+|u|$	$F'=F-|u|$

例如第一轴外轮与外轨间的侧压力为 $F_1' = F' - |u|$。

侧压力在水平动力特性曲线图上（如图 6-18 所示）以虚线表示。侧压力可能引起钢轨横向变形，使轨距展宽。

3. 构架力、轨枕力

机车通过曲线时，轮对与转向架之间的横向作用力称为构架力，轨枕与道砟之间的横向作用力称为轨枕力。图 6-19 表示第一轮对与钢轨的受力情况。由图可知：

$$H_1 = F_1 - 2u_1$$

$$S_1 = F_1 - 2u_1$$

式中：H_1 ——第一轮对的构架力，kN；

F_1 ——第一轮对的轮缘力，kN；

u_1 ——第一轮对踏面上摩擦力的横向分力，kN；

S_1 ——第一轮对处的轨枕力，kN。

因此，构架力与轨枕力大小相等、方向相反。

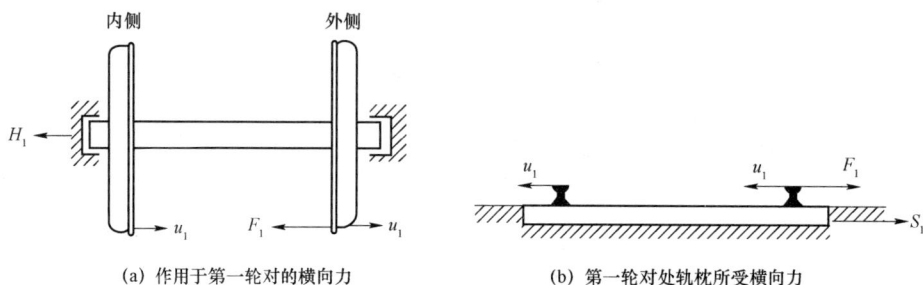

(a) 作用于第一轮对的横向力   (b) 第一轮对处轨枕所受横向力

图 6-19 第一轮对与钢轨在横向的受力情况

6.3.3 曲线运行的安全条件及轮缘磨耗因数

1. 机车安全通过曲线的条件

为了保证机车安全通过曲线，除了不使未平衡的离心力过大，防止机车向外倾覆外，还要考虑第一轮对作用于外轨的侧压力。这个侧压力也不能过大，因为过大的侧压力不仅引起过大的轨距展宽量，使钢轨产生较大的横向变形，而且有可能使车轮爬越钢轨，这两种情况都可能导致机车脱轨事故。下面着重讨论防止车轮爬越钢轨的安全条件。

当机车通过曲线时，转向架第一轴轮对外轮贴靠外轨，冲角为 α，轮缘与钢轨的接触点 A' 超前于踏面与钢轨的接触点 A。由于超前量 S 的存在，使轮缘面沿轨头圆角向下滑动（如图 6-20 所示），因而在侧压力的作用下，钢轨给轮缘的摩擦力 μN（N 是钢轨给车轮的法向反力）将沿轮缘面向上，使车轮上抬，进而沿钢轨侧面爬起。当车速低时，侧压力不大，车轮上爬的距离不大，在车轮荷重的作用下，能克服摩擦力的作用而顺利地滑下。这样，车轮无爬轨的可能。当车速提高，侧压力增大到某种程度时，车轮爬上钢轨后就不再滑下，维持在这个位置上，该位置称为临界位置。当侧压力再大时，车轮就会爬越钢轨，造成脱轨。

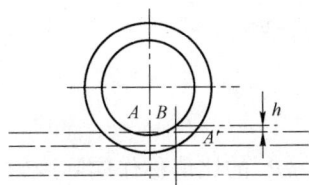

(a) 轮缘与钢轨侧面接触点的超前量

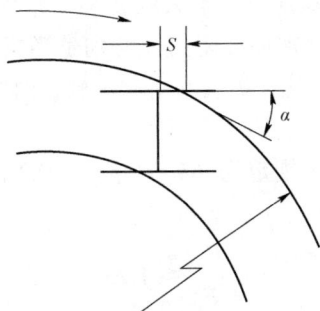

(b) 第一轴外轮的冲角

图6-20　轮缘与钢轨侧面接触点的超前量和第一轴外轮的冲角

图6-21为第一轮对处于爬轨的临界状态时，其外轮在平衡位置时的稳态状况。

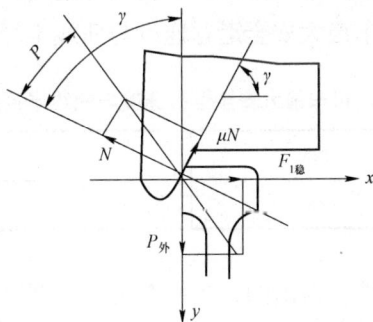

图6-21　车轮爬越钢轨时的受力分析

由于此时车轮踏面与轨面随着车轮爬越而趋脱离，摩擦力横向分力$u_1=0$，因面侧压力F_1'可直接视作轮缘力$F_{1稳}$的，这样，处于平衡的条件是：

$$\sum F_x = F_{1稳} - N\sin\gamma + \mu N\cos\gamma = 0$$

$$\sum F_y = P_外 - N\cos\gamma - \mu N\sin\gamma = 0$$

由此得

$$F_{1稳} = \frac{\sin\gamma - \mu\cos\gamma}{\cos\gamma + \mu\sin\gamma}P_外 = \frac{\tan\gamma - \mu}{1 + \mu\tan\gamma}P_外$$

用摩擦角ρ表示摩擦系数μ，把$\mu = \tan\rho$代入上式，得脱轨系数的稳态值：

$$F_{1稳} / P_外 = \tan(\gamma - \rho) \tag{6-20}$$

式中：　$F_{1稳}$——在第一轴轮对外轮爬轨的临界状态时轮缘力的稳态值，kN；

$P_{外}$——第一轮对外轮荷重，kN；

γ——轮缘角，rad；

ρ——摩擦角，rad。

在式（6-20）中，我们把 $F_{1稳}/P_{外}$ 的比值称作实际脱轨系数，把 $\tan(\gamma-\rho)$ 的计算值称作名义脱轨系数。要使车轮不爬越钢轨，必须使实际脱轨系数不大于名义脱轨系数，即影响车轮爬钢轨的因素是轮缘角 γ 和摩擦角 ρ。γ 大或 ρ 小，则允许的 $F_{1稳}$ 大，可减少爬轨的可能性。但 γ 增大会加速轮缘磨耗，增加曲线阻力，特别是当机车在非稳态运动的情况下运行于道岔和弯道时，将给钢轨以硬性打击，更容易引起脱轨。而摩擦角 ρ，即摩擦系数 μ 的降低，可通过对轮缘施以润滑来达到。

我国机车车辆轮箍的轮缘角 γ 规定为 65°，取 $\mu=0.25$（即 $\rho=14°$），则车轮不爬轨的条件为

$$\frac{F_{1稳}}{P_{外}} \leqslant 1.23$$

前面的计算做了很多简化，因而不能完全反映实际情况，而且在侧压力 F_1' 作用下，往往在车轮发生爬轨之前，外轨就已经大量展宽，造成脱轨。因此，通常取 $\dfrac{F_{1稳}}{P_{外}} \leqslant 0.8$，对应 $F_{1稳}$ 值的机车速度就是该机车通过指定半径曲线的最高允许速度。

在正常超高的情况下，机车最大安全运行速度与曲线半径的关系如表 6-4 所示。

表 6-4　机车最大安全运行速度与曲线半径的关系

曲线半径/m	125	350	650
最大安全运行速度/（km/h）	35	75	100

表中的数据是从安全角度推算得出的。我们有时也根据运行舒适性指标，即横向运动加速度不大于 0.047 6 g，得出机车在曲线上运行的最大速度，再结合表中数据综合考虑机车在某曲线上的最大安全运行速度。

2. 轮缘磨耗因数

机车通过曲线时，轮缘与钢轨侧面的磨损量与摩擦力成正比，也就是与轮缘力 F_1、轮缘与钢轨侧面的摩擦系数 μ 以及轮缘与钢轨侧面的滑动量 h 三者的乘积成正比，而其中滑动量 h 又与超前量 S 成正比，S 又与车轮冲角 α 成正比。因此，若不考虑摩擦系数 μ 的变化，就可以把 $F_{1稳}\alpha$ 值作为轮缘磨耗因数，来判定轮缘在曲线上的磨耗速度。一般要求机车 $F_{1稳}\alpha$ 值不超过 1 kN，而在弯道多、曲线半径小的线路上，这个值就往往超过 1 kN，轮缘与钢轨磨耗较快，必须采取一定的措施加以避免。

6.3.4　改善机车动力曲线通过的措施

改善机车动力曲线通过的目的是：

①　在车速较高的多弯道线路上，为尽量缩短全线运行时分，在不显著增加轮缘力或恶化运行舒适度的前提下，适当提高机车通过曲线的速度。

②　在曲线半径较小的线路上，为减少轮缘磨耗，要设法降低轮缘磨耗因数。

1. 放大曲线半径

要达到前一目的，在车速较高的线路上，可尽量放大曲线半径，这样既能使机车以较小的轮缘力安全通过曲线，又能保证运行舒适度。

2. 降低轮缘磨耗因数

要达到后一目的，减小机车在小半径曲线上的轮缘磨耗，可致力于以下几个方面：

1）减小轮缘与钢轨侧面的摩擦系数

采用机车轮缘润滑器润滑轮缘，或采用曲线道旁润滑器润滑钢轨侧面，或采用二者兼施的方法，可减轻车轮与钢轨的磨损，同时也可降低机车运行阻力，减少车轮爬轨的可能性。目前我国机车一般采用轮缘润滑器给轮缘润滑，效果显著，但若保养不当或使用不善，会引起踏面黏着恶化。

2）提高轮缘的耐磨性

把轮箍硬度值由 HBS250～275 提高到 HBS320～340，可使轮缘磨耗减轻一半。但轮箍太硬会加快钢轨磨损，因此只有当轮箍与钢轨接触面的硬度比为 1.2 时，耐磨性能才最佳，它们间的磨损和滑动才最小。

3）减小轮缘力和降低轮缘与轮轨侧面的摩擦速度

这是降低轮缘磨损的基本途径，在这方面可采取下列措施：

①　适当增大三轴转向架中间轮对的自由横动量，可以改善机车的动力曲线通过。中间轮对的横动量增大后，使其在半径较小的曲线上，有可能贴靠外轨而参与导向，并且左右两轮的横向摩擦分力直接被中间轮对的轮缘力 F_2 所平衡。这样，第一轴轮对外轮轮缘力可减少 20%～30%，同时也减小了 $F_{1稳}$ 的数值。

②　在导向轮对（第一、三轴）的轴端设弹性横动装置，或采用轴箱弹性定位，使机车通过曲线时转向架转心易于后移，从而使第一轴（导向轴）轮缘力减少 20%～25%，第二轴（中间轴）易于贴靠外轨参与导向。此外，在机车进出曲线和遇到曲线不平顺时，这种弹性装置还可缓和冲击。

③　车体能相对于转向架弹性横动，不仅能缓和不平顺曲线对机车的冲击，也能在机车走出曲线时帮助转向架复位。若再采用橡胶堆或高圆簧等横向低阻尼的弹性旁承，减小转向架回转阻力，那么 $F_{1稳}$ 和轮缘磨耗也将进一步减小。

④　采用磨耗型踏面（曲形踏面），能使踏面与轨顶有较好的接触，因而能长时间地保持踏面基本形状。当轮对横向偏移较大时，普通的锥形踏面与钢轨的接触方式为两点接触，而两接触点中至少有一点要发生滑动，使磨损加剧；但磨耗型踏面与钢轨间的接触方式为一点接触，轮缘磨耗可以减少 30%～70%，并且机车运行品质也较为稳定。

⑤　两转向架采用横向弹性联结装置。机车通过曲线时，后转向架的前端点 A 比前转向架的后端点 A′ 更偏离轨道中心（如图 6-22 所示）。如果将两个端点（A 和 A′）用横向弹性联结装置弹性联结，便产生一对大小相等、方向相反的弹性复原力 F_i 和 F_i'，在两个转向架间产生有利于通过曲线的回转力矩。在其作用下前后转向架的转心都前移，从而减小两转向架

的导向轮对的轮缘力和冲角，进而减轻轮缘磨耗。

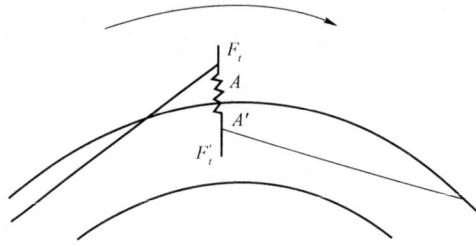

图 6-22　横向弹性联结装置的作用

4）采用径向转向架

图 6-23 为径向三轴转向架通过曲线的情况，前轴和后轴都向曲线半径方向偏斜，进而占径向位置，使冲角为零，故称之为径向转向架。该转向架有下述优点：

① 曲线通过性能大大改善，轮缘和轨侧磨耗大大减轻，防止脱轨的安全性明显提高。

② 直线运行横向稳定性与曲线通过性得到良好的协调。

③ 减少曲线上踏面与轨面间的滑动，改善了黏着性能，机车牵引性能明显提高。

径向转向架不仅有利于提高山区铁路列车的行车速度和运能，也有利于提高繁忙干线的运能，因此，它有着良好的发展前景。由于径向转向架机构的复杂性及结构布置上的困难，其开发应用尚处于起步阶段。

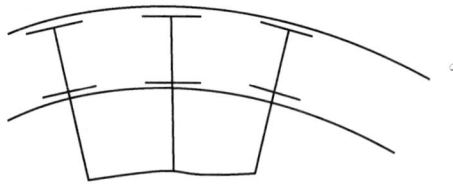

图 6-23　径向三轴转向架通过曲线的情况

【思考题】

1. 什么是轮缘磨耗因数？减轻轮缘磨耗有哪些主要措施？

2. 简述有利于机车几何曲线通过的措施。

3. 机车几何曲线通过的图示法有哪两种？

4. 机车几何曲线通过的分析法有什么优点？

5. 如何确定机车能纳入的最小曲线半径？

轴 重 转 移

任务 7.1　轴重转移概述

【任务目标】

掌握黏着重量、轴重转移及黏着重量利用率等概念。

【任务内容】

1. 基本概念

机车的轴重是指机车在静止状态时每个轮对作用于钢轨的重量。静止时，各轴的轴重比较均衡。各轴轴重的总和称为黏着重量，在数值上等于机车的整备质量（其中燃油及砂按总储量的 2/3 计算）。

当机车产生牵引力（或制动力）时，虽然总的黏着重量未变，但各轴的轴重会发生变化，有的增载，有的减载。因此，机车在牵引工况（或制动工况）时所产生的轴重的变化称为轴重转移。

轴重转移又称轴重再分配。一台机车的黏着重量，在动轮和钢轨间黏着不失效的前提下，应与某个最大黏着牵引力相对应。但因为存在轴重再分配，机车的黏着牵引力受到限制，不能全部发挥，严重影响了黏着重量的利用。此外，轴重再分配还将影响机车走行部及驱动机构的强度，如经常严重增载的轴，其轮对踏面很容易发生剥离，而减载的轴又易发生空转，影响机车运行的可靠性与稳定性。

由牵引力引起的轴重转移会随着牵引力的增大而变得更加严重，当机车起动及爬坡时，发挥的牵引力最大，此时轴重转移也最严重，甚至达到轴重的 20% 或更高。同样功率的机车，黏着牵引力大的机车比黏着牵引力小的机车能牵引更多的吨位。随着机车功率不断增大，机车重量与功率的比值越来越小，黏着重量的利用问题就显得越来越突出。

在采用各动轴单独驱动的机车上，若某轴的轴重因轴重转移而成为减载量最多的轴，那么该轮对与钢轨的黏着状态将最先遭到破坏而发生空转。此时机车黏着牵引力的最大值受到这个轮对空转的限制。因此机车黏着重量利用率可用式（7-1）表示：

$$\eta = \frac{U_i - \Delta U_i}{U_i} \times 100\% \qquad (7-1)$$

式中：U_i——轴重，kN；

ΔU_i——轴重减载量（指减载量最多的那根轴），kN。

对成组驱动的机车，空转是一组轮对同时发生的，因此黏着重量利用率可用式（7-2）表示：

$$\eta = \frac{\sum U_i - \sum \Delta U_i}{\sum U_i} \times 100\% \qquad (7-2)$$

式中：$\sum U_i$——一组动轴轴重之和，kN；

$\sum \Delta U_i$——一组动轴的减载量，kN。

机车走行部的结构形式和传动装置不同，轴重转移的方式也随之不同。我们必须根据机车的具体结构来分析影响轴重转移的因素，设法提高黏着重量利用率，以便充分发挥机车的牵引力。

2. 牵引电机的布置与轴重转移

当机车牵引列车时，由于作用在机车上的外力——轮周牵引力和车钩牵引力不是作用在同一高度，所以形成力偶，使前后转向架各轴载荷发生变化，造成转向架间的轴重转移。对于电传动机车，还必须考虑牵引电机在把力矩传给轮对的过程中，牵引电机在转向架内是否顺置布置，转向架内力的传递也会使转向架内各轴载荷发生变化，引起轴重的再分配（轴重转移），造成转向架内的轴重转移。

1）转向架内力的传递对轴重的影响

我国电传动内燃机车牵引电机一般都采用轴悬式，即一端经两个抱轴承支承于车轴上，另一端通过弹簧吊杆悬挂于转向架的构架上。当机车牵引列车时，牵引电机把力矩传给轮对，在轮周上产生牵引力 F_{ki}。假设各轴的 F_{ki} 均相等，且运行时轮对在前导位置（如图7-1所示）。若将轮周牵引力 F_{ki}"移"至轴箱（或导框）处，则等效于两个力叠加，一个是作用于轴箱（或导框）的水平力 F_{ki}，另一个为牵引电机为平衡力矩 $F_{ki} \times \frac{D}{2}$ 而引入的虚拟力。

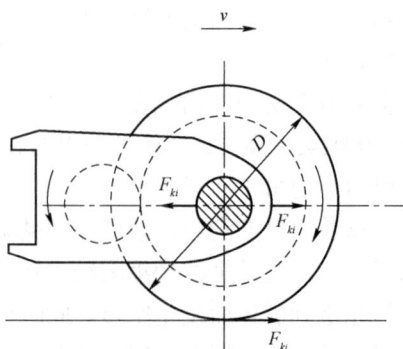

图7-1 牵引电机工作时产生的力

作用于各轴箱（或导框）处的水平合力 $\sum F_{ki}$ 与牵引销（或中心销）处的反力组成企图使转向架前后倾斜的力矩，作用在转向架的簧上部分，其值大小为

$$M_1 = \sum F_{ki}\left(h - \frac{D}{2}\right)$$

式中：h——牵引销中心（或中心销）距轨面的高度，mm；

　　　D——动轮直径，mm。

为牵引电机所平衡的力矩 $F_{ki} \times \dfrac{D}{2}$ 通过电动机吊杆及抛轴承作用在构架及车轴上。

图 7-2 为牵引电机不同布置时对支座的作用力。Z 是电动机作用于构架的力，Z' 是电动机作用于车轴的力，这两个力大小相等，满足以下关系：

$$Za = F_{ki} \times \frac{D}{2}$$

得　　　　　　　　　　　$$Z = Z' = \frac{F_{ki}D}{2a} \qquad\qquad (7-3)$$

式中：F_{ki}——第 i 轴所产生的牵引力，kN；

　　　D——动轮直径，mm。

　　　a——电动机两悬挂处的纵向距离，mm。

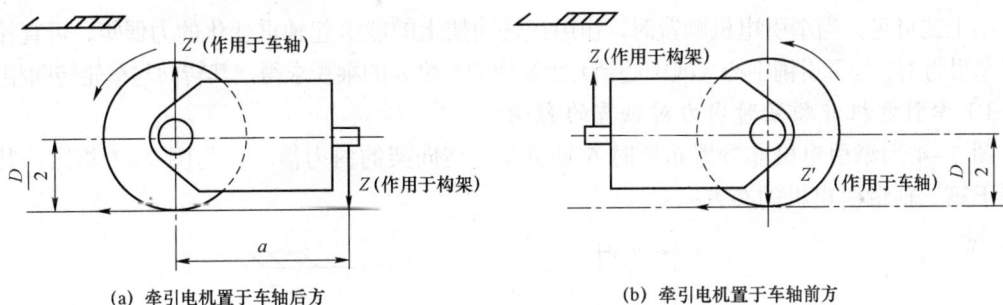

(a) 牵引电机置于车轴后方　　　　　　　　(b) 牵引电机置于车轴前方

图 7-2　牵引电机工作时作用于构架及车轴的力

在如图 7-2 所示的两种情况中，牵引电机作用于构架的力方向相反，但形成的力偶方向相同，力偶方向又与车轮回转方向相反。

2）　牵引电机顺置时内力对轴重的影响

图 7-3 为牵引电机顺置时 6 轴机车前转向架的内力情况。牵引电机作用在车轴上的力 Z' 直接使该轴减载。而作用于构架的向下的力 Z，我们可在构架上沿各轴轴心上方加一对力 Z，它们大小等于 Z，方向彼此相反。那么，现在作用在构架上所有的力可看成是三个向下的力 Z 及三个力偶矩 $M_2\left(M_2 = Za = F_{ki} \times \dfrac{D}{2}\right)$。三个向下的力 Z 通过弹装置传到各轴，使三个轴增载，正好与使各轴减载的 Z' 抵消。这说明牵动电机顺置时，内力 Z 不会引起轴重的变化，且其对构架中心 O 的合力矩也为零，而力偶 M_2 则企图使构架前后倾斜，其方向与车轮转向相反。

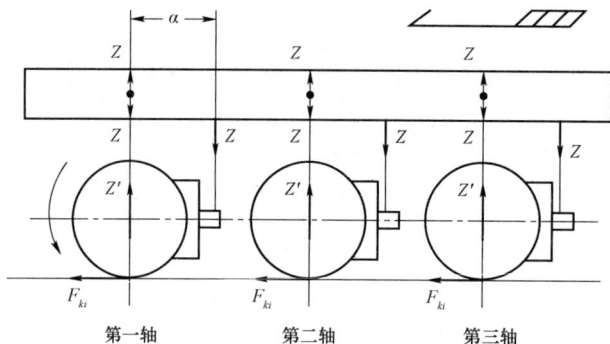

图 7-3 牵引电机顺置时 6 轴机车前转向架的内力情况

这样，当牵引电机顺置时，作用在构架上的企图使之前后倾斜的总力偶矩 M 即为 M_1 与 M_2 之和：

$$M = M_1 + 3M_2 = 3F_{ki}\left(h - \frac{D}{2}\right) + 3Za$$

因为 $Za = F_{ki}\left(h - \frac{D}{2}\right)$，代入上式可得

$$M = 3F_{ki}\left(h - \frac{D}{2}\right) + 3F_{ki}\frac{D}{2} = 3F_{ki}h$$

由上式可见，当牵引电机顺置时，作用在转向架上的能引起轴重变化的力偶矩，可直接按轮周牵引力 $3F_{ki}$ 与牵引销中心（或中心销）距轨面的高度 h 的乘积求得，其转向与车轮转向相反。

3）牵引电机非顺置时内力对轴重的影响

图 7-4 为牵引电机非顺置布置时 6 轴机车前转向架的内力情况。与图 7-3 相比，其差异在于第三轴牵引电机的布置：

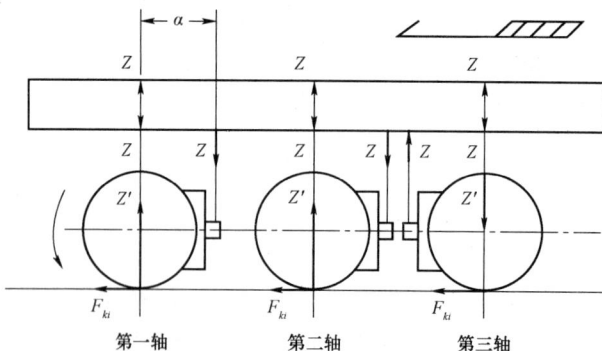

图 7-4 牵引电机非顺置时 6 轴机车前转向架的内力情况

① 第三轴牵引电机作用于抱轴颈上的力 Z' 向下，而不是向上，Z' 直接使该轴增载。

② 第三轴牵引电机作用于构架上的力 Z 向上，而不是向下。此力通过弹簧装置使转向架的三轴都减载。因为第三轴上有 Z' 向下作用，故第一、二轴减载较多。同时，企图使转向架前后倾斜的总力偶矩也将发生相应变化。

对于后转向架，可根据牵引电机布置情况用同样方法分析。

1. 什么叫机车的轴重？什么叫黏着重量？
2. 什么叫轴重转移？轴重转移有何危害？

任务 7.2　东风$_{4B}$型内燃机车的黏着重量利用率计算

【任务目标】

熟悉轴重转移和黏着重量利用率的定量分析方法。

【任务内容】

若机车车体与转向架的连接装置为刚性旁承，转向架构架就不会相对车体底架产生前后倾斜，因而可视为一体。构架所受的簧上部分的力和力偶矩，直接作用在车体上，通过车体使前后转向架间发生轴重再分配。

东风$_{4B}$型内燃机车采用弹性四旁承、一系弹簧独立悬挂的转向架，其牵引电机顺置排列且前后转向架牵引电机相对车体中间对称布置。因此东风$_{4B}$型内燃机车的轴重转移就为转向架在牵引力作用下相对于车体底架产生前后倾斜引起的转向架内的轴重转移和两转向架间的轴重转移。

1. 转向架内的轴重转移

牵引力作用时，因为牵引电机顺置布置的转向架可不考虑由牵引电机引起的内力 Z 对轴重转移的影响，所以仅受力矩 $3F_{ki}h$ 的作用（如图 7-5 所示）。此力矩使构架前后倾斜一个角度 θ。为简化计算，我们假设车体仍保持水平，转向架弹簧相对中央对称，则构架前后回转中心 O 在中间轴上方。此时，第一轴减载 ΔQ，第三轴增载 ΔQ，第二轴载荷不变；前旁承增载 ΔG，后旁承减载 ΔG。

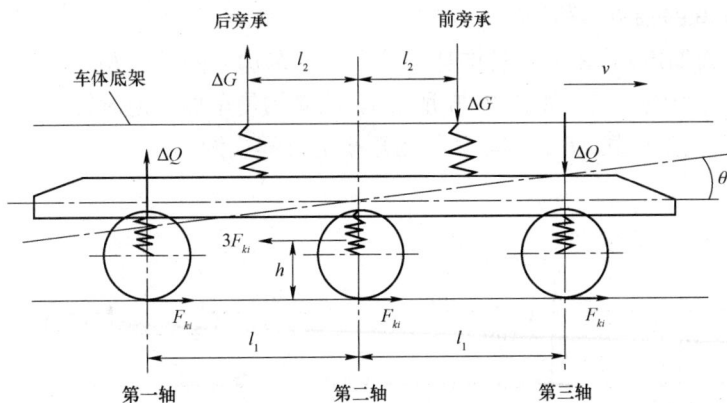

图 7-5　转向架内的轴重转移

设转向架倾斜角为 θ ，每轴的轴箱弹簧刚度为 K_1 ，左右旁承的刚度为 K_2 ，则可列出转向架构架的力矩平衡方程式：

$$3F_{ki}h = 2\Delta Q l_1 + 2\Delta G l_2 \qquad (7-4)$$

$$\Delta Q = K_1 l_1 \theta \qquad (7-5)$$

$$\Delta G = K_2 l_2 \theta$$

式中： $l_1\theta$ ——轴箱弹簧的附加挠度；

$l_2\theta$ ——旁承弹簧的附加挠度。

则

$$\theta = \frac{3hF_{ki}}{2(K_1 l_1^2 + K_2 l_2^2)} \qquad (7-6)$$

已知东风 $_{4B}$ 型内燃机车的有关数据如下：

转向架轴距 $l_1 = 1\,800$ mm；

转向架前后旁承间距 $l_2 = 900$ mm；

牵引销中心距轨面高度 $h = 725$ mm；

每轴轴箱弹簧刚度 $K_1 = 1.54$ kN/mm（静挠度 123 mm）；

左右旁承刚度 $K_2 = 14.5$ kN/mm（静挠度 16 mm）。

将已知数据代入式（7-6），得

$$\theta = \frac{3 \times 725 \times F_{ki}}{2 \times (1.54 \times 1\,800^2 \times 14.5 \times 900^2)} = 6.5 \times 10^{-5} F_{ki}$$

因此，第一轴减载：

$$-\Delta Q = -Kl_1\theta = -1.54 \times 1\,800 \times 6.5 \times 10^{-5} F_{ki} = -0.18 F_{ki}$$

第三轴增载：

$$+\Delta Q = 0.18 F_{ki}$$

此处，减载用 $-\Delta Q$ 表示，增载用 $+\Delta Q$ 表示，余同。

2. 两转向架间的轴重转移

弹性旁承的力偶矩 $\Delta G \times 2l_2$ 由转向架传给车体；车钩上的反力 $6F_{ki}$ 作用点位置高于牵引销处的牵引力，也形成力偶（如图 7-6 所示）。两者均使车体按逆时针方向回转，使前转向架减载 ΔP ，后转向架增载 ΔP 。则车体的力矩平衡方程式为

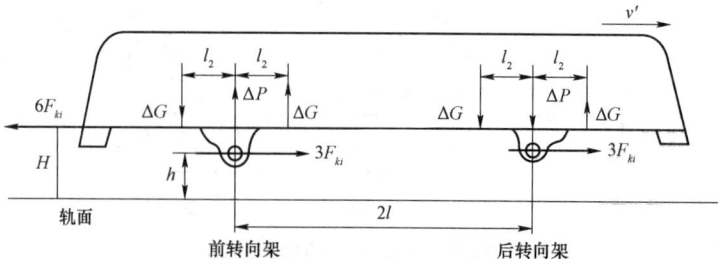

图 7-6 东风 $_{4B}$ 型内燃机车转向架间的轴重转移

$$6F_{ki}(H-h)+2\Delta G\times 2l_2=\Delta P\times 2l$$

于是

$$\Delta P=\frac{3F_{ki}(H-h)+2\Delta Gl_2}{l}=\frac{3F_{ki}(H-h)+2K_2l_2^2\theta}{l} \tag{7-7}$$

已知东风 $_{4B}$ 型内燃机车的有关数据如下：

$H=870$ mm，$h=725$ mm；

$l_2\approx900$ mm，$l=6\,000$ mm；

$K_2=14.5$ kN/mm；$\theta=6.5\times10^{-5}F_{ki}$。

将已知数据代入式（7-7），得

$$\Delta P=\frac{3\times(870-725)+2\times14.5\times900^2\times6.5\times10^{-5}}{6\,000}F_{ki}\approx0.327F_{ki}$$

由于东风 $_{4B}$ 型内燃机车每台转向架有 3 个车轴，所以前转向架每轴减载为

$$-\frac{\Delta P}{3}=\frac{0.327}{3}F_{ki}=-0.109F_{ki}$$

后转向架每轴增载为

$$\frac{\Delta P}{3}=0.109F_{ki}$$

3. 黏着重量利用率

从上述分析可知，东风 $_{4B}$ 型内燃机车在牵引力作用下发生轴重转移时，转向架内部的轴重转移和两转向架间的轴重转移均使第一轴减载。因此第一轴的减载量最大，其减载量为

$$\Delta U=\Delta Q+\frac{\Delta P}{3}=0.18F_{ki}+0.109F_{ki}-0.289F_{ki}$$

已知当机车起动时，每轴最大牵引力 $F_{ki,\max}=\dfrac{434.94}{6}=72.5$（kN），则

$$\Delta U=0.289\times72.5=20.95（kN）$$

由于东风 $_{4B}$ 型内燃机车轴重为 23 t，约 230 kN，则东风 $_{4B}$ 型内燃机车黏着重量利用率为

$$\eta=\frac{U_1-\Delta U_1}{U_1}=\frac{230-20.95}{230}=90.9\%$$

若按精确方法计算，东风 $_{4B}$ 型内燃机车黏着重量利用率为 92.6%。

国外铁路早期曾把黏着重量利用率高于 90% 的机车称为具有高黏着性能转向架的机车。但是随着列车向高速重载方向发展，对机车的黏着利用提出了更高的要求，希望能尽量利用机车的黏着重量。

【思考题】

1. 写出影响东风 $_{4B}$ 型内燃机车轴重转移的技术参数。

2. 把东风 $_{4B}$ 型内燃机车轴重转移量填入表 7-1 中。

表7-1 东风$_{4B}$型内燃机车轴重转移量

项目	轴名					
	第一轴	第二轴	第三轴	第四轴	第五轴	第六轴
转向架内的轴重转移量	$-0.18F_{ki}$	0	$0.18F_{ki}$			
两个转向架间的轴重转移量	$-0.109F_{ki}$					
总的轴重转移量	$-0.289F_{ki}$					
按轴重转移程度由大到小排列顺序						

任务7.3 影响机车黏着重量利用率的因素

【任务目标】

熟悉黏着重量利用率的影响因素及改善措施。

【任务内容】

内燃机车黏着重量利用率的影响因素很多，主要有：弹簧悬挂方式、牵引销高度、转向架轴距、两个转向架的中心距（车体纵向跨度）、牵引电机的布置方式（顺置还是其他布置），还有车钩高度、最大牵引力、轴数等。在以上这些结构参数中，有些是总体设计所要求的，几乎没有选择余地，如轴数、最大牵引力、车钩高度、两个转向架的中心距、轴距等，因而可以合理选取的影响因素主要有牵引销高度、牵引电机布置方式、旁承形式及个数等几项。

一般来说，采用较软的一系弹簧，配以较硬的二系弹簧，既能保证机车有足够的弹簧装置总静挠度，使机车获得垂直方向良好的动力性能，又可减少轴重转移。

理论分析指出，机车的低位牵引装置可减少轴重转移，因此对于各种结构的机车都有一个牵引销高度的最佳值，如东风$_{4B}$型内燃机车牵引销在最佳高度$h_{最佳}=280$ mm时，黏着重量利用率η将提高至95.3%。

理论分析还指出，虽然在减载量多的轴发生打滑时，可通过安装防空转的电气装置、自动撒砂装置等来加以约束，但要从根本上提高机车黏着重量利用率，只能选择牵引电机顺置排列，而牵引电机非顺置排列的机车轴重转移则相对较严重。以进口的ND$_5$型内燃机车为例，其牵引电机为两顺一逆布置，不但使黏着重量利用率较低，而且使第三、六轴严重过载，容易引起轮箍踏面剥离。此外，为了提高黏着重量利用率η，ND$_5$型内燃机车不得不使转向架相对机车中心不对称布置，这样当机车正向牵引时，η可从对称布置时的71.6%提高至83.8%，但反向牵引时η却极低，仅为68.6%，黏着情况恶化，有近1/3的黏着重量不能利用。因此，

ND_5 型内燃机车提高黏着重量利用率的最根本办法是牵引电机顺置对称布置，这样可使 η 提高至 92.1%。

【思考题】

1. 哪些因素会影响黏着重量利用率？
2. 哪些结构措施可以提高黏着重量利用率？

参 考 文 献

[1] 杨兆昆. 东风$_4$型内燃机车乘务员 [M]. 北京：中国铁道出版社，2001.

[2] 曹国丽，杨兆昆，宋兆昆. 东风$_7$型内燃机车乘务员 [M]. 北京：中国铁道出版社，2002.

[3] 吴书锋. 内燃机车总体 [M]. 北京：中国铁道出版社，2017.

[4] 于彦良. 内燃机车电传动 [M]. 北京：中国铁道出版社，2008.

[5] 张春雨，胡敏，钟铁柱. HX$_N$5 型内燃机车原理与操作 [M]. 北京：北京交通大学出版社，2016.

[6] 鲍维千. 机车总体及转向架 [M]. 北京：中国铁道出版社，2010.

[7] 北京铁路局. HX$_N$5 型内燃机车乘务员手册 [M]. 北京：中国铁道出版社，2011.

[8] 北京铁路局. HX$_N$3 型内燃机车原理与操作 [M]. 北京：中国铁道出版社，2014.

[9] 刘强. HX$_N$3 型内燃机车辅助用风系统 [J]. 内燃机车，2014（6）：18 – 20.

[10] 柳占宇. HX$_N$3 型大功率交流传动内燃机车车体 [J]. 内燃机车，2009（10）：29 – 31.